速读诸子系列

孔子

共美生活对话录

刘崧 / 著

厦门大学出版社
国家一级出版社
全国百佳图书出版单位

图书在版编目（CIP）数据

孔子：共美生活对话录 / 刘崧著. -- 厦门：厦门大学出版社，2024.6
（速读诸子系列）
ISBN 978-7-5615-9394-3

Ⅰ．①孔… Ⅱ．①刘… Ⅲ．①《论语》-研究 Ⅳ．①B222.25

中国国家版本馆CIP数据核字(2024)第106724号

责任编辑　林　鸣
美术编辑　李夏凌
技术编辑　许克华

出版发行　厦门大学出版社
社　　址　厦门市软件园二期望海路39号
邮政编码　361008
总　　机　0592-2181111　0592-2181406(传真)
营销中心　0592-2184458　0592-2181365
网　　址　http://www.xmupress.com
邮　　箱　xmup@xmupress.com
印　　刷　湖南省众鑫印务有限公司

开本　889 mm×1 194 mm　1/32
印张　9.875
字数　245千字
版次　2024年6月第1版
印次　2024年6月第1次印刷
定价　58.00元

本书如有印装质量问题请直接寄承印厂调换

序

传统文化复兴已成当下中国之时代潮流，沛然莫之能御。

何谓传统？可传承而有其体统者，曰传统。传统非过时之老古董，而时时活化于人类之现实行动中。凡可称为传统者，皆有其生命，可谓之"文化生命"。正如一切生命必秉其力，文化生命亦秉其力。此力非物理之力，而为文化之力，其力之恒久远大，常有过乎物理之力而难以估量者。明此力而光大之，学者之事也。

何谓文化？《周易》曰："观乎天文，以察时变；观乎人文，以化成天下。"传统作为文化生命，必有"人文化成"之力。文化之力塑造人群行动，并诉诸群体之自我觉解而确立自主，唤醒自觉。人唯有确立自主，唤醒自觉，始可以不变应万变而别开生机，阐旧邦以辅新命。

近代以降，西洋文化强势东渐，国人震撼于彼之坚船利炮，羡慕于彼之善治良法，相较以反观自我，乃归咎于中华传统文化，妄设因果，强执彼是，不明其所以然之故，于是渐失文化自主，乃至于文化自卑，而不知中国人何以为中国人，非止一日矣。《中庸》曰："道也者，不可须臾离也；可离非道也。"传统不可斯须去身；可斯须去身者，非传统也。彻底斩断传统，人必寸步难行，而有沦为非类之虞。

古人云："仓廪实而知礼节，衣食足而知荣辱。"当今物质丰足，悄然催生精神寻根之志，有识之士莫不思返本开新，探究传统文化以资回答时代之问，斯有"文化自觉""文化自信"之呼声。

人心足恃，天道好还，非虚语也。

哲人海德格尔晚年曾叹："一切本质及伟大者，唯有从人有个家且在一个传统中落地生根而产生出来。"诗人诺瓦利斯感慨："哲学就是带着乡愁到处寻找回家之路。"诚哉斯言！诗人之天职在于回家。回家之首务在于重返伟大经典，以期复兴传统，明澈当下，临照未来——此吾人之历史天命也。

当此之际，乃有刘崧所作《孔子：共美生活对话录》一书，读来让人喜悦；我想，凡好学敏思者，读之皆会心生喜悦。此所云"好学"，指喜好学问；所云"学问"，指"精神修养"，非今人所谓"理论""学说"者也。

孟子云："学问之道无他，求其放心而已矣。"愚以为此言最为切要，堪为儒家心学一路之起点。孔子言"为仁由己"，此"己"乃"心"也。

但心若放出去了，便因其脱离心之本体而成了逐物之心。为逐物而求知，知便成了远离本心之术。凡术皆可成体系，盖今之"理论学说"之谓也。

理论学说岂有过？过不在其自身，而在运用者之"用术之心"也。用术之心，即逐物之心也。

理论学说成为逐物之术，正是今世（资本＋技术）之病。救治此病，非返回"仁心"不可，亦即，非"求其放心"不可。政治、经济、文化、科学诸业，都应以仁心为主宰，否则均会落入异化之泥潭。仁心乃"酬酢万变之主"也，即如孟子所云："仁，人心也；义，人路也。"离人心而行路，则所行之路必非人路也。

西洋人以上帝指点人路，中国人以仁心指点人路。

心学虽开端于孟子（"尽其心者，知其性也；知其性，则知天矣"），实渊源于孔子。诚如本书作者所云："不管是'定天下'还是'治天下'，《论语》的终极旨归就是'天下'，而其着力点不过是'为仁由己'而已。"

而今堵塞心学之路者,乃种种异化的学术之知见也,亦即佛氏之谓"所知障"者也。破此类"所知障",乃重开心学途径之第一要务。以愚见观之,刘崧作此《对话录》,正是从事此务。

然破障向来不易,盖因破障之语有复为新障之虞。奈何？不如取对话之法。在对话中,有问有答。所问之惑,或有源于所知障者,则所答之言便须针对此障,以求破之；一旦破障,所惑也就自然解了。本书之功,已臻此境否？须待读者诸君自辨之。

吾喜此书,在其自信敏锐、复又开放通达之问学态度。窃以为唯持此态度,方能问学不止,而至于"博学、审问、慎思、明辨、笃行"之功夫也。

是为感。

王德峰

（复旦大学哲学学院教授）

2023年1月

缘 起

愚自幼好奇心盛，凡事喜刨根问底，一探究竟。大人云山外有山，辄问山外之山外复何物也？大人云百川归海，辄问海水何以永不满足也？大人一笑置之，视为童言无忌。尝与童伴月夜下嬉戏水田之畔，各自立于一田埂，见水中月亮随人而动，惊诧莫名，彼见水中有一月亮，此见水中有一月亮，不知此月亮与彼月亮是否同一月亮，及至二人会合，竟然同一月亮，以为不可思议。又见飞机划过云层边缘，纤细如飞鸟，乃与表弟追逐飞机数里，翻越山岭，直至飞机落下远山之外不见，乃悻悻而止，竟不知飞机之所终，而夜梦飞机坠落，兀自无端悲痛。诸如此类，难以细数。及至年长，知识渐开，好奇犹未暂已，唯此时所关注者，已进于宇宙人生之终极问题。此类问题不得其解，心事不能少安，乃于世间俗务不禁大起嫌恶之感，固执人生最重大之事，莫过于解答此类问题。大学期间，见身边同学匆匆于各类考试，碌碌焉求取各式证书，而于终极问题视同儿戏，不禁怀疑自己驽钝难开，或有先天之痼疾。长此以往，心中一点爝火，悄焉渐燃渐旺，至于不可遏阻，乃转而从事哲学研究。行之有年，加以生活历练，心境渐趋通达。虽未敢自命耳顺，而悟世间之事盖皆有其所以然之故，莫不各因其是，不必大惊小怪，似已不烦索解矣。却顾所来径，耗费九牛二虎之力，"成熟"姗姗来迟，所幸未曾心力交瘁，而初心宛然犹在焉。

己亥在沪，潜心研读孔子，以为博士论文张本。学隙参加同学婚礼，与系友郭君富东重逢于交杯换盏之际，一见如旧。郭君耿直淳真，形状大有古风，人云酷似兵马俑之神态，叹为绝譬。谈及古典学问与文化复兴，草根所见略同，皆有志于谋道以谋食，不肯徒为谋食而背道也。寄寓魔都经年，芸芸众生之间，幸遇志同道合之友，快乐殊胜。不论伤感之时，快活之事，则相邀把盏，畅叙幽情。又引见梅君雪林，其人洞明通达，快活超迈，大有魏晋风度，颇恨相见之晚。谈及文化复兴，咸谓暗流涌动，大势已成，不可逆转。当此文明交会之际，文化自主迫在眉睫；精神家园失落已久，文化还乡不可延宕。读书人苟不明其势，大乖圣人之意也。惜哉学院派之哲学，或高深莫测而不知所云，或吹嘘标榜而自说自话，与生民认知悬隔霄壤。如此学术，与生民之燃眉何干？学术不接地气，束之高阁，无人问津，乃致各类心灵鸡汤大行其道，非但不能安身立命，甚且误入歧途而已矣。

　　盖世间最易读之书，又最难读之书，非《论语》莫属。最易读者，书中所言无丝毫故弄玄虚，大率不过日用伦常之事，人人皆曾遭遇之，或正在遭遇之，或即将遭遇之。最难读者，书中所言貌似平允，实则内蕴深长意味，举凡人类之终极问题，莫不隐藏字里行间，非学问明达者莫能得也。曩读《论语》，未得深意，大概如黑格尔所见，以为孔夫子不过一忠厚长者，所言不过常识道德之类，渺无哲学趣味之可寻。且满篇"子曰"，大抵为论断之言，而无论证过程。然细究其结论，实隐含若许问题，其结论均为解答特定问题而来，苟不能掘明其问题所指，徒然漂浮于结论表面，殊难得其深旨。及读尼采，喜以格言论断，颇似孔子者。尼采尝谓：我只用一句格言，即可尽道最深刻之思想；而别人耗费一部著作未必能焉。多数思想家之所以写作拙劣，由于不但传达思想，而且传达思考之过程——此现代人颓废之通病也。生命力强劲者不然，但以论断表达思想，而省略来龙去脉不提。是故表达思想，莫善于格言者也。读懂，是人之得也；读不懂，非我之失也。格言与格言之间，跳跃不定，任意东西，"惚兮恍兮，其中有象，恍兮惚兮，其中有物"，欲执其象其物，毫无纲领可循，毫无逻辑可索。譬如群峰耸立，此峰与彼峰之间，本无桥梁可通，悟力企及则自由跳跃群峰之间，悟力不逮亦别无捷径可求。闻尼采之说，心有戚戚焉；反观《论语》，颇觉风格相类，唯夫子出言雅正，不似尼采之狂放不羁耳。

犹记庚子梅雨之季，三友相聚梅君书斋，听窗外霪雨淅沥，酌酒品茗，切磋读书之乐，琢磨修身之得。梅君曰："出平实之言，做有趣之事；说话自己信得过，行事自己弄明白；与同道中人共事，是人生至乐也！"叹为智言。乃酌定其事，撰写诸子解读丛书。窃不自揆，分担孔子一册。写作思路，则致力于将孔子之结论，还原为基源问题，并演绎其思考过程，以期普通读者亦能升堂而入室焉。然《论语》无所不包，不能巨细无遗，乃拣择孔子问题意识之尤其关键者，重构其运思图谱。虽然，挂一漏万，在所难免，区区一册小书，安能尽道孔子深长之思。设想尼采知此，必窃笑于九泉矣。生逢斯世，未能免俗，无可奈何。当此回溯本源，群情涌动之际，或能推波助澜，略尽绵薄之微，夙愿足矣。唯解读孔子，兹事体大，诚惶诚恐，不敢自许独尊，谨奉一管之见，敬请识者指正焉。

刘　崧
2023 年 6 月 16 日

目 录

引言　孔子生命的两个面相　　1

第一部　探门

第一场　如何获得进入孔子庄园的钥匙？　　9
第 1 节　钥匙隐含于《论语》开篇第一章　　10
第 2 节　《论语》开篇所指示的义理规橥　　21
第 3 节　《论语》开篇所包含的问题高度　　32

第二场　何以礼乐是孔子庄园的入场券？　　38
第 4 节　"兴于诗"是孔子学说的绝对支点　　40
第 5 节　"始可与言诗已矣"的孔门二高徒　　46
第 6 节　实现"人不知而不愠"的根本出路　　56
第 7 节　以礼乐成就不言之教和无为而治　　72

第三场　探究《论语》的结构是徒劳的吗？　　80
第 8 节　《论语》书名释义及其通达境界　　80
第 9 节　《论语》的立人指向与意义结构　　89

第四场　为什么说《论语》是"君子之书"？　　100
第 10 节　君子之书必须以君子之量去解读　　100

第 11 节　君子小人是两种存在状态的表达	105
第 12 节　君子是实然与应然之张力的指示	122

第二部　升堂

第五场　如何打开孔子仁学的正确通道？	**132**
第 13 节　仁不是可以定义而明的概念	132
第 14 节　仁指示人类共在的本源关联	136
第 15 节　仁标示人格主体的自我承担	144
第 16 节　仁是对先王之道的哲学提炼	155
第六场　孔子如何理解政治的原则高度？	**163**
第 17 节　孔子的工具理性与价值理性	164
第 18 节　人的认知限度与意义的本源	170
第 19 节　德行的自足结构与仁知互涵	183
第 20 节　"为政以德"作为最高正当性	198
第七场　孔子如何思考历史的演进逻辑？	**210**
第 21 节　成就共在之美的时间性张力	211
第 22 节　人类共在秩序的生成与扩展	221
第 23 节　上层秩序与下层秩序的互动	226

第三部　入室

第八场　何以中庸是对治无知的根本出路？	**238**
第 24 节　中庸是民之德行的总体抽象	238
第 25 节　"以人民为中心"的古典本源	245

第 26 节　人的认知限度必然承诺中庸　　　　　　250

第九场　为什么说正名是一种革命性思想？　　　257
第 27 节　正名的主旨在于复兴礼乐　　　　　　　259
第 28 节　正名必须探究意义的本源　　　　　　　264

第十场　如何破解人类共在的体制性难题？　　　277
第 29 节　上下均安：不患寡而患不均　　　　　　278
第 30 节　远近怀柔：近者说，远者来　　　　　　284

结　语　礼乐是中国现代化的缘分　　　　　　　290

参考文献　　　　　　　　　　　　　　　　　　299

引 言
孔子生命的两个面相

古人云:"天不生仲尼,万古如长夜。"[1] 今天的人,假若对中国与孔子的命运性关联缺乏深入领会,一定会觉得这话是夸大其词。假设没有孔子,中华文明的命运会如何?历史不容假设,我们不能想象"天不生仲尼"到底会怎样。历史的实情是,孔子以自己的方式点亮了中华文明的漫漫长夜。"点亮"一词意在表明,中华文明推进到孔子的时代,经由孔子之"述",首次获得了哲学的阐发,提升为思想的自觉。这一"点亮"之功,澄清了中国道路的何所来,规定了中华文明的何所向。历史学家柳诒徵说:"孔子者,中国文化之中心也;无孔子则无中国文化。自孔子以前数千年之文化,赖孔子而传;自孔子以后数千年之文化,赖孔子而开。"孔子如同一个巨大的思想水库,上游之水流入其中,下游之水由之流出。这个水库不只是蓄水而已,其中发生了重大的思想史事件。这些事件记载于《论语》一书,那些看似寻常的章句,虽然白纸黑字俱在,却仍有诸多尚待阐释的问题。

不独中国为然。有赖《论语》的流传,孔子还点亮了中国以

---

[1] 语见《朱子语类》卷九十三。朱子于诗句后按语云:"唐子西尝于一邮亭梁间见此语。"唐庚(1070—1120),字子西,北宋眉州(四川眉山)人。《唐子西文录》载:"蜀道馆舍壁间题一联云:'天不生仲尼,万古如长夜。'不知何人诗也。"可知北宋时此语即已流行民间。

外的很多地方。日本德川初期出现了一位名叫伊藤仁斋（1627—1705）的儒者，盛赞《论语》是"最上至极宇宙第一书"。这个断语殊堪玩味，倒不是因为仁斋是日本人，而在于他发出这个赞誉的语境，是在孔子谈及"中庸"的章句。① 且不论这个赞誉本身是否过甚其词，只说这个赞誉是由"中庸"引发的，暗示了孔子学说的独特意义。这一意义，至《礼记·中庸》之出，已多被误读，至宋明儒学则误解更甚，至今仍迷惑诸多读者。孔子"中庸"的意义一日得不到澄明，中国人何以为中国人的道理就一日无法澄明，中国人的文化自觉也就无从谈起。② 作为日本学者，仁斋毫不吝啬赞誉之辞，表明《论语》的魅力可以穿越时空。子曰："德不孤，必有邻。"③ 这个"邻"不限于日本，而可以通达全人类。这倒不是孔子说出了什么玄妙高远的道理，而是——且恰恰是——孔子第一次指认并揭明了人类存在的终极之道，不过就是"中庸"罢了。这是孔子区别于人类其他文明之奠基人的根底所在。

相传，宋朝开国宰相赵普说了一句著名的话："半部《论语》治天下。"另一个版本是："半部《论语》定天下。"④ 不管是"定天下"还是"治天下"，《论语》的终极旨归就是"天下"，而

---

① 仁斋之语出自《论语古义》，参见〔日〕松平赖宽：《论语征集览》（上），上海古籍出版社2017年版，第495页。
② 孔子谈及"中庸"载于《论语·雍也》篇。"中庸"一词虽仅出现一次，而据笔者所见，《雍也》全篇都在谈"中庸"。
③ 语见《论语·里仁》。
④ 这句话有两个出处。一个出自南宋林駉《古今源流至论》前集卷八《儒吏》所记："赵普，一代勋臣也。东征西讨，无不如意。求其所学，自《论语》之外无余业。"此下有个小注："赵普曰：《论语》二十篇，吾以一半佐太祖定天下。"另一个出处见罗大经（与林駉大略同时）《鹤林玉露》卷七所记："赵普再相。人言普山东人，所读者止《论语》。……太宗尝以此问普，普略不隐，对曰：'臣平生所知，诚不出此。昔以其半辅太祖定天下，今欲以其半辅陛下致太平。'"

其着力点不过是"为仁由己"①而已。这是孔子的格局,也是孔子的素朴。然而,要把其中的道理讲清楚,并非易事。受制于各种现代知识形态的当今学人,尤其需要克服各种先入为主的知见之侵扰。赵普只是道出一个结论,史料并未记载他所说的更多内容。于是,把这个道理讲清楚,让现代读者明白其中的所以然,是一个充满挑战而又值得一试的思想任务。

为了讲述的方便,也为了获得一种切身的代入感,本书将以问答的对话形式展开。为此,书中虚拟了两个形象:匏瓜和木铎。匏瓜是提问者,木铎是回答者。这两个形象皆出自《论语》,均与孔子相关。匏瓜和木铎出自《论语》以下章句。

> 佛肸召,子欲往。子路曰:"昔者由也闻诸夫子曰:'亲于其身为不善者,君子不入也。'佛肸以中牟畔,子之往也,如之何?"子曰:"然,有是言也。不曰坚乎,磨而不磷;不曰白乎,涅而不缁。吾岂匏瓜也哉?焉能系而不食?"(《阳货》)

> 仪封人请见。曰:"君子之至于斯也,吾未尝不得见也。"从者见之。出曰:"二三子何患于丧乎?天下之无道也久矣,天将以夫子为木铎。"(《八佾》)

这两段话是匏瓜与木铎这两个形象的文本来源,也是寓意所指。匏瓜作为"系而不食"的物件,与世俗存在保持若即若离的关系,恰可以隐喻哲学家的现实处境。木铎作为"天下无道"的反思者,对世俗存在构成一种批判的张力,恰可以隐喻哲学家的存在意义。不难看出,这两个形象隐射了孔子生命的两个面相。设想贝多芬

---

① 见《论语·颜渊》篇记载:颜渊问仁。子曰:"克己复礼为仁。一日克己复礼,天下归仁焉。为仁由己,而由人乎哉?"

要为孔子谱写一首《命运交响曲》，匏瓜和木铎足以成为创作灵感的根源性隐喻。孔子的《命运交响曲》，其实就是匏瓜与木铎的二重奏。因而，我们不妨把匏瓜和木铎视为孔子的两个化身。

这样，所谓对话，不过是孔子的自言自语罢了。这是一个最佳的选择，也是一个无奈的选择。孔子曾对子贡感慨"予欲无言"[①]，读者可以细心体会其中的沉重的无奈！"古来圣贤皆寂寞"，除了自言自语之外，思想者还有更好的对话者吗？所幸，孔子还有那一批卓越的弟子，那一批伟大的聆听者。没有他们，就没有《论语》，后人又如何能够切近孔子的所思所想？《论语》无愧是中华民族的命运之书！

本书不揣谫陋，致力于让孔子的思想以切近本真的形象自我道说——这是一个宏伟而艰难的思想任务，恐怕也是一个难以达成的思想任务。唯其如此，且不妨一试；不试又如何知道其中的艰难？摒弃学究气的说教，拒斥学院派的论说，而又与心灵鸡汤的养生小品保持距离，是本书的自觉追求。如何兼顾学术与普及的双重要求，对话体乃是最为合适的体裁。对话本是古典哲学最为通行的表达方式，中外皆然。人是会说话的生物，而人的一切说话归根到底都是对话，哪怕一个人在自言自语，他也是在跟一个人——自我——对话。对话是思想的本源发生，是思想的自我道说。遗憾的是，现代知识的"体系化"癖好已经遗忘了这一古老而本源的思想发生方式。

匏瓜和木铎是本书设定的两个对话角色。为了让读者切身地领会孔子的思想，营造一种既"入乎其内"又"出乎其外"的讲述视点，是值得追求的。王静安《人间词话》云："诗人对宇宙人生，须入乎其内，又须出乎其外。入乎其内，故能写之；出乎

[①] 语见《论语·阳货》。

其外,故能观之。入乎其内,故有生气;出乎其外,故有高致。"为了达成这一视点,本书把匏瓜设想为一个现代的求学者,而把木铎设想为一个博通古今的老年人。这样的角色安排有助于搭建古今对话的张力场域,以便让孔子的思想突跳而出。

第一部 探门

鲍瓜：木铎先生，我近来对《论语》萌发了一种特别的兴趣。可是，我读《论语》总有一种"瞻之在前，忽焉在后"的感觉。每个字我都认识，可总觉得有一种更深的东西隐藏在文字的背后，我也说不上来到底是什么。先生可以指点我怎么读《论语》吗？

木铎：读《论语》有这种感觉，说明你快进入状态了。

鲍瓜：此话怎讲？

木铎：万事开头难呀。

鲍瓜：我现在就是开头难。

木铎：你已经来到孔子学问的门口，就差临门一步了。很多人走到这一步就退缩回去了。

鲍瓜：我可不想退缩，我想一窥堂奥。

木铎：那就让我们开始吧。我们不妨把孔子的学问比喻为一个庄园。这个庄园里生活着孔子和他的弟子们。他们虽然已经作古，幸而他们的思想却保留在《论语》中，可以让我辈后人得以窥探其中的堂奥。不过，现代人受各种知识偏见的障碍，要打开进入这个庄园的大门，可不是一件容易的事。事在人为，让我们一起努力吧。这绝对是一趟风景绝美的思想旅行。打开孔子思想庄园的钥匙就藏在某个地方。我们的眼睛，并不是缺少美，而是缺少发现。

第一场

如何获得进入孔子庄园的钥匙？

鲍瓜：可是那把钥匙藏在哪里呢？

木铎：少安毋躁。哲学家见面应该这样打招呼："慢慢来，悠着点儿！"

鲍瓜：听您这么说，我可真有点急不可耐了。

木铎：要找到进入孔子庄园的钥匙，我们首先得放下各种不合适的知识行囊，它们都是一些先入为主的"前见""偏见""定见"。借用佛学的说法，都是一些"所知障"，不知不觉间形塑了我们的思维框架，以至于一叶障目，看不见一个本然的孔子了，只能在孔子庄园的外围，歧路彷徨，东张西望，不得其门而入——你是不是正有这种感觉？

鲍瓜：正中下怀呀！

木铎：我把这些塑造现代人思维定式的东西统称为"现代学术"。

鲍瓜：您这可是把"现代学术"一棒子打死呀！

木铎：我这话可能有点偏激。不过，如果真能一棒子打死，那也说明它没有什么生命力嘛。

鲍瓜：为什么说"现代学术"没有生命力呢？

木铎："现代学术"不过是资本逻辑的奴隶。资本逻辑带来"进步强制"，"现代学术"作为"进步强制"的孪生物，已经背离了人类学问的大经大法。资本逻辑催生现代分工，现代分工催生领域分离，领域分离催生学科分化，结果是道术为天下裂。与领域分离相应，各种新生的概念、范畴层出不穷，比如我们每天都能听到"道德""政治""美学""文化""知识""时间"等，这些词就是"进步强制"带来的"概念强制"。现代人想当然地用这些概念去对译《论语》里面的"德""政""美""文""知""时"等字眼，他们的错误一定是致命的。

鲍瓜：哦？请解说一下。

木铎：声明一点：我把现代人的思维定式指认为"现代学术"，这不是对"现代学术"的不尊，而是指明它们对于进入孔子庄园的无用——它们只会以概念强制的"所知障"遮蔽我们的视野。所以，我们要清空这些先入为主的东西。当我们以勇士断腕的决心，毫不吝惜地清空这些东西，解除由之而来的思维定式，那个钥匙其实不在别处，就在你本有的一点灵明之中。灵明一照，大门洞开。

第1节　钥匙隐含于《论语》开篇第一章

鲍瓜：打开大门的钥匙就在我心中？

木铎：没错。灵明原本就在每个人的心中。这一点灵明正是进入孔子庄园的钥匙。

鲍瓜：我怎么找到它呢？

木铎：你现在发心读《论语》，它就不难找到——关键是发心。用孔子的话讲，就是"志于学"。

鲍瓜：尽管我不敢自比孔夫子，但我有这个心志。

木铎：此处应该有掌声！我们就不绕弯子了。打开孔子庄园的钥匙，就隐藏在《论语》这本书里。具体说，就隐藏在《论语》

开篇的第一个章句里。

饱瓜：这看起来不过是三句平常的话嘛！

木铎：确实是三句平常的话，可是平常之中有极不平常的大义。我们就从解读《论语》的第一个章句开始吧！解读这个章句，将决定性地敞亮我们生命本有的灵明，获得那把无形的钥匙。我们的思想旅行就从这里开始。让我们一起大声背诵一遍：

> 子曰：学而时习之，不亦说乎？有朋自远方来，不亦乐乎？人不知而不愠，不亦君子乎？（《学而》）

这是塑造中华文明的一段话，放在《论语》的开头，绝不是一件随随便便的事。这段话相当于一部小《论语》。孔子一口气讲了三个小句子，道出了三层意思，语言看似浅白，但其所包含的道理决不可小觑。

饱瓜：愿闻其详。

木铎：三个"不亦……乎？"，是不是有一种反问诱发的意味？这三个句子暗含着某种时序，也包含了"学"渐次扩大的行动进程——注意，我说的是"行动"，而不是"现代学术"的理论游戏。最后一句，正式点出"君子"，这是"学"的旨归所在，也是《论语》全书的重心所在。开篇以"学"始，以"君子"终，用一句话概括，就是"学成君子"——这是《论语》全书的旨趣，也是孔子全部学问的旨趣。记住了吗？

饱瓜："学成君子"，我记住了。

木铎：我们先逐句讨论这一章的字面意思，然后综合起来审视，阐释其中包含的思想境界与义理规摹。

饱瓜：期待之至。

木铎：先来看第一句："学而时习之，不亦说乎？"你读这句话时,有没有一种独特的感觉?

匏瓜:(默念"学而时习之,不亦说乎")确实有一种感觉……

木铎:什么感觉?

匏瓜:……我说不上来!

木铎:这是孔子用反问激将法,要激活你内心本有的觉解呀!"学而时习之",很多解读者解释为"学了后能时常温习"之类的意思。这是受现代教育模式的框定,先入为主的误读。《论语》的"时"字从来没有表示"时常""经常"的意思①,而应该解读为"恰当之时"或"切时"。

匏瓜:如何理解"恰当之时"呢?

木铎:恰当之时,包括三个方面的所指:"凡学有三时:一就人身中为时,二就年中为时,三就日中为时也。"②这是皇侃的说法,容我逐一解释。

首先,就人的成长而言,有一个自然生长的时序,不能过迟也不能过早:过早了不能理解,等于揠苗助长;过迟了时机已逝,犹如树大难矫。所以《礼记·学记》说:"发然后禁,则扞格而不胜;时过然后学,则勤苦而难成。"人应在恰当的年龄学习恰当的内容,古人对此极为重视。《礼记·内则》说:"六年教之数与方名,七年男女不同席,不共食。八年,出入门户,及即席饮食,必后长者,始教之让。九年,教之数日。十年,出就外傅,居宿于外,学书计。十有三年学乐诵诗,舞勺。成童,舞象,学射御。"这是针对古代教育的内容而有的"学而时习之"。

其次,就一年中的时令而言,一年有四季,十二个月,存在

---

① 《论语》"时"字共出现11次,如"使民以时""不时,不食""时哉时哉""夫子时然后言""行夏之时""少之时,血气未定""孔子时其亡也""好从事而亟失时""四时行焉",综观诸例,"时"只从适当的时机、时期、时令、时代而取义,而无"时常"之义。

② [南北朝]皇侃:《论语义疏》,中华书局2013年版,第2页。

自然的阴阳消长，所以人的学习应该"与时偕行"。《礼记·王制》有"春夏学诗乐，秋冬学书礼"的说法，就是这个道理。春夏阳气上升，阳体轻清；诗乐是声，声亦轻清。轻清之时学轻清之业，则容易进入。秋冬阴气上升，阴体重浊；书礼是事，事亦重浊。重浊之时学重浊之业，则容易进入。总之，应时而学习，则事半而功倍；逆时而学习，则劳碌而寡功。

最后，一日之时，也有阴阳消长的往复变动，学习也应该顺此而为。道理是一样的，我就不赘述了。

不管是就人之成长的身体时机而言，还是就一年或一天的自然时令而言，归根到底都是由天而定，非人力所能妄改，只能顺之而为，故一言以蔽之，此句的重心在"天时"。是不是这个道理？

鲍瓜：天时？我想是的。

木铎：我们借由这个身体来到世间。而我们这个身体来自哪里？

鲍瓜：来自父母。

木铎：没错。但想问题要想得深一点：父母只是我们来到世间的"通道"。

鲍瓜：《孝经》说："身体发肤，受之父母，不敢毁伤。"为什么说父母只是一个"通道"？

木铎："通道"是指，我们必须经由父母才能来到世间，但这个"通道"并不是终极的源头。打个比方：乐器是音乐得以呈现出来的通道，但你不能指着一个乐器说，这就是音乐。

鲍瓜：是这样。

木铎：那么，音乐本身在哪里？

鲍瓜：音乐本身？

木铎：音乐来自天道。作曲家创作一首曲子，绝不是凭空任意的。莫扎特说他的音乐都是受上帝的启示而创作的，这绝不是妄语。《乐记》说"乐由天作，礼以地制"，也是这个道理。同样，我们"通过"父母来到世间，但能让我们"来"到世间的那个力量本身，父母自身也不能主宰，任何人都不能主宰，它只能来自"天"。父母只是呈现这种力量的"通道"。更一般地说，我们每个人都是这种力量的呈现者和承载者。可是有几个人能自觉到这一点呢？"学而时习之"，孔子这句话的终极旨归，是让我们领悟天的力量，领悟人对天的力量的承载和展现。

鲍瓜：我好像懂了……

木铎：暂时领悟不了也没关系，先把问题放着。我们再来看"习"字。"时习"的"习"，通常解为"温习"，这是不对的。《论语》表达"温习"的字眼是"温"①，不是"习"。"习"字在《论语》中出现过三次②，从用法来看，显然都是习行、践习的意思。③"学而时习之"的"之"，是指代学习的内容。具体是什么内容，后面再谈。"不亦说乎"的"说"是开解的意思——"说"字的解读极端重要。

鲍瓜："说"是开解的意思？不是快乐的意思吗？

木铎：这是传统的误解。——即便解释为快乐，也是由开解而来的快乐。

鲍瓜："说"是开解的意思，有什么根据吗？

木铎：当然有根据。"学而时习之，不亦说乎"这句话的训解非常关键，直接关系到孔子学说的根基，一个字的错解，便意味着大义的错失。我们先看训诂，再结合《论语》"说"字的用法，

---

① 如《为政》篇："温故而知新，可以为师矣。"
② 另两次为：《学而》"传不习乎"，《阳货》"性相近也，习相远也"。
③ "习"字的甲骨文上为羽，下为日，像鸟在日间飞行。《说文》："习，鸟数飞也。"据此，鸟练习飞行曰习。此义古籍可证。《礼记·月令》载："季夏之月，……温风始至，蟋蟀在壁，鹰乃学习。"夏天六月，鹰开始学习攫搏的生存技巧，这是应时而学习。

最后判定"不亦说乎"的"说"字为什么必须训为开解。

"说"字训为"解",是有训诂学根据的。《广雅》:"解,说也。"《说文》:"说,说释也。从言、兑。一曰谈说。"清代学者席世昌《读说文记》云:"今本'说释'字,当是'说解'之误。"近代学者马叙伦认为:"'释'解为'译','译'者'解'也,今言'解说'。"① 当然,"说"字训为快乐,也是有根据的。《尔雅》云:"说,乐也。"

不过,我们要注意,《论语》用"说"表快乐和用"乐"表快乐,意味是不一样的。比如下面这两章,值得仔细琢磨推敲一番——

> 子使漆雕开仕。对曰:"吾斯之未能信。"子说。(《公冶长》)

> 闵子侍侧,訚訚如也;子路,行行如也;冉有、子贡,侃侃如也。子乐。"若由也,不得其死然。"(《先进》)

第一章记为"子说",第二章记为"子乐",请想一想:为什么不统一记为"子说"或"子乐"呢?

匏瓜:是呀,为什么呢?

木铎:这说明"子说"和"子乐"肯定有所不同。《论语》用字极为讲究,如果意思完全一样,却用两个字,没有这个道理。

匏瓜:"子说"和"子乐"到底有什么不同?

木铎:用字的不同,与语境有关。我们看第一章,孔子让漆雕开出仕做官,漆雕开回答说:"吾斯之未能信。"② 孔安国说:"未能信者,未能究习。"漆雕开的意思是说:"我对这事还没有把握

---

① 参见赵纪彬:《论语新探》,人民出版社1976年版,第254页。
② "吾斯之未能信",犹言"吾未能信斯","之"为复指代词,复指"斯"。

（未能充分自信）。"这话意味着什么？意味着漆雕开其人非常笃志；朱熹说："信，谓真知其如此，而无毫发之疑也。开自言未能如此，未可以治人，故夫子说其笃志。"①这个解释是对的。可见，孔子之所以"说"，是因为孔子通过漆雕开这句表白，理解了他内心的志向。孔子之所以劝他出仕，是因为孔子知其才能可以从政。一个人的才能如何，在相处中是可以知道的；但一个人的志向如何，是不容易知道的。"圣人之所知者，其材也；所不能知者，其志也。"正因为志向藏在心里，所以孔子经常问弟子们的志向如何。②孔子听了漆雕开的这句表白，明白了漆雕开的志向，所以原文记为"子说"。显然，这个"说"字应该训为"解"才切合语境。

第二章记载几个弟子陪侍孔子时的性情气象。为什么记为"子乐"呢？郑玄说："乐各尽其性。"朱熹说："乐者，乐得英才而教育之也。"孔子曾经有"才难"之叹，朝廷之治，学问之传，都需要英才，而四位弟子各显性情，有任道之器量，孔子内心很快乐，所以原文记为"子乐"。③这个"乐"与"有朋自远方来，不亦乐乎"的"乐"是一个意思。

鲍瓜：这样看来，"不亦说乎"和"不亦乐乎"是不同的？

木铎：如果意思完全相同，却用两个字，真是岂有此理！推而言之，《论语》的"说"字出现了21次，大多数都应该训为"解"，比如下面这些章句——

（一）或问禘之说。子曰："不知也。知其说者之于天下

---

① 参见［日］松平赖宽：《论语征集览》（上），上海古籍出版社2017年版，第352页。
② 同上书，第353页。
③ 参见［日］松平赖宽：《论语征集览》（中），上海古籍出版社2017年版，第868、869页。

也，其如示诸斯乎！"指其掌。（《八佾》）

（二）子闻之曰：成事不说，遂事不谏，既往不咎。（《八佾》）

（三）冉求曰："非不说子之道，力不足也。"子曰："力不足者，中道而废。今女画。"（《雍也》）

（四）子见南子，子路不说。夫子矢之曰："予所否者，天厌之！天厌之！"（《雍也》）

（五）子曰：回也，非助我者也，于吾言无所不说。（《颜渊》）

（六）公山弗扰以费畔，召，子欲往。子路不说，曰："末之也已，何必公山氏之之也。"子曰："夫召我者而岂徒哉？如有用我者，吾其为东周乎？"（《阳货》）

第四和第六句都出现了"子路不说"，传统解释为"子路不悦"，这是不符合语境的，应该解为"子路不解"。

我们挑第三句和第五句来说一说。传统解释把"说"解释为"悦"，表示快乐，实在是僵硬不通。比如第三句，在教学过程中，孔子有责任克服弟子对自己所向往之道的"不解"，却不能强禁弟子的"不悦"——情感问题是无法勉强的。冉求的问题出在画界自止，故步自封，这说到底是由于"不解"，而不是"不悦"。[①] 又比如第五句，"不说"也应理解为"不解"，颜回"于吾言无所不解"，才是"非助我者也"的缘由。孔安国对这一句的解释值得注意："助，益也。言回闻言即解，无发起增益于己。"这是最早的解释，也是正确的解释。这启示我们，汉儒的解释值得重视，毕竟距离孔子较近。

---

① 参见赵纪彬：《论语新探》，人民出版社1976年版，第262页。

鲍瓜：这样解释显然更通达。"说"训为"解"，二者有没有细微的区别呢？

木铎：不好说，因为《论语》只有"说"字，没有"解"字，无法比较。不过近代学者唐文治有一个分析："本经不言'解'而言'说'者，盖'解'在剖析义理，而'说'则学与教者之心理契合于无形之中，是以'不违如愚'。"①

鲍瓜：这样梳理下来，"说"的意思很清晰了。

木铎："说"字在《论语》中还可以引申出"心悦诚服"的意思。比如这几章——

> 巽与之言，能无说乎？（《子罕》）
> 近者说，远者来。（《子路》）
> 敏则有功，公则说。（《尧曰》）

我们把"不亦说乎"的"说"训为开解，这个训解本身可以包含愉悦的意思。因为，任何真正的开解都会带来一种愉悦——这是由人的求知本性决定的。你可以反省一下，当你弄懂了某个道理，是不是有一种类似解脱的愉悦感？

鲍瓜：确实是的，几乎是一种本能的愉悦感。

木铎：顺便指出，"兑"字从人，从口，上面的"八"像气之舒散，所以"兑"字有交换、互通的意义。"兑"是《周易》六十四卦之一，卦象包含交换、互通的意象。《说文》："兑，说也。"《说卦》："兑为口。"口是人体中交换互通的重要器官。凡是以

---

① 赵纪彬：《论语新探》，人民出版社1976年版，第263页。

"兑"构造的汉字,都包含交换、解脱的意思。①

综上所述,"说"是开解,以及由开解带来的愉悦,这是"不亦说乎"所表达的。这样,我们可以把"学而时习之,不亦说乎"解释为:

> 学[先王之道]而能够切实地反复践行,不也会因开解而愉悦吗?

匏瓜:为什么"学而时习之"能够带来开解呢?开解的根据是什么?

木铎:(竖起大拇指)大哉问!能够这样提问,说明你进入问题的深层了。这个问题事关孔子学问的根底。我们现在做一个初步的探讨。

孔子认为,人天然就具有学的能力——这是上天赋予的能力。人学某个东西,比如先王之道,如果能够切实地反复践行,践行到一定程度,先王之道不再是某种外在的东西,而化为自己生命的一部分——这时候就会有一种解脱的效果。就好像学驾驶,刚学的时候你会觉得车子和你是两个物件,你经常记着你在驾驭车子:你就像一个"主体",车子就像一个"客体","主体"在支配"客体"。当你熟练到一定程度,你和车子的关系不再是"主体"和"客体"的关系,而是完全融为一体,这时候仿佛不是你在驾驭车子,而是车子化为你身体的一部分——于是你从中获得了一种解脱感——这就是"不亦说乎"所表达的意思。

匏瓜:这么说来,开解的根据就在于"学而时习之"?

---

① 如说、脱、税、锐等字。《说文》:"税,租也。"税有解脱义,如《左传·成公九年》:"郑人所献,楚囚也。使税之。"《史记·李斯列传》:"吾未知所税驾也。"

木铎：开解的根据，有两层意思。第一层意思是说，人天然具有学习的能力——但这只是一种潜力。所以，第二层意思又说，这种潜力需要反复地习行，按正确的方式习行（时习之），才能转化为现实的能力。因此，真正的学，一定包含习行的意思。"学而时习之，不亦说乎"是说，人只要能够"学而时习之"，一定会获得"不亦说乎"的解脱效果。

匏瓜：能不能更具体地解释一下"解脱"的意思？

木铎：就是把人从一种尚未"成人"的状态中超拔出来，成为一个真正的人（君子），这就是"解脱"的意思。

匏瓜：这样解释，我忽然觉得孔子这句话有很深的命意。

木铎：请讲讲你所理解的命意？

匏瓜：孔子讲"学而时习之，不亦说乎"，实际上是为自己的学说——也就是"学以成人"或"学成君子"——确立一个基点。孔子认为：第一，人都是能学的；第二，这种学不是一种纯理论的活动，而必须诉诸反复的习行；第三，这种习行达到一定程度，自然会带来解脱的效果。

木铎：总结得好！

我补充一点：孔子认为人的所知（说）与所行（习）是密切相关的——没有一定的所行（习），就不会有一定的所知（说）——我这里说的"知"是体知，用身体力行的方式去获得解脱。解脱的意思是说，从尚未成人的状态解脱为成人的状态。这个道理是孔子学说的基石，以后我们还会讨论到——比如讲到"民可使由之，不可使知之"这句话，我们还会进一步深化这个问题的讨论。

总之，"学而时习之，不亦说乎"这句话，实际上是孔子明确亮出自己学说的起点何在；接下来的第二句话"有朋自远方来，不亦乐乎"，是表达学习的扩展进程；最后一句"人不知而不愠，不亦君子乎"，则是表达学习的旨归——成就君子。

第2节 《论语》开篇所指示的义理规摹

鲍瓜：木铎先生，第二句"有朋自远方来，不亦乐乎"又该怎么解释？

木铎：这句话自古以来的解释，大致不差，但是还没有完全呈现其中包含的义理规摹。这句话有几个关键字：朋、远、方、乐。东汉郑玄说："同门为朋，同志为友。"这是用东汉的情形去设想孔子的时代，恐怕与事实不符。孔子的时代，学在王官，私学方萌①，"同门"不是常见现象。"同门为朋"不可取，"同志为友"则道出了真实。需要注意的是，《论语》有"友"字单用者，有"朋友"连用者，单言一个"朋"字十分罕见，唯独"有朋自远方来"一例。有人认为"有朋"等于"友朋"，这是妄改经典。解释不通就篡改经典，以便迎合自己的意思——宋儒经常犯这个毛病。通观《论语》全书，"友朋"不合用字之法，也不存在"有"与"友"通假的情况。原文明明写着"有朋"，怎么可以随意妄改经典呢？从《论语》"友"字的用法来看，"友"是指志向相投的对等关系，"无友不如己者"一句正是点出这个意思。"友"强调志向相投，所以"不如己者"，表明志向不投，确实不适合做朋友，强扭的瓜不甜。

鲍瓜：鲁迅先生就说"无友不如己者"是一种势利眼。

木铎：这是以小人之心度君子之腹。殊不知，孔子这句话只在"友"上立言，"不如己者"表明志向不投，确实不适合做朋友，但这并不影响与"不如己者"建立一般性的交往关系。

鲍瓜：这样理解就没什么疑难了。友是友，朋是朋，那朋友呢？

---

① 孔子通常被视为中国历史上第一个创办私学的人，打破了学在王官的传统。

木铎：《论语》中"朋友"合言有很多例子，是泛指一般性的对等关系。"有朋自远方来"一句，"朋"字单用，绝非偶然，须引起高度重视，不能草草放过。甲骨文"朋"字像两串贝壳并列在一起。贝壳是上古时代的货币，相传五贝为一系，两系为一朋。由贝壳串在一起，引申出同类之义。《广雅》说："朋，类也。"在"有朋自远方来"这句话中，"朋"可以理解为同类相应的对等群体。《周易》乾卦的"文言"引用了一句"子曰"的话——先秦古籍动不动就搬出"子曰"，只有天知道是不是孔子说的，难道规定"子曰"一定是指"孔子曰"吗？

鲍瓜：（笑）没这种规定。

木铎：毕竟孔子影响力大，把所有"子曰"都归到孔子头上，也无伤大雅——这个问题我们不去管它。"文言"记载，子曰："同声相应，同气相求。水流湿，火就燥。"这段话是以物理世界的同类相应现象，隐喻人文世界的同类相应现象。人与人的同类相应，如同"水流湿，火就燥"这些物理现象一样自然。总之，"有朋自远方来"，是"学"所引发的同频共振。

鲍瓜：物理世界的同类相应不难理解，为什么人文世界也会同类相应呢？

木铎：问得好！古希腊有位哲学家叫赫拉克利特，他的著作还留有一些残篇，其中记载了一句意味深长的话：

> 清醒者有一个世界，并且因而有一个共同的世界；相反，每一个沉睡者都沉溺于他自己的世界。[①]

赫大哲学家把"清醒者"与"沉睡者"判然二分，根据在于

[①] 孙周兴：《海德格尔选集》（上），上海三联书店1996年版，第174页。

各自的"世界"不同。清醒者怎么会拥有一个共同的世界？无他，只能通过学。沉睡者相当于不学的人，如井底之蛙，自限于井口所见，视之为"天"。相反，好学的人，因学而成为清醒者，便通达世事人情，引发生命的同频共振——这是一种意义交融的共通感。于是，同类相应，很自然，"有朋自远方来"。你自己想想，你的学问不断扩大，以至于有朋自远方来，你觉得快乐不快乐？

鲍瓜：那还用说，肯定快乐。这样看来，"说"与"乐"的本义差别很大，传统解释由于把"说"字解为快乐，"乐"也是快乐，于是又不得不区分二者。比如《论语注疏》说："说深而乐浅。"还引用一种说法："在内曰说，在外曰乐。"[①] 程子也说："说在心，乐主发散在外。"这些解释看来都是叠床架屋。

木铎：就是叠床架屋。快乐就是快乐，哪有什么深浅内外之分？内外之分是后世之见。你的快乐，难道只在"内"不在"外"，或只在"外"不在"内"吗？"内""外"的界线在哪里？以皮肤为界吗？深浅内外之说，都是支离破碎之言。当然，由开解也可以带来一种快乐，这是很自然的。所以"不亦说乎"的"说"解为快乐，也说得过去，问题是，这种解释不能澄清这种快乐的实质和根源。

鲍瓜：如果说"不亦说乎"也有快乐的意思，那怎么区分"不亦说乎"和"不亦乐乎"？

木铎：这还得从"朋"字入手。"朋"作为同类，相互之感应可"乐"。但仅此仍未足以尽得"朋"字之妙蕴。在"同类"之外，"朋"还有另一个意义，有待指明。

鲍瓜：愿闻其详？

木铎："朋"字在先秦，还是"凤"的古字——凤凰的凤。

---

① ［三国］何晏注，［宋］邢昺疏：《论语注疏》，中国致公出版社2016年版，第2页。

《说文》云："朋，古文凤。象形。"《说文》保留了朋的古字形，非常像一只凤。凤是一种古老的灵鸟，在古代中国承载着特殊的思想隐喻。凤之灵，有一个表现：当凤起飞时，群鸟会群起而跟从。由这种感召的灵性，凤进而引申出朋党之义。段玉裁说："朋党字何以借朋鸟也？凤飞则群鸟从以万数也。未制凤字之前，假借固已久矣。"[1] 这是说，凤本来就假借为朋字，后来才另造凤字，以示分别。

匏瓜： 原来如此。

木铎： "有朋自远方来"，故而可以同时理解为：有凤自远方来。

匏瓜： 妙哉！

木铎： 另外，还要注意"远方"这两个字。"远方"在今天是一个词，在《论语》的时代可不一样。《论语》表达"遥远"的意思，一个"远"字足矣，不需要加"方"字。那为什么这里用"远方"？须知，《论语》中"远方"连用，仅此一例。这说明"方"字另有其义，不容不察。《说文》云："方，并船也。像两舟省总头形。"故"方"有"并"义。《淮南子·泛论》篇"乃为窬木方版"，高诱注说："方，并也。"《尚书·微子》篇"小民方兴"，《史记·宋世家》作"并兴"，可见方、并同义。"有朋自远方来"，这是在说：有朋自远并来。[2] "并来"者，来者非一人，乃一群人也。其感召之气象，可以想见。

匏瓜：（微微点头）感觉有一个不同的场景打开了。

木铎： 这个场景令人想起《尚书·益稷》篇的一句话："箫韶九成，凤凰来仪。"箫是一种管乐器。《韶》是舜时的乐舞——孔子曾以"尽善尽美"赞之。"九成"表示乐之将终。凤凰是灵

---

[1] ［清］段玉裁：《说文解字注》（上），凤凰出版社2015年版，第263页。
[2] 古籍多言"方来"，如《周易》"不宁方来"，《尚书》"兄弟方来"，都是并来之义。释"方来"为"并来"，见俞樾《群经平议》。

鸟，雄鸟叫凤，雌鸟叫凰。这句话描绘《韶》乐活动，尽善尽美，气势恢宏，吸引了灵鸟凤凰"自远方来"——从远处一起成群结队地飞来。

鲍瓜：我可以感觉到"不亦乐乎"大概是一种什么景象了。

木铎：结合《尚书》的描画，我们有必要再追溯一下"乐"字的本义。乐（樂）在古代是"奏歌舞"三合一的群体活动。从甲骨文来看，"乐"字的构意，源自上古先民歌舞活动中的悬铃架鼓；欢乐、快乐是由这一事象引申出来的意思。"有朋自远方来"，让人联想到"箫韶九成，凤凰来仪"的景象，二者均有"乐"的气象。"有朋自远方来"，隐射"凤凰来仪"，那是同类相感，"沛然莫之能御"的恢宏盛况。

鲍瓜：按前面的分析，"不亦乐乎"的"乐"似乎可以读为礼乐的乐？

木铎：完全可以。上古语音没有后世那么拘泥。"不亦乐乎"的"乐"，既可以读为快乐之乐（lè），也可以读为礼乐之乐（yuè）。《论语》用字古朴，一字多义很常见，"乐"字往往兼含这两个意义。"不亦乐乎"是"同声相应，同气相求"带来的乐感、乐象，以及这种乐感、乐象所包含的快乐、悦乐。当然，"乐"（yuè）原本就包含着"乐"（lè）："乐"（yuè）是活动过程的称谓，"乐"（lè）是活动效果的描述。所以《乐记》说："乐者乐也。"前一个"乐"字读作礼乐之乐（yuè），后一个"乐"字读作快乐之乐（lè）。

鲍瓜：总算明白"不亦说乎"与"不亦乐乎"的区别了。

木铎：以后可别再用什么"深浅内外"去肢解孔子的话了。

鲍瓜：不会了。这一句的主旨是什么呢？

木铎：主旨已经包含在字义中了。有朋自远方来，"远"者，地域之远也。地域虽远，而群体并来，其乐可想而知。所以，这句话的重心，意在揭示"学"所造成的共感相应，可以打破地域之隔阻,乃至打破时代之隔阻①,把天下同化于"学"。一言以蔽之,这句话隐射"学"所带来的"地利"。在孔子看来,自然的"地利"不是最高层次的,通过"学"之感化而来的"地利",才是最高层次的。

鲍瓜:(欣然点头)这么说,所谓"地利"也可以由人为而致,"学"可以创造"地利"。

木铎:是这么个理。第二句就到这里,接下来讲第三句。

鲍瓜:(试探地)第三句隐射"人和"?

木铎:是的。可是别急。这第三句话被误解了两千多年!

鲍瓜:(惊讶)被误解了两千多年?

木铎:一点没错!被误解了两千多年!两千多年哪!中国人竟然接受一个两千多年的误解,直到今天还视为理所当然!这不能不让我感到莫大的震惊,莫名的悲哀!今天我们要正本清源,澄清孔子的意思,得下一番考究的功夫。

鲍瓜:不胜期待!

木铎:第三句"人不知而不愠,不亦君子乎?"可以说包含了孔子学问的全部旨归,也包含了孔子的全部问题意识。悲哀的是,这句话通常被解释成这样的意思:别人不了解我,我也不生气,不也是君子吗?

鲍瓜:对,我读到的各种注解,几乎都是这样解释的。

木铎:这是彻头彻尾的错解!致命的错解!我甚至想说,如果这句话不被误解了两千多年,今天的中国说不定会是另一个面貌呢!

鲍瓜:愿闻先生指教。

---

① "远"字在《论语》中既可表地域之远,也可表时代之远。前者如《里仁》"父母在,不远游",《子路》"近者说,远者来";后者如《学而》"慎终追远",《泰伯》"死而后已,不亦远乎"。

木铎：首先，必须指出，从《论语》全书来看，孔子赋予君子以非同寻常的意义和使命。这一点如果不旗帜鲜明地指出来，我们是没办法进入孔子庄园的，也没办法理解孔子的良苦用心。孔子念兹在兹，就是要塑造一批君子，以挽救天下大乱的急难，解除礼崩乐坏的危局。孔子心目中的君子，如果仅仅是"人家不了解我，我也不生气"这种小家子气，岂不是一个天大的笑话？我们必须旗帜鲜明地指出，"人家不了解我，我也不生气"并不是君子的实质指示，普通人也可以做到这一点。如果按照这种方式来理解君子，不仅是对君子远大使命的无知，也是对孔子思想高度的矮化。关于君子的意义和定位，后面我们再讨论。我们先来重点澄清"人不知而不愠"这句话的字义和句法——这是打开孔子思想庄园的关键步骤。

鲍瓜：洗耳恭听。

木铎：先看字义。此句的关键字有"人""知""愠"三个字。我们逐一解析它们的含义和用法。

"人"在《论语》中的用法颇为灵活，取义须根据语境而定，不可一概而论。"人"字的用法、指涉大致有三种情况：①通常情况下，如无特别标示，"人"泛指一切人类中的成员，如"人之生也直"（《雍也》），"己所不欲，勿施于人"（《颜渊》），"人能弘道，非道弘人"（《卫灵公》），等等。②个别情况下，"人"与"民"区分而言，如"节用而爱人，使民以时"（《学而》），"善人教民七年"（《子路》）等，这些"人"或泛指一般人（爱人），或指在位为政者（善人），"民"则是指为政的对象群体。③一些情况下，"人"与"己"相对而言，"人"是指与"己"相对的"别人"，这类用法比较常见，如"不患人之不己知"（《学而》），"为仁由己，而由人乎哉"（《颜渊》），"君子求诸己，小人求诸人"（《卫灵公》），等等。

根据以上分疏,"人不知而不愠"一句,"人"属于第一种情况的用法,泛指一切人类中的成员,绝无可疑。为什么我敢说"绝无可疑"?理由在于,通常把"人"解释为"别人"之所以是错的,是因为这不合《论语》的文法。如果"人不知"是别人不知道自己,按《论语》的文法,必须记为"人不己知"。这一文法可以在《论语》中找到强有力的例证。

　　子曰:不患人之不己知,患不知人也。(《学而》)
　　子曰:不患无位,患所以立;不患莫己知,求为可知也。(《里仁》)
　　子曰:不患人之不己知,患其不能也。(《宪问》)
　　子曰:君子病无能焉,不病人之不己知也。(《卫灵公》)

以上几个例子表明,"人"指别人时,"知"必须接宾语,"不己知""不知人""莫己知",都接宾语,无一例外。[1]据此可以断定,"人不知"不能理解为"别人不知道自己";如果表达这个意思,《论语》一定会记为"人不己知而不愠","己"字绝对不能省——这是文法呀!文法是什么?那是特定时代的人们共同遵守的语言规则,没有任何人能够自己创造一套文法强加于世人,这是绝对不可能的事。

匏瓜:深表赞同。维特根斯坦就说过,不存在私人语言这种东西。

木铎:私人语言尚且不可能存在,何况私人语法?

---

[1] 这一文法问题,杨伯峻已看出端倪:"人不知——这一句,'知'下没有宾语,人家不知道什么呢?当时因为有说话的实际环境,不需要说出便可以了解,所以未给说出。这却给后人留下一个谜。"(杨伯峻:《论语译注》,中华书局2012年版,第2页。)其实,何尝有什么"谜",杨氏未细察此句文法与义理,故有此说。

再来看"知"字。"知"字在《论语》中兼含名词义与动词义。表名词义时，与后起的"智"字同义。但《论语》只有"知"字，没有"智"字，"知"实际上兼含"知、智"二义。当"知"偏向动词义的"知"（zhī）时，近于现代汉语的"知晓""知道"；当"知"偏向名词义的"智"（zhì）时，近于现代汉语的"智慧""明智"等义。但是要注意，这两个义项在《论语》中是相互关联的，有时候很难截然分开，以至于我们按现代语法以"名词""动词"来分析其意义，都不尽合适。有一次樊迟问知（zhì），孔子的回答便是"知（zhī）人"（《颜渊》）。所以，用现代汉语的"知晓""知道""智慧"等义去解读《论语》的"知"，只能说是隔靴搔痒，仍然存在语言的古今之隔。我们必须探究"知"字在《论语》时代的确切所指。

匏瓜： 怎么探究？

木铎： 方法就是，尽量以同时代的文献来印证文字的字义和用法。我现在不得不引经据典，你可得耐心一点儿。

匏瓜： 耐心着呢。

木铎： 中国最古老的字典《尔雅》释"知"为："知，匹也。"匹者，合也。《论语》与《尔雅》的时代相去不远，这个解释应该引起高度重视。比《论语》成书稍后的《墨子》，对"知"字有专门的解释，可与《尔雅》印证。《墨子·经上》说："知，接也。"把"知"界定为人与人的交接。《墨子·经说上》进一步解释说："知也者，以其知遇物，而能貌之，若见。"怎么样，这个解释够具体了吧？

匏瓜： 是的。

木铎： 清代文字学家王引之在《经义述闻》中说："古者谓相交接曰知，因而与人相交接亦谓之知。……知与交同义，故又有知交之语。……因而相匹偶亦谓之知。"①这把"知"字解释得相当明白了。南北朝的《玉篇》，宋朝的《广韵》，对"知"字进一步解释为："知，觉也。"何休注《公羊传·宣公六年》"赵盾知之"云："由人曰知之，自己知曰觉焉。"这是说，人与人交接相知为"知"，自己明白一个道理为"觉"。

综上所述，我们可以给"知"勾画出一个意义素描：人与人交接而相互知契曰知。《论语》正是在这个意义上使用"知"的。当樊迟问知，孔子回答"知人"时，就是这样取义的。所谓"知人"，是指明白人与人相交接之道，使人与人之间相互知契，这叫"知"。

匏瓜：原来如此。

木铎："愠"字在《论语》中出现过三次。②《说文》解为："愠，怒也。"这个解释大致不差，但不够透彻。《集韵》解为："愠，心所蕴积也。"这个解释比较到位了。"愠"侧重的是怨怒郁积于心的状态，"怒"则偏重于这种状态的发作，二者的区别是明显的。从"愠"字在古籍中的用例，我们不难体会其意义。

> 忧心悄悄，愠于群小。觏闵既多，受侮不少。(《诗·邶风·柏舟》)
> 憎愠惀之修美兮，好夫人之慷慨。(《楚辞·九章》)
> 南风之薰兮，可以解吾民之愠兮。(《孔子家语·辩乐解》)

以上句例的"愠"字都有蕴积、郁结之义，既可见于个体，也可见于群体。郁结则不通，这是一种堵塞郁积的状态，"愠"字就表达这种状态。在今天这个时代，我们不难察觉到，常有一

---

① "知"字诸用例与解释，参见宗福邦、陈世饶、肖海波：《故训汇纂》，商务印书馆2003年版，第1573页。
② 另两次见《公冶长》"三已之，无愠色"，《卫灵公》"子路愠见"。

股弥漫在社会中的怨气或戾气之类的东西，这就是"愠"。"愠"如同一股无形的"风"，飘荡于所到之处，塑造群体心理和社会风气。"不愠"，则是把这种东西疏通、稀释，化入和美的共在结构之中，实现人与人的相知而和谐——这就是"人不知而不愠"。

为了证成这个意思，我们再来看句法。"人不知而不愠"，按句法关系，"人"是主词，"不知而不愠"是述词。"人不知而不愠，不亦君子乎"意思是说：

> 人们在相互交接中不相知契，而不会郁积怨气 [不和谐]，这不正是君子 [的使命和追求] 吗？

匏瓜：我有一种豁然贯通的感觉⋯⋯

木铎：传统解释误置了"人不知而不愠"的主词和述词的施受关系，认为是"人不知"而"我不愠"（我即君子）。这种解读没有任何文法根据；而且，无形中制造了人与我（君子）的区隔，设置了一种不恰当的主宾关系——主是我（君子），宾是人（别人）。那种"小家子气"的解释就是这样来的！我们的解读则径直按照原文的句法关系，认为是"人不知"而"人不愠"，"人"统率"不知而不愠"——原文的句式明明是"人不知而不愠"，"人"是"不知而不愠"共同的主词；可是后人偏偏要解释成"人不知而我不愠"——请问文法何在？

匏瓜：可悲可叹！

木铎：我们这样解读，从文法上看，文通字顺，毫无违和感；从义理上看，将打开一片完全不同的思想世界。"不愠"意味着"愠"之否定，指向人类共在之美。因而，如果说"学而时习之"指向"天时"，"有朋自远方来"指向"地利"，那么"人不知而不愠"则指向"人和"。能够成就"人和"者，不亦君子乎？

鲍瓜：（笑）别人不了解我，我也不生气，不亦君子？——现在看来，这种解释实在太可笑了！

木铎：可笑至极，简直荒谬！试想，以孔子的格局，成天念叨着"别人不了解我，我也不生气"，这不是荒谬至极吗？这和君子有什么关系呢？孔子想表达的是，实现"人不知而不愠"，并不是一件容易的事，这是君子的伟大使命，所以特地点出"不亦君子乎"。

鲍瓜：君子怎样做，才能实现"人不知而不愠"呢？

木铎：一切都取决于"学"。《论语》开篇就提出"学"，这是孔子运思的总纲。"学"的起点是"天时"，"学"的扩大是"地利"，"学"的成就是"人和"。承担"学"之重任者，是"君子"。一言以蔽之，"学成君子"，这是《论语》开篇就奠定的路线。不难看出，《论语》首章通过三个小句子，奠定了全书的义理规摹，也指明了孔子的思想境界。

鲍瓜：山重水复疑无路，柳暗花明又一村！孔子的思想世界向我徐徐打开了。

木铎：不过，这几句话还有一些问题有待廓清。接下来，我们将孔子这三句话统合起来解读，进一步揭示其中包含的问题意识。

第3节 《论语》开篇所包含的问题高度

鲍瓜：木铎先生，我想继续请教"人不知而不愠"如何实现的问题。

木铎：好样的！如前所述，人之"愠"的根源，在于"不知"。"不知"的根源，在于不学。人类的一切问题，终极根源只在于人类自身，不在人类自身以外的任何事物。在人类有史以来的全部生活中，"人不知"是人类一切问题的根源。由"人不知"造成的一切问题，一言以蔽之，均表现为人之"愠"。而要彻底根绝"人不知"，实际上是不可能的，即便在教育普及的现代社会，也不可能完全根除"人不知"。甚至我要说，教育越是普及，人与人之间的知契就越是困难，人类知识的提升并不意味着人类关系的必然改善——这涉及意识形态的问题，这里就不展开了。因而，如何基于"人不知"的亘古难题，在接受这一客观难题的前提下，通过一定的方式实现"人不愠"，这实际上是最考验人类智慧——智慧不等于知识——的根本难题。据我看，没有比实现"人不知而不愠"更困难也更伟大的事业了。在孔子看来，能够解决这个难题的人，只能是他念兹在兹的君子。

鲍瓜：孔子是如何思考这一难题的解决方案的呢？

木铎：在孔子看来，这一难题的解决，只能取决于人类自身；而在人类自身中，必须塑造一个群体，这就是君子。与西方思想家不同，孔子诊断人类自身的问题，就在人类自身中寻找根源；因而，孔子解决人类自身的问题，也就在人类自身中寻求解决，而不是到人类自身之外去寻求方案，比如诉诸上帝或彼岸世界。这是孔子的特异之处，也是孔子的高明之处。

鲍瓜：那人类自身的问题是什么呢？是不是人类有某种本源之恶，像基督教的原罪之类的？

木铎：非也！"人类自身"不是指人性有某种本源之恶，孔子不假定"原罪"之类的东西。你读《论语》有没有注意到，孔子不对人性给出任何实质性的断语？

鲍瓜：是的。孔子唯独说了一句"性相近也，习相远也"。

木铎：这正是孔子的高明之处，比后来那些争论人性善恶的人不知道要高明多少。孔子认为人类自身的问题就出在人类自身，这不是说人性有什么问题，而是说人类通过交接而结成的关系结构——诸如位分、权力、财富等——本身存在问题,这也就是"人不知"的问题。请注意,孔子不把"人不知"的问题归咎于人性,而是归咎于人与人的关系状态。人类通过交接而形成的关系状态,在孔子的时代,几乎尽数包含在"礼乐"之中。因而,人类自身问题的解决,只能通过调整人类自身因交接而形成的关系结构——礼乐——来实现。调整的方法与原则,孔子以"正名"来表达。在孔子看来,礼乐是解决人类自身问题的根本出路。之所以说是根本出路,是因为礼乐对问题的解决,并不以根除"人不知"为前提,而是在接受"人不知"的客观前提下,达成问题的根本解决。但解决人类自身的问题,礼乐必须"正";或者不如说,人类自身的一切问题,不过就表现为礼乐之不"正"而已。因而,人类自身问题的根本解决,无非就是"正名"。对"正名"的详细解读,我们放到后面来谈。

鲍瓜:我一时还搞不明白:为什么礼乐是解决人类自身问题的根本出路?

木铎:我会解释清楚的,但是需要时间,请你耐心一点儿。

鲍瓜:(憨笑)我的求知欲过于旺盛了。

木铎:(诡笑)欲望是最好的老师。

我简单梳理一下。孔子认为:人类自身造成的问题,根源并不在于人性;而在于人与人之间的关系结构有问题——这就叫"名不正",由"名不正"而造成"人不知"。关于前者,涉及孔子对人性的看法——尽管这种看法是隐含着的。孔子据此而把"学"提到至高无上的地位,这也是孔子不谈"性"只谈"学"的道理所在。关于后者,具体讲,孔子凸显了礼乐的极端重要性。甚至,所谓"学",不过就是以礼乐为中心而已,岂有他哉?孔子认为,通过激活一种本源的礼乐——这是"正名"的前提和旨归,就能够基于"人不知"的客观前提,实现"人不知而不愠",这是解决人类自身问题的根本出路，也是唯一出路。

鲍瓜：（急切）请详细说说。

木铎：我们先来讨论第一个问题：为什么孔子把"学"看得那么重要？

鲍瓜："学"到底是指什么呢？传统的解释可取吗？

木铎：你看到的解释是怎样的？

鲍瓜："学"有两种通行的解释：一种是解释为"觉"[①]，另一种是解释为"效"[②]。

木铎：这两种解释都没错，但都是同义反复。

鲍瓜：同义反复？

木铎："学"确实包含"觉"的意思，但问题是：人为什么能"觉"？同理，"学"也包含"效"的意思，但人为什么能"效"？进一步深究，这两种解释其实是一致的：人之所以能"效"，归根到底在于能"觉"；而人之能"觉"，决定了人一定能"效"。一块石头不能"觉"，也不能"效"。所以，归根到底，"觉"与"效"说的是一个意思。

鲍瓜：确实如此。那怎么解释"学"？

木铎："学"其实不用解释。最伟大的解释，其实就是不解释——至多只是引发出本来就有的东西罢了。

鲍瓜：此话怎讲？

木铎：请回顾一下，刚才我们曾谈到的，我们这个身体的终极来源是什么？

鲍瓜：……父母……上天！

木铎：对，我们这个身体的终极来源是上天。我们之所以能

[①] 班固《白虎通·辟雍》篇："学之为言觉也，觉悟所未知也。"
[②] 朱熹《论语集注》："学之为言效也。人性皆善，而觉有先后，后觉者必效先觉之所为，乃可以明善而复其初也。"

"学",其终极根源也是来自上天。因而,所谓学,就是唤醒我们本来就有的来自上天的那种能力。

鲍瓜:"那种能力"?能不能说具体一点?

木铎:"那种能力"就在你我身上,在每一个人身上,它来自天之赋予。就此而言,我其实并不能"教"给你什么,你也不能从我这里"学"到什么。我所做的,不过是激活你本来就有的。因此,"教"与"学"其实是一回事。这一点,汉字的起源很能说明问题,"教"和"学"的古汉字,原本就是一个字。不过,现代人要领悟这一点,有很多先入之见的障碍。现代人把"教育"理解为某种"知识"或"技能"的取得。诚然,"教育"和"学习"确实是让人"取得"某种东西,但这种东西不过就是他原本拥有的东西罢了。如果一个人原本没有这种潜伏着的东西,你再怎么"灌输",他也不可能"取得"。"灌输"有效的前提是,人原本具备某种东西,尽管是潜伏着的。一个人只有体验到他所取得的东西在根本上就是他自己拥有的东西,他才真正地能学,也才真正地在学。[1] 只有这样,他才可能兴起一种最本源的快乐,这种快乐是激活他本有的能力而唤醒的,不是从外面强加于他的。说到底,人能够快乐,也只是来自他天然就有的学习能力罢了。"学而时习之,不亦说乎",这是对人的固有能力的最高肯定。孔子全部学问的出发点,就在这里。人固有的这种能力,来自天所赋予。唤醒人的这种能力,需要时机——时机本身也是天所规定的,不是人所规定的。所以我们说"学而时习之,不亦说乎",这句话的旨归是唤醒对"天时"的领会。

鲍瓜:(若有所悟)我现在感觉理解得更深一点了。

木铎:我举《论语》的一个例子来说明吧。

---

[1] 参见孙周兴:《海德格尔选集》(下),上海三联书店1996年版,第853～854页。

子曰：吾有知乎哉？无知也。有鄙夫问于我，空空如也，我叩其两端而竭焉。（《子罕》）

"鄙夫"是称呼没什么学问的乡下人的。孔子说自己"无知"，绝不是什么谦虚之辞，而是从终极的意义说的。从终极的意义说，孔子和鄙夫一样，都是"无知"的。为什么"空空如也"的孔子和鄙夫，却能够通过"叩其两端而竭焉"的方式，获得某种"知"呢？

鲍瓜：鄙夫原本就有"知"，只是需要孔子"叩其两端而竭"来启发？

木铎：正是这样。试想，如果鄙夫是一块石头，孔子能够"叩其两端而竭"吗？

鲍瓜：当然不能。

木铎：好了，关于学，我们就谈到这里。顺便指出一点：《论语》的"学"字，有专指，有统言。学诗，学礼，学乐，这是专指。泛指一切学问与道术，这是统言。

鲍瓜："学而时习之"应该是统言吧？

木铎：我更愿意这样理解。但是，作为人生起点的"学而时习之"，恐怕还是以学诗为主，学礼次之，学乐为终。所以孔子说："兴于诗，立于礼，成于乐。"如果你不嫌牵强，你也可以把这句话对应于《论语》开篇的三句话来领会："兴于诗"对应于"学而时习之"，"立于礼"对应于"有朋自远方来"，"成于乐"对应于"人不知而不愠"。

鲍瓜：（琢磨半响）我觉得好像有道理呀！

木铎：好了，现在我们再来讨论第二个问题：孔子为什么极端重视礼乐，乃至视之为实现"人不知而不愠"的根本出路和唯一出路？

第二场

何以礼乐是孔子庄园的入场券？

匏瓜：木铎先生，请您继续指教：孔子如此重视礼乐，道理何在？

木铎：我们现在就来讨论这个道理。很多人把孔子的学问称为"仁学"。我想这是可以的。但问题是，如果不明白孔子之所以提出"仁"，不过是为礼乐找到依归，回归礼乐的本源，那不过是半吊子的学问。要我说，礼乐才是孔子学说的真正核心。仁是为礼乐"服务"的。

匏瓜：如何理解仁与礼的关系呢？（试探地）有一种说法：仁是内在根据，礼是外在规范——怎么样？

木铎：又是"内在""外在"，"现代学术"真是害人不浅呀！我们之前讨论过，"内外"之分在孔子那里没有任何意义，完全是一套方枘圆凿的思维框架。"内外"是现代人的概念图像——一种空间化的世界图像！《礼记》开篇说："礼主敬。"请问："敬"是内在的还是外在的？曾子说："仁以为己任，不亦重乎！"仁是一种重任，请问：重任是内在的还是外在的？

匏瓜：（赧然一笑）"内外"之分真的不适合。

木铎："内外"之分是现代人空间化的思维图像。这一点，你能够领会吗？

匏瓜：我正想请教呢。

木铎：现代人或多或少的，或自觉或不自觉的，都有一种空间化的思维图像。世界在思维中成为图像，与西方近代以来人成为主体是同一个过程。世界成为图像，人成为主体，这是同一个过程的两个方面。①理解这一点很重要。现代人把时间、空间抽象化，抽象为两个分裂的东西。世界的抽象化，也就意味着人的主体化。这里需要分辨一点，我也用"主体"或"主体性"这个词，但我讲的主体不是与世界对立的主体，也不是与"客体"对立的主体。当我说孔子凸显了人的主体性时，这个主体性是指人能够"学而时习之"的觉解能力，是一种能够领会天命在我的自觉性和独立性。

鲍瓜：这是不是一种"人本主义"的立场？

木铎：我保留看法。"人本主义"这个词来源于近代西方，是针对"神本主义"而提出来的。事实上，只有在世界成为图像之际才出现人本主义。在人本主义的视角下，人对世界整体的基本态度被规定为一种"世界观"。②"世界观"与"人本主义"是相互配套的。如果我们按照"人本主义"的本源意义来使用它，那可以说，孔子的学说不是"人本主义"。孔子极端重视的礼乐，据我看，既不是"人本主义"，也不是"世界观"，而是"人之为人"与"世界之为世界"的根源所在。礼乐的启明，断绝了人与世界分裂为二的一切可能——这是中华文明在开端处的伟大定向。

鲍瓜：这就是说，孔子不认为人是世界的"主体"，也不认为世界是人的"客体"？

木铎：孔子根本就没有"主体—客体"这种观念框架。要印证这一点，我们必须从礼乐入手。礼乐是进入孔子庄园的入场券。不懂礼乐者，永远进入不了孔子的思想庄园。

---

① 参见孙周兴：《海德格尔选集》（下），上海三联书店1996年版，第902页。
② 同上书，第903页。

第4节 "兴于诗"是孔子学说的绝对支点

鲍瓜：先生前面说过，礼乐可以基于"人不知"的客观前提，实现"人不知而不愠"；而且，这还是解决人类自身问题的根本出路和唯一出路？

木铎：没错。我们现在就来探讨：为什么礼乐能够做到这一点？

我们回顾一下前面的讨论。孔子认为，人类一切问题就根源于人类自身。"人类自身"不是说人性有什么本源之恶，而是指人类的关系结构——礼乐——不"正"，乃是造成了人类一切问题的根源。因此，孔子的方案，就是从人类自身的关系结构入手来解决人类的一切问题。这个方案，孔子极为简要地表达在下面这句话中——我们刚刚引用过：

子曰：兴于诗，立于礼，成于乐。（《泰伯》）

这句话是孔子"成人"之教的根本纲领。它谈了三个主题：诗、礼、乐。与此相应，孔子用的字分别是：兴、立、成。从字面意思来看，兴→立→成，意味着一种时序。在孔子看来，"兴于诗"是起点。没有"兴于诗"作为起点，"立于礼""成于乐"就难以展开。不兴无以立，不立无以成。所以，我们先得搞清楚"兴于诗"作为第一支点的极端重要性。

鲍瓜：我准备好了。

木铎：我们对诗先要有一个正确的定位和理解。在《论语》中，孔子多次谈到诗，但是对诗给出一个根本性的定位，出现在《为政》篇，这是大有讲究的。记得是哪句话吗？

鲍瓜：我想想（旋即诵读出来）。

子曰：诗三百，一言以蔽之，曰：思无邪。（《为政》）

木铎：这句话放在《为政》篇，你认为是随意的编排，还是有意而为之？

匏瓜：恐怕不是随意的吧？

木铎：决不是随意的。《论语》可不是一堆杂乱无章的文字拼盘。

匏瓜：可是有人认为《论语》并没有什么严谨的编排逻辑。

木铎：这些人还在《论语》的外面瞎晃悠。

匏瓜：能不能说说《论语》的编排问题？

木铎：这个我们还是后面再谈。要不然一大堆问题挤过来，我们会招架不住的。

匏瓜：（窃笑）您也有招架不住的时候？

木铎：（得意）我当然招架得住！兵来将挡，水来土掩！不管什么难题，我都可以一招致命，化解于无形！我是怕你一股脑吃下那么多东西，一时消化不了。

匏瓜：还是一步一步来。

木铎："兴于诗"的"兴"该怎么理解呢？

匏瓜：包咸说："兴，起也。"朱熹也照搬这个解释——怎么样？

木铎：字面上没问题。但"兴"训为"起"，不亦陋乎？"兴"字的甲骨文像四只手举起一个器皿，有共同奋起之象。由这个意象，"兴"可以理解为生命活力的激发。不把生命活力激发出来，其他一切都是空谈。所以我说，"兴于诗"是孔子学问的绝对支点。有了这个支点，孔子可以撬起整个地球——当然咯，孔子撬起的不是地球，而是整个文明的生气。有了这个支点，一切都好办。礼乐自然顺势而来，"沛然莫之能御"！

鲍瓜：也就是说，经由"兴于诗"，激发生命的活力，礼乐自然能够成就？

木铎：不是自然能够成就。礼乐也要学。但有了"兴于诗"打底，礼乐就有了一种必然要来的势头——这一点你要善加体会。礼乐在根底处也是一种兴，孔子谈"正名"的时候说"事不成则礼乐不兴"。没有兴打底，礼乐怎么会有生命力？"正名"正是要回溯这种根底，找到礼乐由以兴起的生命活力本身，变革那些束缚生命活力的关系结构。

鲍瓜：诗怎么会激发生命活力呢？

木铎：好问题！我们先看古籍对"诗"字的解释，然后讨论"诗"的意义。

《说文》：诗，志也。

《释名》：诗，之也，志之所之也。

《书·舜典》：诗言志。《传》：心之所之谓之志。心有所之，必形于言，故曰"诗言志"。

《毛诗序》：在心为志，发言为诗。

诗是人类心志的流露，是以语言表达出来的情感和心声。明白这一点，我们再来看"诗"与"言"的本源关联。孔子对此有什么看法呢？《论语》记载：

（一）不学诗，无以言。（《季氏》）

（二）不知言，无以知人也。（《尧曰》）

这两句都是孔子的话，不可小觑。第一句话，孔子认为，语言的真谛在于诗，不学诗连说话都不会——只有诗才是真正意义的"说话"。第二句话,孔子认为不知言(真正的说话),是根本不可能"知人"的。"知人"是怎么回事?我们之前讨论过,孔子在回答樊迟问"知"时,就以"知人"来界定"知"。这第二句话,可是《论语》的收篇之语。看到没有,这是呼应开篇的"人不知而不愠"这句话。

匏瓜:确实是呀!

木铎:再提醒一下,"知人"可不是一件简单的事情。孔子认为,这个世界的物理固然也需要"知"——这是人类生存于世间的条件,但这只是次一等的事情。人类最重要的"知",乃是"知人"。人类的一切问题,从根源上说,从来不是对物理的无知造成的,而是对人自身的无知造成的。古希腊德尔斐神庙那句话是重要的:人呀,认识你自己!

匏瓜:人要认识自己——这句话该怎么理解呢?

木铎:"人呀,认识你自己!"这句话镌刻在神庙上,意思是说:人呀,你不是神,你不可能像神那样全知全能,你要认识到人之为人的规定性,明白自己在宇宙中的位置,不要做出无知僭妄的事情……大概就是这个意思。

匏瓜:也就是说,人要明白人之为人的限度?

木铎:是的。这个限度是介于神与物之间的:一方面,人不是神;另一方面,人也不是物——不是动物、植物、矿物等,人是有灵性的。

匏瓜:可是,"兴于诗"与"知人"有什么关系?

木铎:关系大了!诗是人类心志的真实流露,通过语言描绘人类各种各样的情感,喜怒哀乐,爱恨情仇,无不尽在诗中。学诗,能够获得一种健硕的共情能力。而情在言中;不学诗,怎么能够知言呢?不知言,又怎么能够知人呢?只有通过真情流露的诗言,人与人才能在真实的意义上共情相知。我们日常生活中的言谈,大多是非诗性的，限于日常信息的交流，达不到诗言直指生命本真的灵度。这也是"诗三百，一言以蔽之，曰：思无邪"这句话编排在《为政》篇第二章的道理。

鲍瓜：为什么编排在《为政》篇第二章？

木铎：孔子对"政"的理解与今天的"政治"大不相同。子曰："政者正也。"孔子用"正"来界定"政"，好像是一个音训的同义反复。其实岂止于此？孔子所理解的政治，乃是实现人道之正的活动。如何实现人道之正？《为政》篇都是在谈这些道理。第一章"为政以德"，是从在位为政者而言，确立人道之正的根本原则。第二章"诗三百"，是从为政之对象而言，确立人道之正的本源与归宿。诗三百，是各种风土人情和政教活动的语言流露。《礼记·经解》记载孔子的一段话：

> 孔子曰：入其国，其教可知也。其为人也：温柔敦厚，诗教也；疏通知远，书教也；广博易良，乐教也；洁静精微，易教也；恭俭庄敬，礼教也；属辞比事，春秋教也。

鲍瓜：我有一个问题：《经解》说"温柔敦厚，诗教也"，可是《诗经》里有不少男女幽怨的诗，也有不少直言咒骂的诗，这怎么能说是"温柔敦厚"呢？

木铎：这个问题困惑了不少人——他们认为《诗经》有不少"淫诗"，有伤风化，主张把这些诗删掉。可是孔子为什么偏偏不删？这是孔子的高明之处，而那些主张删诗的人则迂腐不堪——他们不懂得诗的真谛。殊不知，"温柔敦厚，诗教也"，这是从诗教的效果而言，不是从诗本身的内容而言。诗的内容极为丰富，人情世态，喜怒美丑，上至政教活动，下至民意风俗，或缠绵悱恻，或直抒胸臆，或委婉含蓄，或正言咒骂，大小巨细，无所不包——

它尽情地展现一个最为真实的人心世界，多层面、立体化地再现人类的生活情态。学了这些诗，受其感染，一定会激发最本真的生命情感。又因为诗的内容取材广泛，义类无常，辗转不尽，人读之而触类旁通，意见益广，新知纷生，而有所鼓舞，有所振起于众人之中。濡染既久，自然而然会形成"温柔敦厚"的教化之功。所以说，悲剧可以净化心灵，引发本有的崇高感。悲剧本身是可悲的，可是你读了悲剧之后，可悲之事却能够净化你的心灵。也就是说，悲剧的内容与悲剧的效果，不是同一件事。即便是丑恶的事情，当我们把它转化为艺术，作为艺术来观赏，也会成为净化灵魂的艺术。譬如《红楼梦》，爱恨情仇，喜怒哀乐，正邪美丑，无所不涉，可是你读了它，这一切内容都会导向你灵魂的净化。

匏瓜：我懂了。"思无邪"这三个字出自《诗经》的《鲁颂·駉》这首诗，原诗通过写马来赞颂鲁公；也有人认为"思无邪"的"思"是虚词，没有实际意义。孔子用这三个字，该怎么理解呢？

木铎："思无邪"出自《駉》诗没错；原诗借写马来赞颂鲁公也没错。但是，孔子的原话是"诗三百，一言以蔽之"，这分明是针对"诗三百"来说的，而且是"一言以蔽之"地说，所以按照原诗来理解"思无邪"是不恰当的。"思"也不应该理解为虚词，而是一个实词。"思无邪"就是说心思、心志直呈本真，毫无邪念。无邪即正——"政者正也"的"正"。

匏瓜：孔子为什么不用"温柔""敦厚"之类的词，而用"无邪"呢？

木铎："温柔""敦厚"是从存在情态而言，是具体的专指；不像"无邪"是从心志本身而言，可以体现于不同的存在情态，更有普遍性和概括力。

第 5 节 "始可与言诗已矣"的孔门二高徒

鲍瓜："兴于诗"作为孔子学说支点的意义我明白了。接下来想请教：孔子把"兴于诗"与"立于礼""成于乐"一起立说，有没有什么内在关联呢？

木铎：当然有。我们现在就探讨这个问题。前面讲过，诗、礼、乐三者有一个时序，孔子分别用兴、立、成三个字来描述——孔子用字的精准，真可谓千金不换呀！我们现在挑选《论语》的两个章句来讨论这个问题。在孔子的弟子中，被孔子称赞"始可与言诗已矣"的弟子只有两个，你知道是哪两个吗？

鲍瓜：子贡和子夏。

木铎：你对《论语》很熟悉呀。下面我们就选用这两个章句来讨论。孔子称赞子贡"始可与言诗已矣"的章句，载于《学而》篇；称赞子夏"始可与言诗已矣"的章句，载于《八佾》篇。我们先讨论子贡这一章。

子贡曰："贫而无谄，富而无骄，何如？"子曰："可也。未若贫而乐，富而好礼者也。"子贡曰："诗云：'如切如磋，如琢如磨。'其斯之谓与？"子曰："赐也，始可与言诗已矣！告诸往而知来者。"（《学而》）

注意到没有，这一章对话实际上谈到了诗、礼、乐的关联。

鲍瓜：注意到了。不过这一章的意义，我一直是半懂不懂。历代的解读总感觉说不到点子上，给人云里雾里的感觉。

木铎：通过今天的讨论，我相信你会云开雾散。我们先来疏通字面意思，再来讨论这段对话的深刻意义。你不妨把自己的问题提出来，我逐一解答。

鲍瓜：我看了历代的注疏，有这样几个问题。第一，孔子说"贫而乐，富而好礼"，有人认为应该是"贫而乐道，富而好礼"，不知哪种说法可取？第二……

木铎：且慢！先别忙说第二个问题。我们一问一答，先把这个问题解决掉。我可以肯定地说，把孔子的话"贫而乐"改为"贫而乐道"，是一种自以为是的篡改。这种篡改，是为了句式的对称，大概与骈文的兴起有关。理由很简单：第一，"贫而乐"的"乐"，与"富而好礼"的"礼"，是对应的，孔子这里谈的是礼乐。前面我们说过，"乐"兼含快乐之乐与礼乐之乐两层意思，"乐者乐也"就是明证。第二，礼乐就是道——先王之道，如果改为"贫而乐道"，等于同义反复。

鲍瓜：礼乐就是先王之道，根据何在？

木铎：如果你到现在还不明白礼乐就是先王之道，读懂《论语》是困难的，你很可能会对《论语》的"道"字任意发挥。我说礼乐就是先王之道，当然有根据。《学而》篇，有子说"礼之用和为贵，先王之道斯为美"，这不是说得很明白吗？从有子这句话可知，"先王之道"就是"礼"，一目了然。还有一个根据，见于《阳货》篇：

> 子之武城，闻弦歌之声。夫子莞尔而笑，曰："割鸡焉用牛刀？"子游对曰："昔者，偃也闻诸夫子曰：'君子学道则爱人，小人学道则易使也。'"子曰："二三子！偃之言是也。前言戏之耳。"（《阳货》）

这一章，子游用"乐"来治理武城，夫子莞尔而笑。"弦歌之声"就是指代"乐"。子游说"君子学道则爱人，小人学道则易使也"，学道的"道",当然就是指前面的"弦歌之声",也就是"乐"了。可见,孔子所谓"道",并不是什么玄妙的东西,就是指以礼乐为主的先王之道。既然如此,把"贫而乐"改为"贫而乐道",不仅是同义反复,而且误会了孔子的意思。

匏瓜:所言在理。这个问题解决了。第二个问题:子贡引用"如切如磋,如琢如磨"这句诗,到底想表达什么意思?还有,"告诸往而知来者"又是什么意思?

木铎:这是两个问题,不过这两个问题是关联在一起的。我们先探讨"告诸往而知来者"到底在说什么。你看到的解释是怎样的?

匏瓜:孔安国是这样解释的:"往告之以贫而乐道,来答以切磋琢磨。"朱熹也沿用这一解释:"往者,其所已言者。来者,其所未言者。"

木铎:恕我不敢苟同!这种解释纯属乱弹琴,可谓不知字义,也不知字面背后的道理。

匏瓜:请先生开释。

木铎:这种解释误会了"往""来"的意思,大概是拘泥于"往古来今"的说法,以为"往"是指过去,"来"是指将来。其实,"往""来"的用法很灵活,"往"既可以指过去,也可以指将来——比如《周易》"过此以往","往"就是指将来;《论语》的"往"字也很灵活,既可以指过去①,也可以指将来②。"来"字也一样,既可以指将来,也可以指过去。岂可一概视之,泥而不化?"告诸往而知来者","往"就是指将来,"来"则是指过去。确切地说,"往"是指

---

① 如《八佾》篇:"成事不说,遂事不谏,既往不咎。"《微子》篇:"往者不可谏,来者犹可追。"
② 如《八佾》篇:"禘自既灌而往者,吾不欲观之矣。"《述而》篇:"人洁己以进,与其洁也,不保其往也。"

一种后来的效果，"来"是指这种效果的来源。"告诸往而知来者"，是孔子赞赏子贡"始可与言诗已矣"的根据，意思是说：子贡呀，告诉你一种后效，你就能知道它的来源——这才是孔子的意思。若不然，两个人对话，"所已言者"，不过顷刻之间，几秒钟的事，就说是"往"，哪有这样用字的？何况，"往"是"所已言者"，"来"是"所未言者"，这段对话又有什么深意呢？① 这样理解，"告诸往而知来者"不过就是一句正确的废话。

鲍瓜：茅塞顿开！拨云见日！"告诸往而知来者"原来是这个意思。这句话讲解清楚，整段对话的意义瞬间完全不同了，真是别有洞天呀！

木铎：你说说，这段对话有什么深意？

鲍瓜：（酝酿语句）我觉得我懂了，但是要我清楚地说出来，还是有难度。

木铎：那我来说吧。这段对话的大意是说，相比于"贫而无谄，富而无骄"这种彼此不相害的状态，"贫而乐，富而好礼"才是更为积极主动的，是人类共在最可欲的状态——这是孔子表达的第一层意思。子贡听孔子所说，忽有所悟，认为"贫而乐，富而好礼"的共在状态并非凭空而来，而是来自"切磋琢磨"的学习之功，他想确认这一点，故而问了一句："其斯之谓与？"孔子一听，明白子贡已经领会，于是大加赞赏，以"告诸往而知来者"称赞子贡的聪慧。也就是说，我告诉你"贫而乐，富而好礼"这种共在之美，你就能明白这种共在之美是来自"切磋琢磨"的学习之功——"切磋琢磨"表达的是一种不间断的无止境的修养功夫。"告诸往而知来者"是说，"贫而乐，富而好礼"的效果是来自"切磋琢磨"的不间断之功，而"切磋琢磨"的不间断之

---

① 参见［日］松平赖宽：《论语征集览》（上），上海古籍出版社2017年版，第97页。

功可以趋往"贫而乐，富而好礼"的效果。孔子认为，懂得了这个道理，才有资格谈诗。"始可与言诗已矣"这句话的分量非同一般，所有弟子中，也就子贡和子夏受到孔子这样的称赞，连最好学的颜渊都没得到这个殊荣。

匏瓜：通透！太通透了！

木铎："告诸往而知来者"包含着极为深刻的政治哲学意义，一切真正的政治家，都应该明白这个道理。此章放在《学而》篇，主旨在于强调，化民之道在于学。而所谓学，究极而言，也不过就是学诗、学礼、学乐罢了。孔子的"学"与我们今天在学校里面的"学"可不是一回事。

匏瓜：这一章的意思，现在彻底明白了。请先生再讲解子夏那一章。我想看看"始可与言诗已矣"的子夏，又是一种什么境界？

木铎：把子夏这章讨论明白，我们最后再来总结这两章的终极性道理。

匏瓜：还有什么终极性的道理吗？

木铎：当然。刚才我们只是疏通字面意思而已，真正核心的道理还没说出来呢。

匏瓜：（神往）我来朗诵吧——

> 子夏问曰："巧笑倩兮，美目盼兮，素以为绚兮。何谓也？"子曰："绘事后素。"曰："礼后乎？"子曰："起予者商也！始可与言诗已矣。"（《八佾》）

木铎：子贡、子夏与孔子的这两章对话，初看起来，好像有一种意义的"跳跃"。其实这两章可以说是《论语》里面最富有思想创发力的对话。它们有一个共同特点，就是师生之间的相互创发——我称之为"思想共创"。《论语》真实地记录了师生之间思想共创的活态进程，仿佛云朵之间碰撞而发出闪电——这才是真正意义的对话。与此相比，柏拉图写的那些对话就大为逊色。柏拉图的对话集，表面看好像逻辑缜密，思辨严谨，其实不过是思想的演绎，有点像几何学的证明题；那些对话的角色，不过是柏拉图观念支配下的玩偶。

匏瓜：我有一个同学，研究古希腊哲学，对柏拉图佩服得五体投地——他认为柏拉图写的对话远在《论语》之上。

木铎：柏拉图很伟大，奠定了整个西方文明的根脉——柏拉图的思想我们这里不谈。你同学对柏拉图佩服得五体投地，这种"佩服"本身令我"佩服"——它表征了对真理的渴望。但是，你同学还跳不出黑格尔的套路，以为只有概念的思辨才是通达真理的唯一途径。黑格尔以为孔子的话不过是一些"常识道德"，孔子不过是一个寻常的世间智者——这是典型的方外之谈。当然，我们不能苛求黑格尔，你不能指望一个思辨哲学家读懂《论语》，何况是翻译过去的《论语》。

我这里只谈一下对话的高下：柏拉图的对话是坐在书斋里"创作"出来的，不是生活自然生发出来的。柏拉图"创作"对话，是先有一个主题——为了达成某个概念的辨析，或某个命题的澄明，而后配置对话角色，设计对话进程。这叫主题先行，一种概念化的创作——当然不排除其中有真实记录的成分，但只是少数。相反，《论语》的对话则是生机自发，浑然天趣，而又如实记录，不加雕饰——如果说有什么雕饰，那也仅仅是文字上的斟酌而已。

匏瓜：先生把《论语》的对话与柏拉图的对话相对比，有什么用意吗？

木铎：我是想让你注意《论语》的精妙之处。比如，你想过这个问题没有：孔子赞赏子贡和子夏"始可与言诗已矣"的这两章，为什么不编排在一处呢？

鲍瓜：是呀！为什么呢？

木铎：按照一些人浅显的看法，《论语》不过是一堆杂乱无章的语录杂凑。比如"始可与言诗已矣"这两章，明明是同一类，却不放在一起，这就是杂乱无章的明证。

鲍瓜：事情恐怕不会这样简单？

木铎：我让你思考编排的问题，是想让你多一个心眼——不要像那样浅显地读《论语》。只有先摸清编者的用意，我们才能找到一个恰当的入口，正确理解《论语》的话。

鲍瓜：这两章不放在一处，是什么道理？

木铎：《论语》的意义结构我们后面再详谈。这里先点一下。《学而》篇是全书的总纲，所有章句都在阐明人类共在的大道。那大道应该是什么呢？又能够是什么呢？子贡"始可与言诗已矣"那章之所以放在《学而》篇，是为了阐明人道之终极价值，即人类共在之美如何达成——这就是诗、礼、乐。《八佾》篇是集中阐发人类共在之美的具体途径——礼乐。礼乐就是先王之道，有时候也叫"文"或"斯文"。《八佾》篇都在谈礼乐，谈真正的礼乐应该如何达成。子夏"始可与言诗已矣"就是在谈礼——更一般地说，是在谈文之美，谈行礼的真实性条件到底是什么。

鲍瓜：这样说来，两章的用意是不大一样的。

木铎：是的。摸清编排的用意和匠心，我们的解读才不会迷误，不会导致方向性的错误。这一章你觉得在理解上有哪些疑难？

鲍瓜：疑难挺多的，主要是两点：第一，"绘事后素"到底是什么意思？第二，"礼后乎"又如何理解？

木铎：这一章的重心是"礼后乎"。有意思的是，"礼后乎"是子夏受孔子"绘事后素"的启发而提出来的，而子夏提出"礼后乎"又反过来启发了孔子。教学相长在这里得到了淋漓尽致的体现。

我们先来疏通字义。"巧笑倩兮，美目盼兮"是《诗经·硕人》

的原句。倩，是强调笑容之美。① 盼，是强调目神之美。② "素以为绚兮"一句，一般认为是逸诗。这一句的"素"字，与后面"绘事后素"的"素"，不是一个意思；传统解释把这两个"素"字混为一谈，制造了诸多的疑难。我们看"素"字的解释：

《说文》："素，白致缯也。"
《小尔雅》："缟之粗者曰素。"
《礼·杂记》注云："素，生帛也。"

可见，"素"本来是一种布料，白色是引申义。从原文的语脉来看，子夏所引的三句话，都是形容美人之美态："巧笑倩兮"描摹其笑容，"美目盼兮"描摹其眼神，"素以为绚兮"描摹其服饰。有人认为："此句'素'字，指妇人所著之缟衣。古礼：凡后夫人见君及见宾客，皆服之，亦大夫妻之上服也。言人既有此倩盼之美，又服此缟素之衣，益觉其光辉绚著。"③ 这个理解是到位的，我赞同。

饱瓜：朱熹解读为："素，粉地，画之质也。绚，采色，画之饰也。"这不对吗？

木铎：大错！

饱瓜：为什么大错？

木铎：首先，读书要分辨字义。绘与画不同，画是泛言，绘则专指画布。朱子以"粉地"来解释，显然是混言画布与画图，可谓不识字义。其次，读书要分辨章法，读古书尤其要注意这一

---

① 《说文》："倩，人美字。"《诗》"巧笑倩兮"毛传："倩，好口辅。"《汉书·朱邑传》："昔陈平虽贤，须魏倩而后进。"注："倩，士之美称。"
② 《说文》："盼，目黑白分也。"《诗》"美目盼兮"毛传："盼，白黑分。"《字林》："盼，美目也。"
③ ［日］竹添光鸿：《论语会笺》（壹），凤凰出版社2012年版，第171页。

点。朱熹为什么错？因为他没留意这句话的章法。子夏引的三句话是赋体，而不是比体。所谓赋体，就是描述某一事象；所谓比体，就是以另一事象来打比方。朱熹误把子夏的话理解为比体，认为"素以为绚兮"是对"巧笑倩兮，美目盼兮"的一个比拟。这是不对的。子夏的疑问，集中在"素以为绚兮"一句。绚，是指绚烂的文采之美。① 子夏问："何谓也？"这个问题可以表述为：为什么"巧笑倩兮，美目盼兮"的美人，穿上素衣后反而更显得绚美多姿了呢？到此为止，子夏也只是就诗而论诗，没有更多的隐射。

孔子回答说："绘事后素。"这是一个短促的句子，孔子似乎也还没弄明白子夏到底要问什么，所以孔子只给出了一个比喻性的说法——"绘事后素"。到此为止，对话开始从美人之态转入绘画之事，但仍然没有更多的指涉。一些解读者认为"绘事后素"是比喻礼，这是没有读懂这段对话的真情实态。如果"绘事后素"是比喻礼，那后面子夏说"礼后乎"，孔子说"起予者商也"就是一句虚伪的客套话。真实的情态在于，孔子说"绘事后素"时，只是以绘画之事来比拟"素以为绚"的美态何以可能，"礼"的大义还没有生发出来。

师生对话的思想磁场酝酿着，如同酝酿一场暴风雨。

我们解释一下"绘事后素"的意思。这句话的"素"字不再是指衣服，而是指白色的颜料。"绘事后素"有两种解释：一种解释认为"后素"是"素在后"，即绘事在众色之后再以素色粉饰其间，也就是《考工记》讲的"绘画之事后素功"，这是"素功"之说。另一种解释来自朱熹，他认为"后素"是"后于素"，即"先以粉地为质，而后施五采，犹人有美质，然后可加文饰"，这是"素地"之说。朱熹也引用《考工记》，但是理解错了。

---

① 《玉篇》："绚，文貌。"

鲍瓜：何以见得？

木铎：错误的根源在于，朱熹引用《礼器》的话来解释《考工记》，其实二者谈论的主旨不是一回事。我们对比一下就清楚了。

《考工记》：绘画之事后素功。

《礼器》：甘受和，白受采；忠信之人可以学礼。苟无忠信之人，则礼不虚道。是以得其人之为贵也。

《考工记》谈的是绘画之事，仅此而已。《礼器》谈的则是学礼的真实性条件，即忠信之人可以学礼。顺便提一下，学礼的真实性条件（忠信）是"兴于诗"自然带来的效果——子贡明白这一点，故孔子称赞他"告诸往而知来者"。

其实我们不必过多纠缠于"素功"与"素地"之说到底哪一种更正确。不管是"素功"之后（偏于时间意义），还是"素地"之后（偏于空间意义），重点只在于这个"后"字。子夏说："礼后乎？"至此，子夏说出了"礼"，并以"后"字来凝聚其意义。这一"凝聚"同时意味着"敞开"了一个意义重大的思想视域。子夏能由"绘事后素"而想到"礼后"，这是一个了不起的思想开悟。以至于孔子自己都受到了启发，故而真实感叹："起予者商也！"

鲍瓜：子夏到底启发了孔子什么？

木铎：我们现在来讨论这个问题。先辨别两个字。"后"与"後"在古代是两个不同的字，后统一简化为"后"，这是一种混淆。读古籍时，我们要注意这一点。"后"的本义是指远古时代的君主或诸侯，后来专指君主之妻。[①]《论语》仍保留这个用法，比如

[①]《说文》：后，继体君也。像人之形。施令以告四方。发号者，君后也。

《八佾》篇"夏后氏以松"，就用"后"字；《尧曰》篇"敢昭告于皇皇后帝"，也用"后"。"後"与"后"不同。"後"的古字形，有"幺"有"止"，"幺"表示绳，"止"表示脚，合起来表示用绳子拴住脚，行动不便，以示落后。所以"後"表示时间较晚或次序靠后。① "礼后乎"的"后"，是"後"而不是"后"。

鲍瓜："礼后乎"到底在说什么呢？

木铎："礼后乎"的意义，一言以蔽之，礼的真实精神在于"後"。具体来说，"礼后乎"有三层意思：第一层，礼是在质美之基础上自然而生发的"文"——这是强调礼在人性方面的真实性条件，即"忠信之人可以学礼"。第二层，礼是在物质条件具备之基础上自然而生发的"文"——这是强调礼在现实方面的真实性条件，即所谓"仓廪实而知礼节，衣食足而知荣辱"②，这也是"绘事后素"所隐喻的。第三层，礼之表达贵在谦下居后，并体现为一定的礼节仪度方面的"文"——这是强调礼在实行中的真实性条件。这三层意思同时凝聚在"礼后乎"这个表达中。孔子觉得子夏的话高度凝聚了"礼"的大义，启发了自己，故而赞叹："起予者商也！"这是子夏"始可与言诗已矣"的根据所在。

鲍瓜：现代人对诗的理解看来太浅薄了！

木铎：现代人只是把诗理解为一种文学艺术。按照孔子的标准，这是没有资格谈诗的，包括那些诗人。

第6节 实现"人不知而不愠"的根本出路

鲍瓜：先生说过，孔子两次说"始可与言诗已矣"，还包含

---

① 《说文》：後，迟也。
② 语见《史记·管晏列传》。

着某种终极的道理，愿闻其详？

木铎：有了上面的铺垫，现在火候到了。如何实现"人不知而不愠"，是孔子具有原则高度的问题意识。所谓"具有原则高度"是说，孔子并不是凭空虚构一个乌托邦来满足人们的幻想，而是基于"人不知"的客观难题，通过一定的方式，来达成"人不愠"的状态。"人不知而不愠"这一表述，既包含了客观存在的难题（人不知），也包含了人类共在的理想（人不愠）。"原则高度"就表现在现实与理想的张力之中。

匏瓜：问题是，孔子通过什么途径来实现这一点呢？

木铎：问题的解决方案包含在问题的处境之中。因此，问题与问题的解决方案同时产生。人类始终只提出自己能够解决的问题。不能解决的问题不过是伪问题。

匏瓜：孔子提出的问题，当然是真实的咯？

木铎：当然。孔子的方案，就是礼乐。

匏瓜：礼乐何以能够做到这一点？

木铎：回答这个问题比较繁难，不过它是完全可以解答的。我们从一些基本的原则事实出发，基于这些原则事实，可以引出一些结论。我现在首先确定一些原则事实：

第一，人类总是怀抱着理想生活的——这种理想说得直白一点，就是渴望过一种美好的生活。

这一点，我想你不会不同意吧？

匏瓜：当然同意，这是再自然不过的。

木铎：接下来可以确定：

第二，人类的现实处境，多多少少总存在着各种问题，也就是说，现实与理想存在着一种固有的差距——这意味着一种天然的张力。人类就生活在这种张力之中，这是人类的一个根本处境。

这一点，我想你也同意吧？

鲍瓜：当然。除非是浑浑噩噩的人，才会不同意这一点：理想是丰满的，现实是骨感的。

木铎：我们再针对"骨感的现实"，给出一个一般性的描述：

第三，现实中的问题很多，归根结底，主要体现为人与人之间的各种分殊——不管是天赋的，还是社会造成的——这些分殊是客观存在的，诸如智商的高低、长相的美丑、性别的区分、贫富的差距、权势的等级、角色的差异等。

鲍瓜：完全同意。

木铎：至于智商的高低、长相的美丑、性别的区分之类，属于天赋的因素，非人力所能改变，我们排除在讨论之外。剩下来的差距，比如贫富差距、权势等级、角色差异等，我们再做一些区分：

第四，角色差异分为两类：一类是天然的，如父与子的角色、夫与妇的角色；另一类是人为的，如君与臣的角色、上级与下级的角色。天然的角色关系，我们称之为"天伦"。人为的角色关系，虽然是人的行为造成的，但并不是任意造成的，而是在时间的绵延中形成的。就其作为一个既成事实而言，它应该获得一个"文化"的安顿。

鲍瓜：原谅我插入一个问题：夫妇关系恐怕不能与父子关系

等量齐观吧?

木铎：夫妇关系具有一定的偶然性。不过从男女必然结合为夫妇这一点而言——独身主义我们不讨论——这也是天意，所以我们仍然将其归为"天伦"。

如何安顿和调适上面这类角色的差异，包括天然的角色关系和人为的角色关系，中国古人给出的方案是礼——或者不如说，这是中国先民无意中走出来的一条道路，因而我们称之为"先王之道"。先王之道，礼乐为主。《中庸》说："亲亲之杀，尊贤之等，礼所生也。"礼并不是凭空制造出来的，它是人伦关系固有的真实处境的一种"文化"。

鲍瓜：没问题。

木铎：剩下来的分殊，是我们讨论的重点。

第五，贫富差距、权势等级是人类面临的客观的现实处境。直到今天，人类仍然无法超越这种处境。在一般的意义上，这种处境是人类自身造成的，但又不是某一个人或某一群人任意造成的，因而它具有客观的一面。

鲍瓜：同意。

木铎：首先，我们承认，人类一切真正的学问，都指向一种可欲的共在之美，柏拉图表达为"理想国"，中国古人表达为"大同"，孔子更具体地表达为"礼乐"或"仁"。人类的理想，都预设一种"平等"的诉求。但是，孔子对平等的理解不是抽象的，不是超历史的，平等只能是历史性的平等，没有超历史的绝对平等。既然如此，在孔子的时代，一种可欲的平等该如何达成呢?孔子认为，贫富差距、权势等级这一类分殊，在当时是客观存在的，而且在当时的历史条件下也是无法超越的。既然它客观存在，我们就不可能只用一些超历史的主观想象去改造它，乃至摧毁它。马克思讲："物质力量只能用物质力量来摧毁。"贫富差距、权势等级都是一些客观存在的物质力量，只能用同一类型的东西——物质力量——来摧毁。没问题吧？

鲍瓜：没问题。

木铎：其次，孔子洞察到，贫富差距、权势等级这些由于历史造成的分殊，是造成"人不知"的主要根源。这些分殊既然是历史造成的，也只能在历史中去化解。那么，在现有的历史条件下，怎么让人类的生活过得更美好一点，乃至把生活过成一首诗？这是孔子思考的问题。孔子承认"人不知"这一客观难题，基于此而如何实现"人不愠"，必然且唯一的"选择"就是礼乐——这是人类在现有条件下唯一可能的正道。

鲍瓜：为什么说是唯一的正道？

木铎：如果把"正道"的"正"字去掉，那么人类还有诸多选择，比如宗教信仰、法律契约，这些固然也是"道"，但在孔子看来均不是"正道"——这个问题我们下面再谈。在子贡与孔子谈诗的那一章，孔子认为"贫而乐，富而好礼"是最佳的共在状态。这意味着，孔子不是以根绝人类的贫富差距、权势等级——这在现有条件下是不可能的——作为人类共在之美的必备条件。孔子认为基于"人不知"的客观难题，实现"人不愠"也是可能的，其途径就是礼乐。礼主要是针对上层（富）而言，乐主要是针对下层（贫）而言。礼需要一定的物质条件，不应该强求于庶人以下的群体，这叫"礼不下庶人"[①]。乐与礼有所不同，乐对物质条

[①] 语见《礼记·曲礼》。西周实行国野分治制度，全体人民分为国人与野人两大群体。国人中的卿、大夫、士为上层，庶人为下层。庶人居住于城郊，耕种贵族分发的土地，享有一定的政治军事权力。《左传·襄公十四年》："大夫规诲，士传言，庶人谤，商旅于市，百工献艺。"此句庶人列于工商之上，其为国人无疑。《论语·季氏》："天下有道，则庶人不议。"可见庶人可以议政。参见王德培：《西周封建制考实》，光明日报出版社1998年版，第114页。

件的要求不像礼那么苛刻，即便是庶人以下的贫民，也可实现共体之乐。

鲍瓜：我有一个疑问：礼乐以承认贫富差距的客观难题来实现人类的共在之美，久而久之，这会不会让人们安于现状，失去斗志，不思进取？

木铎：这个问题很有意义，不过是由于对礼乐的误解而提出来的。

鲍瓜：请指正？

木铎：首先，礼乐并不否定人们的进取——甚至在孔子看来，礼乐是人类进取的唯一正道。子夏与孔子谈诗的那一章，我们在解释"礼后乎"的三层含义时，其实已经包含了对这个问题的回答——也就是"仓廪实而知礼节，衣食足而知荣辱"。

其次，我想反问一句：人类不断进取的终极目标是什么呢？难道不是实现一种更可欲的美好生活吗？这种美好生活如果不是人类的共在之美，它又能是什么呢？比如宗教、法律，为什么不是人类共在之美的正道？原因在于，宗教诉诸一个虚幻的彼岸世界来安顿人心，法律则只关注人与人之间的物质利益关系，关于人心的深层渴望，法律是不过问也无能为力的。

最后，礼乐本身也是与时偕行、与时俱进的，它并不否定人类的理想，而恰恰是以默认一种最可欲的理想作为前提的。礼乐的高明之处就在于，即便这种理想还无法实现，甚至永远无法实现，礼乐也要在现实的条件下成就人类的共在之美。至于能不能成就，不在于礼乐本身，而在于人们是否认识到礼乐的价值，是否努力按照礼乐的要求去做。这个意思，孔子明确表达过——

> 冉求曰："非不说子之道，力不足也。"子曰："力不足者，中道而废。今女画。"（《雍也》）

鲍瓜：确实，很多人都半途而废了。

木铎：你恐怕误解"中道而废"的意思了。"中道而废"不是"半途而废"，"中道"不是"半途"的意思。"中道"是说已经在道中，"中"是动词。孔子的意思是：人力有大小，不可勉强；力不足的人，仍然可以向道而努力，在竭尽全力之后，仍然可以在道中安顿下来——这叫"中道而废"①；这与画地自限，不思向道而行，有实质不同。

鲍瓜："中道而废"原来是这个意思，看来很多人都理解错了。这样说来，孔子是一个不折不扣的理想主义者了？

木铎：准确地说，孔子既是一个理想主义者，也是一个现实主义者。孔子对理想与现实的张力有深刻的洞知。孔子的理想就是礼乐，孔子认为达成理想的途径也是礼乐——这是孔子思想最为特别的地方，也是最高明的地方。孔子坚信，礼乐既是人类应有的理想，也是实现这一理想的途径本身。以后我们会讲到孔子的"仁"，也是这个特点。孔子的核心观念——仁与礼——都是基于理想与现实的张力而提出来的。当然，礼乐并不否定改善物质条件的努力——"仓廪实而知礼节""先富后教"等理念都可以说明这一点，但礼乐的重心是力求在当前的物质条件下成就人类的共在之美。孔子以"始可与言诗已矣"赞赏子贡和子夏，就在于他们领悟了这一点：诗是现实与理想之张力的人心流露，因而从诗所流露的真情实态，可以看到人类的终极价值所在。

鲍瓜：也就是说，在承认人类的终极理想这一点上，礼乐和

---

① 《说文》："废，屋顿也。"段玉裁注："顿之言钝，谓屋钝置无居之者也。"中道而废，也就是在道中停下安顿自己。"中道"的意思不等于"半途"，诸葛亮《出师表》云："先帝创业未半，而中道崩殂。"此"中道"亦非"半途"，而是指先帝已经行动在兴复汉室的道中。如果把"中道"理解为"半途"或"中途"，前句说"创业未半"，后句又说"中道崩殂"，"未半"和"中道"明显自相矛盾。可见，孔明先生用词仍得古蕴。

大同社会是一致的?

木铎:完全一致。二者都承认一个理想——说得通俗点,这个理想就是"美好生活";而且,二者都不否认人类基于现实条件的一切努力。

我们再引用《论语》的两句话,一句是曾子说的,一句是孔子说的。

> 曾子曰:士不可以不弘毅,任重而道远。仁以为己任,不亦重乎?死而后已,不亦远乎?(《泰伯》)
>
> 子曰:仁远乎哉?我欲仁,斯仁至矣。(《述而》)

曾子的话表明,"仁"是一个伟大的重任,你也可以理解为一个美好的理想。但同时,"仁"并不只是空设一个重任、一个理想,而是贯彻在当下的行动中——孔子"我欲仁,斯仁至矣"说明了这一点;子贡引诗"切磋琢磨"的话也说明了这一点。

鲍瓜:我能不能这样理解:孔子更侧重精神方面的改善?

木铎:这种理解不尽全面。孔子同样重视物质条件,"先富后教""足食,足兵"等表述充分说明孔子对物质条件的重视。孔子甚至还说过这样的话——

> 子曰:富而可求也,虽执鞭之士,吾亦为之。如不可求,从吾所好。(《述而》)

可见,孔子并非不重视物质条件,关键在于"可求"或"不可求"。

鲍瓜:怎么界定"可求"和"不可求"?

木铎:标准在于"义"。且看——

> 子曰：饭疏食饮水，曲肱而枕之，乐亦在其中矣。不义而富且贵，于我如浮云。（《述而》）

可以看出，孔子一方面高度重视"礼"，一方面又特别强调"义"，这两者本身是密切关联的。礼之所以要因时损益，根据就在于义。孔子说"义以为质，礼以行之"，表达了二者的关联。

鲍瓜："义"怎么理解？

木铎：《中庸》说："义者，宜也。"这个解释大致不差。用今天的话说，义就是需要，是群体的客观需要。客观需要是从人类生活中生长出来的，不是主观任意的。孔子下面这句话就是说明这一点的——

> 子曰：君子之于天下也，无适也，无莫也，义之与比。（《里仁》）

"无适无莫"是说，君子对于天下之事，不会刻意指定一个方向（适），也不会刻意否定什么（莫），一切以"义"作为行动的引领。"义"给出了一个根本原则，至于"义"的具体内容，要在人民生活中去探寻，去洞察。樊迟两次"问知"，孔子第一次回答"知人"，第二次回答"务民之义，敬鬼神而远之"，二者是有关联的。"知人"的一个重要方面就是"务民之义"。"务民之义"，也就是马克思讲的"现有的前提"。总之，礼与义有内在关联。二者的区别在于，礼是人类共在的终极价值，义是人类生存的切实之需。

鲍瓜：看来礼与义，对一个健全的文明来说，是缺一不可的。

木铎：大体说来，人类文明的创制主要有两个方面：一个是物的创制，一个是文的创制。前者主要是物质需要，其根据是"义"，应以"义"为准。①后者主要是精神需要，其表达会因文明形态的不同而千差万别，比如欧洲是一神论宗教，而中国则是礼乐。礼乐是中国文化最特别的根本规定，是实现"人不知而不愠"的根本出路。

鲍瓜：为什么说是"根本出路"？

木铎：容我稍做分析。人类存在所面临的问题，大致有三个层面：第一层是以生产与经济为中心的"生存层面"，第二层是维系人类社会群居的"共体层面"，第三层是人类作为高等生命的"性灵层面"。②礼乐的高明之处在于可以同时解决这三个层面的问题，并且是以一种符合人性需要的方式来解决。我说礼乐是实现"人不知而不愠"的根本出路，就是因为礼乐最切合人性，也最切合现实——至少是最切合中国的现实。

鲍瓜：中国的现实……？

木铎：我说礼乐最切合中国的现实——所谓"现实"，既包括物质方面的必然性，也包括精神方面的必然性。

鲍瓜：必然性？

木铎：我们有必要来总结一下礼乐之道的原则高度。为什么礼乐是实现"人不知而不愠"的根本出路？我估摸着，你还没有彻底弄明白吧？

鲍瓜：我确实还有一些混混沌沌的感觉，我也说不清楚是什么，就好像来到了一个临界点的状态。

木铎：用黑格尔的话说，你这是走到了"概念的门槛"，就差临门一脚了。这正是孔子所谓"不愤不启，不悱不发"的状态。你心中的感觉，差不多就是马克思讲的，"关于整体的一个混沌

---

① 谭家哲：《论语平解》，漫游者文化事业股份有限公司2012年版，第114页。
② 同上书，第507页。

的表象"①。

匏瓜：（赧笑）所以需要您来捋一捋。

木铎：我想先明确两个基本的结论：第一，人类生活于世间，总会形成某种组织形态——不管是自觉的还是自发的；第二，人类的认知是有一定限度的——人不是神，不可能全知全能。这两个结论，你有什么异议吗？

匏瓜：我想想……没有异议。

木铎：有什么问题你可以插问。我先按我的思路讲下去。

根据第一个结论，人类一定会结成某种组织形态——比如家庭、氏族、村落、国家、党派等。这些组织形态是在历史中形成的，也会随历史条件而变动——不管是自觉自发的还是被动的变动。它们形成之后，正如道路被人走出来一样，就会构成某种客观的力量——我们统称为物质力量。

根据第二个结论，人类认知的限度意味着人类为了能够持续生存下去，必须尊重在历史中形成的那种力量，并且对这种力量给出一定的解释：诸如以概念来命名它们，以哲学来阐释它们。这些命名和阐释构成一个民族文化的自我理解。文化的自我理解，在很大程度上定位乃至规定了一个民族文化的未来道路。上天只完成了人的一半，另一半留给人自己去完成。②我们把这种民族文化的自我理解统称为精神力量。

上面说的物质力量和精神力量是相互关联、相互配合的，二者在根本上无法分割。我们把这两种力量的统一称为传统，或者称为道。礼乐就是中华文明的传统或道统。

匏瓜：我承认这一点。但是，为什么说礼乐是实现"人不知而不愠"的根本出路，我仍然没有想透彻。

---

① 《马克思恩格斯文集》（第8卷），人民出版社2009年版，第24页。
② [德]兰德曼：《哲学人类学》，阎嘉译，贵州人民出版社1988年版，第6～10页。

木铎：不急，慢慢来。说来千言万语，我们只要抓住最关键的要点，问题就会迎刃而解。礼乐的关键要点是什么呢？据我所见，礼乐不是从抽象的"个体"出发，而是从人类的"共体"着眼来安顿人类的生活，这是关键之点。

如果我们把中华文明与西方文明做一个对比，就非常清楚了。以欧美为代表的西方文明，是基于个体主义（individualism）[①]原则来安顿整个生活的，包括社会、政治、法律、国家、宗教等层面。"个体"（individual）包括两个层面的含义：道德意义和法权意义。西方达成道德意义的个体，主要是宗教的功劳。宗教把人从自然的血缘、地缘、业缘的关系状态中超拔出来，统一纳入教会的统辖之下，每个人一律成为上帝的子民。"上帝面前，人人平等。"基督教做成这一点，按黑格尔所说，花了一千五百年的时间。至于法权意义的个体，直到近代工商业兴起、个体产权兴起之后，才成为普遍的原则并被确立起来。所以马克思说，"与权威原理相适应的是 11 世纪，与个人主义原理相适应的是 18 世纪"[②]。与此相应，"上帝面前，人人平等"，摇身一变，成了"法律面前，人人平等"。

中国的情况不同。中国自古以来就没有个体。道德意义的个体也许萌芽过，比如孔子的时代。但中国古代的道德个体与基督教意义的道德个体是否可以相提并论，恐怕还得讨论。

鲍瓜：为什么说诉诸共体原则的礼乐才是"根本出路"？

木铎：因为人类的共体存在——简称"共在"——才是人类的本源存在。西方文明，直到海德格尔的出现，才从哲学上澄清

[①] individualism 一般译为"个人主义"。本书译为"个体主义"，把"individual"译为"个体"，便于与"共体"相对应。
[②] 《马克思恩格斯全集》（第 4 卷），人民出版社 1958 年第 1 版，第 148 页。

了"共在"这一本源事实,可以说费了九牛二虎之力。[①] 可是咱们中国,自古以来就生活在这一本源事实中,礼乐不过是对这一本源事实的"文化"。

鲍瓜:我仍然有点不明白。人类难道不是由一个一个的人组成的吗?比如我是一个人,您是一个人,难道我们各自不是一个个体吗?

木铎:有一个一个的人,并不意味着有个体。一个一个的人——个人,这只是一个表象。这些一个一个的人,并不是孤立地存在着的,他们本源地生活在各种共体之中。取消这些本源的共体,就根本不可能有一个一个的人。换句话说,"个体"不过是一个抽象,尽管我们确实可以看到一个一个的人。问题在于,眼睛看到的,未必就是本源的真实。

鲍瓜:您说的"本源的真实"或"本源的共体",到底是什么呢?

木铎:我还是分析一下,这样更容易理解。首先,这些一个一个的人,是怎么来的呢?为了让这些一个一个的人来到世间,总得有男人和女人吧?男人和女人,也就是性别,它来自哪里呢?

鲍瓜:来自天意。

木铎:没错。《周易·序卦》说:

> 有天地然后有万物,有万物然后有男女,有男女然后有夫妇,有夫妇然后有父子,有父子然后有君臣,有君臣然后有上下,有上下然后礼义有所错。

鲍瓜:按这段话,"天地"是最本源的?

[①] 海德格尔《存在与时间》关于"在世界之中存在"与"共在"的讨论。

木铎：可以这样说。但不要把"然后"这个词理解为时间的先后，这段话是讲述一种义理秩序。根据这段话，"个体"已经是一种抽象了，起码它抽象掉了男女性别的存在，是吧？

鲍瓜：是的。

木铎：中国文化并没有这种抽象。礼乐本身就来自这种天意的创造。"有天地……然后礼义有所错"，论述得不是很严谨吗？此外，这些一个一个的人，并不是生活在真空中，而是生活在社会中。"社会"就是一种本源的共体。

鲍瓜：没错，至少人得生活在一个家庭中——家庭可以理解为社会的基础吧？

木铎：可以的。不过家庭仍然不是自足的。我们确实是生活在特定的家庭中，但一个孤立的家庭是不可能存在的。我们难以想象，世间只有一个家庭会是什么情景。因而，孤立的家庭不是自足的。亚里士多德讨论政治学，不是从家庭出发，而是从共同体出发，自有他的道理。共同体才是自足的。总之，人类要能够存在并延续下去，需要一种更本源的共体，这种共体必须是自足的——我们可以称之为社会或共同体或者别的什么。

鲍瓜："人人为我，我为人人"，这句话就是表达这一事实吧？

木铎：这句话其实已经是一种抽象了：把"人"和"我"抽象为对立的关系，而后再建构二者的共存关系。西方经济学设定的"经济人"，西方伦理学区分的利己主义和利他主义，其实也是基于这种抽象。

鲍瓜：说它是抽象，意味着有一种更本源的东西？

木铎：这种东西就是"社会性"——我称之为"本源的共体"。西方思想，直到马克思，才彻底地澄清了这种本源的东西。

鲍瓜：怎么说？

木铎：马克思看到，人类天然就是"相互依赖"的，这意味着人类首先就生活在某种共体中——马克思称之为"社会"或"社会性"。我想引用马克思的一段话，大大有助于你理解"本源的共体"到底是什么。

> 经济学家是这样来表述这一点的：每个人追求自己的私人利益，而且仅仅是自己的私人利益；这样，也就不知不觉地为一切人的私人利益服务，为普遍利益服务。关键并不在于，当每个人追求自己私人利益的时候，也就达到私人利益的总体即普遍利益。从这种抽象的说法反而可以得出结论：每个人都互相妨碍别人利益的实现，这种一切人反对一切人的战争所造成的结果，不是普遍的肯定，而是普遍的否定。关键倒是在于：私人利益本身已经是社会所决定的利益，而且只有在社会所设定的条件下并使用社会所提供的手段，才能达到；也就是说，私人利益是与这些条件和手段的再生产相联系的。这是私人利益；但它的内容以及实现的形式和手段则是由不以任何人为转移的社会条件决定的。①

鲍瓜：马克思分析得太透彻了。我想，我现在理解了什么是"本源的共体"了。

木铎：且慢！中国古人所理解的共体，还包括一个层面，就是天与人之间的共体关系。前面《周易·序卦》已经很好地表达了这一点，就看你怎么去领悟了。

鲍瓜：人生活在天地之间，是天地的造物。

木铎：是这么个理。问题是你能不能切身地体会这一点？

鲍瓜：何谓"切身地体会"？

---

① 《马克思恩格斯文集》（第8卷），人民出版社2009年版，第50～51页。

木铎：这么说吧：你这个身体来自何处？或者这样问：你是你这个身体的主人吗？

匏瓜：（皱眉）难道我不是我的身体的主人？

木铎：你恐怕不是你的身体的主人，而只是你的身体的代理人——原谅我使用一个法律术语。

匏瓜：代理人？——《孝经》说："身体发肤，受之父母，不敢毁伤。"

木铎：《孝经》这段话我们讨论过。

匏瓜：我的身体来自上天的创造，并通过父母这个"通道"，来到人世间。

木铎：是的。既然领会了这一点，那么，由执着于这个身体而形成的那个顽固的"我"，是不是就是一个"虚构"？

匏瓜："虚构"怎么理解？

木铎：请允许我借用一下佛学的概念。我说它是"虚构"，是在真谛的意义上说的；从俗谛的意义上说，我们当然要承认这个"虚构"，否则人类一切世俗的学问都将崩塌。比如法律，一切法律都以一个具有自我意识的人格作为前提。如果不先行预设具有自我意识的人格，法律就失去意义。你总不能宣判一个"无我"的杀人犯死刑吧？与此配套，法医学、心理学、精神鉴定等学问就应运而生。

匏瓜：在俗谛的意义上，必须承认有一个"我"。在真谛的意义上，并没有一个"我"。

木铎：你的这个"我"，无非是由你有一个身体这个表象造成的。这个"我"造成了一种"独立"于天地之间的假象。问题在于，你的这个身体能够"独立"而存在吗？

匏瓜：不能。

木铎：你必须立于大地之上，你必须呼吸空气，你必须喝水，你必须吃各种各样的动物、植物乃至矿物，才能生存。那么请问：大地、空气、水、动物、植物这些东西，到底属不属于你这个身体呢？如果你说它们属于你这个身体，可是它们分明在你的身体"之外"也存在着；如果你说它们不属于你这个身体，可你一秒钟也不能离开它们。甚至你的五官感觉，也是在天地之间才有意义：没有来自太阳的光线，你的视觉就失去了意义，甚至不可能有视觉；没有各种声音，你的听觉就失去了意义，甚至不可能形成听觉；你胃里每分每秒正在进行的消化活动，本身也不是你自己所能做主的。你的食欲支配着你总是在特定的时间就得进食，而你不能说："我的胃，我现在命令你停止消化！"你的性欲支配着你渴望着一个异性，而你不能说："我的性欲，我现在命令你从我的身上消失！"这些只能是精神错乱的梦话。

鲍瓜：（恍然大悟，静默无语）……

木铎：所以，共体既包括人与人之间的共在关系，也包括更为根本的人与天的共在关系。礼乐正是以承认这些共在关系为前提的。礼乐就是对共在关系的"文化"。如果说这不是一种终极价值，那什么才是终极价值呢？要实现"人不知而不愠"，不从这种共在关系入手，怎么可能找到"根本出路"呢？

鲍瓜：（热泪盈眶）我明白了！

第7节 以礼乐成就不言之教和无为而治

鲍瓜：先生前面说过，宗教信仰、法律契约等，也是人类之道，但不是正道，这是为什么？

木铎：纵观人类历史，人类要达成共体的存在，有哪些方案？我想不外乎这些：宗教信仰、道德规范、法律契约、风俗习惯……

孔子所神往的礼乐，兼具这一切方案的优越之处，又扬弃了它们的偏执之点，因而是人类共在之美的唯一正道。

鲍瓜：礼乐与这些方案到底有什么实质的区别呢？这个问题如果得不到澄清，我的困惑仍然得不到解决。

木铎：这是一个天命般的问题——遗憾的是，如今"知天命""畏天命"的人越来越少了。我尝试做一个初步的探讨吧。

首先，礼乐尊重特定的风俗习惯。从发生来看，礼乐无非是对各种风俗习惯的"文化"，赋予风俗以审美意义，而升华到一个完全不同的高度。这里的关键是"升华"——这是中华文明的伟大创举。孔子讲"文之以礼乐"，乃可谓"成人"；换言之，不经由"礼乐"之"文"，人是不成其为人的。言外之意是，礼乐之文是人从动物状态、丛林状态中解放出来的决定性开端。礼乐与风俗习惯的实质区别，也就在这"文化"上——这是一个具有文明开端意义的事件，其间的历史细节我们已经难以考索。总归，我们已经承受了这个"文化"的天命。《周易》有一句话说："观乎天文，以察时变；观乎人文，以化成天下。"①这是汉语"文化"一词的来源。"观乎人文，以化成天下"，具体说，就是"文之以礼乐"。

其次，礼乐与法律契约也有重要不同。法律契约是对社会交往关系的一种理性抽象，其内在诉求是形式化、理性化、抽象化，以便人与人的交往关系与交往结构获得明确的预期。作为一种抽象，法律缺乏感性的生命活力，并不能真正触动人心最本真的诉求。孔子下面这段话，指出了这一点。

> 子曰：道之以政，齐之以刑，民免而无耻；道之以德，齐之以礼，有耻且格。（《为政》）

---

① 语见《周易》贲卦彖辞。

孔子所说的"政""刑",与法律接近。法律再怎么完善,终究只能让人们遵守而已,并不能真正激活人类内心的羞耻感。能激活这种羞耻感的,是"兴于诗"的生命活动。一个守法的人,完全可以是一个无耻的人。而且,"礼,时为大",与法律的僵硬相比,礼乐诉诸因时损益,强调与时偕行——礼乐是在动态中展开自身的。所以古人说:"礼者,禁于将然之前,而法者,禁于已然之后。"①

再次,礼乐也不是道德规范。这里的"道德"(moral),当然是指现代意义的道德。一个有道德的人,未必是一个懂礼的人。现实生活中有很多这样的人,可以说很有道德,但就是不懂礼,不能以礼对待各种人与事,结果各种关系处得很僵。在中国生活,一个知法守法的人,一个有道德的人,如果他不懂礼,那还是"局外人",他无法融入礼乐文明的美感磁场。礼乐与道德的第一个不同就在于:道德教人分辨善恶,礼乐却不教人去分辨善恶,而是从最本源的生命经验出发,去激发生命的活力和美感;善恶的分辨是在这种美感的基础上自动生成的,它自我定义,自我革命。在礼乐之中,没有固定不变的善与恶,只有与时俱兴的活生生的美感。如果一个人的美感没有被激活出来,善恶对他不可能形成真正的约束力。所谓"性善论",人们给出各种各样的论证,而据我看来,性善论唯一可行的证明,也是唯一彻底的证明,只能是美学的证明。礼乐并不预先设定一个善恶的标准。礼乐与道德的第二个不同在于:道德仍然出于一种人我的分别,仍然基于一种"自我"的设定,而礼乐径直从人与人之间的共在关系着眼,并基于生命的美感,动态地调整这种共在关系的活泼状态。

最后,礼乐与典型的宗教也不同。最典型的宗教莫过于一神论宗教。一神论宗教都设定一个绝对者——上帝或真主,虚构一

---

① 语见《大戴礼记·礼察》。

个彼岸的世界来安顿灵魂，为此它又不得不预设人有原罪。礼乐不是这样。礼乐就在人与人、人与天的本源关联中，通过一定的"文化"来安顿人心。这里插一句，礼乐对人与人关系的理解，基于对人与天关系的领会——这个问题很深，我们后面有机会再详谈。礼乐安顿人心的具体方式，是激活人心的敬感（礼）和乐感（乐），并表达为特定的"文化"——礼乐。敬感的根据在于人与天的关系，乐感的根据在于把人与天的关系转化为人与人的关系。敬感和乐感，就是礼乐文明的核心情感。实际上，敬感和乐感，正是贯穿孔子一生的本源情感，也是贯穿孔子全部学问的诗性秘密。总之，礼乐不是宗教，却可以扮演宗教的功能——礼乐的功能甚至比宗教的功能更强大，因为它更切合人性的真实，更切合现实的条件。

饱瓜：这样看来，礼乐确实是中国文化特有的独一无二的东西。

木铎：中华文明的根本规定就是礼乐。为了加深对礼乐精神的领会，我们不妨来仔细玩味《论语》的一句话。

> 子绝四：毋意，毋必，毋固，毋我。（《子罕》）

饱瓜：这句话是针对礼乐来说的吗？

木铎：如果不是针对礼乐，那是针对什么呢？《论语》里面的话都不是空言，都是有所针对的。我读《论语》有一个心得，当你发现某句话没有任何语境提示或暗示，不知道该如何解释的时候，你就应该想到礼乐——这是我百试不爽的一个方法。"子绝四"记载于《子罕》篇，为下一篇《乡党》埋下伏笔。整个《乡党》篇，都是以孔子尊行礼乐的具体行动来展示"子绝四"的活态记录。历代解读者由于不能从礼乐角度来审视"子绝四"，给出的解释不是无的放矢，就是谈玄弄虚，说得越多，离题越远。

饱瓜："子绝四"是针对孔子行礼来说的，还请解释一下。

木铎：所谓"大而化之之谓圣"①，《乡党》篇正是呈现孔子行礼的化境——"子绝四"。事情来了，则以礼应之，好像不经意似的，这叫"毋意"，即不用自己主观的臆想去应对事情，要按照礼来做。有什么变动，礼随之而变，不执着死规矩，不固守死教条，前无期待，后无固滞，这叫"毋必""毋固"。这就好像音乐的进行一样，包含着内在的调式、节奏和旋律，下一个乐句怎么走，是由上一个乐句规定的——这个"规定"又不是死的，而是在遵循上一句所包含的调式、节奏与旋律走向的前提下，充满了无限展开的可能性。因此，一切行动，不过是依礼而行，礼仿佛一个无形的幽灵，调适每一个人的行动，不再有一个"我"，这叫"毋我"。②相反，宗教、道德、法律、习俗，多多少少都有"意""必""固""我"的偏执之处。

鲍瓜：以孔子行礼来解"子绝四"，感觉不那么玄虚了。

木铎：《论语》中的很多话，都应该从礼乐来解；不然的话，很容易流于空谈义理，茫然不知所归。孔子讲"好知不好学，其蔽也荡"，就是指出这个毛病。"荡"者，茫然无归也。"学"者，学诗、学礼、学乐也。

鲍瓜：如今人们对这一点体会不深了。

木铎：孔子那个时代，虽然礼乐开始崩坏，但问题还没那么严重。所以，孔子仍然强调不言之教，期望无为而治。

鲍瓜：孔子明确说过"无为而治"，可"不言之教"我还没发现他说过？

木铎：读书要细心，不能轻易放过任何一个字。礼乐的实行，指向的就是不言之教和无为而治。

---

① 语见《孟子·尽心下》。此句赵岐注云："大行其道，使天下化之，是为圣人。"
② 参见[日]松平赖宽：《论语征集览》（中），上海古籍出版社2017年版，第692～693页。

匏瓜：此话怎讲？

木铎：我举两个例子来说明。

> 子曰：默而识之，学而不厌，诲人不倦，何有于我哉？（《述而》）
>
> 子曰：出则事公卿，入则事父兄，丧事不敢不勉，不为酒困，何有于我哉？（《子罕》）

注意到没有，这两章都出现"何有于我哉"这个文句。

匏瓜："何有于我哉"是什么意思呢？

木铎：这是孔子时代的固定句式，也可以说成"于我何有哉"，表达的是一种"无我"的境界。上一句的主旨是不言之教。"默而识之"，不言而喻也。学习之道，在默而识之。为什么？先王之道，礼乐为主。礼乐不言，以事见之，欲识其义，只能实行其事，岂是言语所能尽？譬如学游泳，光在岸上讲游泳技巧，一刻也不下水，哪怕讲得天花乱坠，怎么学得会？礼乐也一样，贵在习行。孔子讲"学而时习之"，重点就是学习礼乐。如果不是礼乐，怎么谈得上"习"？你学几何学定理，比如两条平行线永远不会相交，你怎么去"习"这条定理？显然，"学而时习之"重点是学习礼乐。习行不断，久而久之，自然有所开晓，有所领悟，自得于身，仿佛有一种德行从别的什么地方来到我的身上一样。所以《乐记》说："礼乐皆得，谓之有德。德者，得也。"默而识之，则心生喜好，喜好则学而不厌，不厌则快乐，快乐则诲人不倦。故孔子下结论说："何有于我哉？"意思是我并未出什么力，自然有一种力量在起作用，这是不言而化的境界。

匏瓜：古代有一首《击壤歌》，其中也有"于我何有哉"的句子，与孔子的话有关联吗？

> 日出而作，日入而息，凿井而饮，耕田而食，帝力于我何有哉？

"帝力于我何有哉"这句话，该怎么理解？

木铎：这是说，帝力并没有刻意让我做什么。帝力者，天之力也。也就是说，这一切都是天之所使，人不过是顺天而行罢了。"乐由天作，礼以地制"，礼乐归根到底是天之力在人身上的呈现。① 遗憾的是，人为知见所障，不一定能觉识到天之力，故而胡作妄为，这才有孔子"无为而治"的教导。

匏瓜：这就是下一章所说的？

木铎：是的。

匏瓜：有人说"此章之义不可解"②，看来并非无解？

木铎：怎么会不可解？说不可解，只是思路不对，不会解罢了。有解读者意识到"何有于我哉，言无我也"③，其实抓住了旨意，可惜说不出个所以然来。殊不知，此章是孔子赞礼之辞，劝人学礼之言——尽管原文并无"礼"字。读书既要搞懂字面意思，又不能只在字面上游移。孔子这句话等于在说："出则事公卿以礼，入则事父兄以礼，丧事不敢不勉以礼，献酬之间以礼，自然不为酒困。"《论语》语言简约，全都省掉"以礼"两个字罢了。诸事皆以礼而行，无容我力——礼之力也，故曰："何有于我哉？"④ 这是一种"无我"的境界，每个人的那个"小我"已经融入礼的"大我"之中，大家都按礼来行事，冥冥中仿佛有一种力量在统率所

---

① 参见〔日〕松平赖宽：《论语征集览》（中），上海古籍出版社2017年版，第514～515页。
② 程树德：《论语集释》（上），中华书局2013年版，第704页。
③ 同上。
④ 参见〔日〕松平赖宽：《论语征集览》（中），上海古籍出版社2017年版，第729页。

有人。这种力量不是某一个人的力量,却又体现在每一个人身上,它同化所有人,成为一种无意识的共识和自觉——大家都在无意识地遵行礼。孔子讲"从心所欲不逾矩",大概就是这种境界。孟子讲"人皆可以为尧舜"①,也是这个道理。这是说每个人都可以去做尧舜所做的事——孝悌忠信之类的。做到这一点,天下就可以无为而治。一切都是礼在为,礼通过人而为,人并不需要刻意做什么——这才是圣人之道。

鲍瓜:"人皆可以为尧舜",我还以为是说每个人都可以成为尧舜?

木铎:胡扯!每个人都可以成为尧舜,满天下都是尧舜——岂有此理!"人皆可以为尧舜","为"者,作为也,非"成为"也。

鲍瓜:所谓"作为",也就是礼乐之作为?

木铎:是的。没有礼乐,怎么"为尧舜"?且看孔子如何称赞舜——

> 子曰:无为而治者,其舜也与!夫何为哉?恭己正南面而已矣!(《卫灵公》)

这一章,字面上也不见"礼乐",而旨归就是"礼乐"。没有礼乐,舜如何能够"恭己正南面"?如何能够"无为而治"?故圣人之道,礼乐之道也。

鲍瓜:我现在仿佛看到一个"幽灵",一个礼乐的"幽灵",在中国的上空游荡!

木铎:这个"幽灵",其实就在中国人的现实生活中,只不过很难被人们发觉罢了。尽管如此,礼乐的精神仍然流淌在中国人的血脉之中。

---

① 语见《孟子·告子下》。

第三场

探究《论语》的结构是徒劳的吗？

鲍瓜：听先生讲解了这么多，我感觉孔子庄园的大门向我打开了。

木铎：如果前面的讨论你都领会了，那么也可以说，你已经入门了。

鲍瓜：谢谢先生鼓励！接下来我想请教两个问题：第一，读《论语》这本书有没有什么特别的方法？第二，如果把孔子的学问比喻为一个思想的大观园，先生能不能为我绘制一张导游图？

木铎：好问题！下面我们逐一来探讨。

第8节 《论语》书名释义及其通达境界

鲍瓜：读《论语》这本书，有没有什么独门诀窍？

木铎："诀窍"这个词有一种取巧的意味；再加上"独门"，更显出一种诡秘的感觉。其实，一切真正的学问，都是天下之公器，没有什么"独门诀窍"可言。如果说有什么诀窍，那也是向每一个好学的人公开的，就看人们能不能领悟罢了。

鲍瓜："独门诀窍"用词不当。我想请教的就是读《论语》的方法。

木铎：读《论语》之前，我们首先要摆正态度——这一点极端重要！态度不端正，哪怕把《论语》背得滚瓜烂熟，也毫无益处。程颐有几句话说得好，我引用来作为参考。

> 读《论语》，有读了全然无事者；有读了后，其中得一两句喜者；有读了后，知好之者；有读了后，直有不知手之舞之足之蹈之者。
>
> 今人不会读书。如读《论语》，未读时是此等人，读了后又只是此等人，便是不曾读。①

这话只有切身体会的人，才能说出来。第一句话是说读《论语》有各种不同的境界层次——"手舞足蹈"是最高境界，这是《乐记》里面谈乐的境界。我希望你有一天达到这种境界。

鲍瓜：虽不能至，心向往之。

木铎：程子的第二句话，指出了读《论语》的要害：《论语》不是与人生意义无关的知识，而是每个字都指涉人生的实情，指涉人类的共在。所以，不能把《论语》当成外在的知识来学，比如牛顿物理学、爱因斯坦相对论之类的知识。

鲍瓜：以"论语"为书名，是不是指示了这一点呢？

木铎：是的。我们来讨论一下"论语"这两个字的意思，这本书的主旨和境界也就不难领会了。最早谈到《论语》书名的，应该是《汉书·艺文志》——

> 《论语》者，孔子应答弟子时人及弟子相与言而接闻于夫子之语也。当时弟子各有所记。夫子既卒，门人相与辑而论篹，故谓之《论语》。

---

① 语见朱熹《论语集注》论语序说。

这个记述告诉我们几点信息。第一，《论语》是孔子弟子记录下来的。第二，"论"是"论纂"的意思，"语"包括两方面：孔子应答弟子时人之语，弟子相与言而接闻于夫子之语。所谓"接闻于夫子之语"，也就是从孔子那里听闻而记下来的话语。

鲍瓜：这样说来，"论语"之"论"是论纂的意思，应读去声（lùn）？

木铎：按《艺文志》的说法，可以这样读。我们再来看其他的解说。皇侃对《论语》有一段评述：

> 此书之体，适会多途，皆夫子平生应机作教，事无常准，或与时君抗厉，或共弟子抑扬，或自显示物，或混迹齐凡，问同答异，言近意深，诗书互错综，典诰相纷纭，义既不定于一方，名故难求乎诸类，因题"论语"两字以为此书之名也。[①]

这段话有几点要注意。首先是《论语》论题的来源——"诗书互错综，典诰相纷纭"。"诗书"就是我们今天讲的《诗经》和《尚书》，"典诰"是《尚书》的主体部分。司马迁也说"孔子以诗书礼乐教"[②]，为什么这里只说"诗书"呢？因为"诗书"有文字记载，"礼乐"主要是行事。孔子的行事《论语》中到处都有，特别是集中记录在《乡党》一篇。皇侃说，"或自显示物，或混迹齐凡"，这就是孔子的行事。这一点，《论语》有明确记载：

> 子以四教：文，行，忠，信。（《述而》）

"文"，主要是指礼乐。"行"，是指诗书包含的道理在行

---

① [南北朝]皇侃：《论语义疏》，中华书局2013年版，第2页。
② 语见《史记·孔子世家》。

事中的体现。"忠"是人自己的真实。"信"是人对人的真实。"忠""信"就贯穿在"文""行"之中。或者说，按"文""行"去做，能够达到"忠""信"的效果。

鲍瓜：我能不能这样理解："文""行"是夫子之教的主体内容，"忠""信"是夫子之教的重点旨归。

木铎：可以的，不过也不必过于拘泥。这是我们要注意的第二点：《论语》的道理是圆通的——可以通达人类共在的一切事情，很难用现代学术的专业分化来衡定。皇侃说"此书之体，适会多途"，都是孔子平生"应机作教，事无常准"，"义既不定于一方，名故难求乎诸类"。面对这样一部"圆而神"的记录，怎样来命名才恰当呢？皇侃认为，"论语"之"论"，既可以"舍字制音呼之为伦"，也可以"舍音依字而号曰论"。① 如果按照"舍字制音呼之为伦"来解，其义有四：

一云："伦"者，次也，言此书事义相生，首末相次也；二云："伦"者，理也，言此书之中蕴含万理也；三云："伦"者，纶也，言此书经纶今古也；四云："伦"者，轮也，言此书义旨周备，圆转无穷，如车之轮也。②

鲍瓜：按这段解释，"论语"之"论"应该读平声（lún）了。

木铎：这也是通行的读法。不过我以为，皇侃这种解读虽然完备，恐怕加入了很多"后世之见"，特别是魏晋玄学的意思。当然，皇侃也保留了"舍音依字而号曰论"的看法——

此书出自门徒，必先详论，人人佥允，然后乃记。记必已

---

① ［南北朝］皇侃：《论语义疏》，中华书局2013年版，第2页。
② 同上。

论,故曰"论"也。①

鲍瓜："论"字清楚了,"语"字又该怎么解呢?
木铎：皇侃也有分析,还是引用原话吧——

《毛诗传》云:"直言曰言,论难曰语。"郑注《周礼》云:"发端曰言,答述为语。"今按:此书既是论难答述之事,宜以"论"为其名,故名为"论语"也。然此"语"是孔子在时所说,而"论"是孔子没后方论,"论"在"语"后,应曰"语论"。而今不曰"语论"而云"论语"者,其义有二:一则恐后有穿凿之嫌,故以"语"在"论"下,急标"论"在上,示非率尔故也;二则欲现此"语"非徒然之说万代之绳准,所以先"论"已。以备有圆周之理,理在于事前,故以"论"居"语"先也。②

鲍瓜：先生是否赞同皇侃的说法?
木铎：不能完全同意。
鲍瓜：愿闻高见?
木铎：皇侃说"'语'是孔子在时所说,'论'是孔子没后方论",这个说法大可商榷。我们翻开《论语》,到处都是"子曰"——这是全书的主体内容。孔门弟子的言论虽然不少,但不构成主体部分。所以,把"论"归为孔子弟子所论——不管是弟子自己的言论,还是弟子对先生言论的讨论,都不合事实。此其一。另外,把"语"解释为论难之语或答述之语,也不尽然。《论语》固然有不少论难或答述之语,但主体内容仍以"子曰"为主,

---

① [南北朝]皇侃:《论语义疏》,中华书局 2013 年版,第 2 页。
② 同上书,第 3~4 页。

以孔子直接下论断为主。所以,"语"字应该有更为圆通的解释。否则,《论语》和《国语》《孔子家语》这些书又有什么不同呢?此其二。

匏瓜:言之有理!

木铎:"论语"二字恐怕另有深意。先说"语"字。"论语"之"语"不是一般的言语,也不是专指论难之语。古代大学有"乞言合语"①,《周礼》有"以乐语教国子"②,这些"语"都指向人类共在的道理。总而言之,凡言之可以为教者,谓之语。"语"字这一用法,《论语》也有其例:"法语之言,能无从乎"③,"请事斯语矣"④,"吾闻其语矣"⑤,等等皆是。这些"语"字表示,人类的言说中,有一些包含着人类存在的启示意义、可以立教的道理,这些言说被称为"语"。孔子强调"畏圣人之言","圣人之言"就是一种"语"。因此,"论语"之"语",是指经过行事之考验,经过历史之检裁,对人类存在具有某种启示,令人服膺而且可以诏告后世之"语"。⑥

再说"论"字。皇侃"舍字制音呼之为伦"这方面,解释已经详尽;但"舍音依字而号曰论"这方面,尚欠完备。据我看,"论"

---

① 《礼记·文王世子》:"凡祭与养老乞言、合语之礼,皆小乐正诏之于东序。"郑玄注:"养老乞言,养老人之贤者,因从乞善言可行者也。合语,谓乡射、乡饮酒、大射、燕射之属也。《乡射记》曰:'古者于旅也语。'"孔颖达正义:"引《乡射记》者,证旅酬之时,得言说先王之法。故云'古者于旅也语'。言合语者,谓合会义理而语说也。"
② 《周礼·大司乐》:"以乐语教国子:兴、道、讽、诵、言、语。"郑玄注:"兴者,以善物喻善事。道,读曰导。导者,言古以剀今也。倍文曰讽,以声节之曰诵。发端曰言,答述曰语。"可见六者皆"乐语",皆可以立教也。
③ 语见《论语·子罕》。
④ 语见《论语·颜渊》。
⑤ 语见《论语·季氏》。
⑥ 参见[日]松平赖宽:《论语征集览》(上),上海古籍出版社2017年版,第18页。

有论道的意思。道是什么？先王之道也。先王之道何谓也？诗书礼乐是也。为什么要论道？皇侃所谓"诗书互错综，典诰相纷纭"，就是孔子论述先王之道的意思。论道之所以必要，日本有学者阐释得很好——

> 古者先王之创业垂统也，有三道焉。一曰典，谓典礼制度也。二曰谟，谓修文德之方也。三曰论，谓制义应时也。夫先王既建典礼制度，修之以文德，以行之于其世，遂将成其后人，曰典礼制度一建，而不可变之。后世子孙虽非其人，循而守之，则不失天下国家；若有其人而有其志，则循其谟训，以修其文德，而活用典礼制度，此所以作谟训也。然循其谟训之道，不可直用之，故立论道之方，以诗书礼乐教之，论之而制义，制义而制事，故三公之职，以论道言之。故其诗书礼乐之教，所以成其论道也。故论语者，诗书礼乐之教，以成其论道之语，故云论语也。①

我们再来看孔子对自己学说之渊源的说明，事情就很清楚了。

> 子曰：述而不作，信而好古，窃比于我老彭。（《述而》）
> 子曰：我非生而知之者，好古，敏以求之者也。（《述而》）

这两句，孔子都明白表示自己"好古"，一则信而好之，一则敏以求之。《乐记》云："作者之谓圣，述者之谓明。"又云："识礼乐之文者能述。"据此，"作"是创始的意思；"述"是遵循的意思。《说文》云："述，循也。"孔子自认为，自己并

---

① ［日］三野象麓：《论语象义》，上海古籍出版社2017年版，第11～12页。

没有创作什么，不过是遵循先王之道罢了。怎么遵循呢？道理还是那个道理，但时代不同，要因时制宜来遵循道理，这就有了论道的必要。

鲍瓜：可以举例子说明一下吗？

木铎：先王之道，不外乎诗书礼乐。我们举《论语》中的几个例子，看看孔子是怎么论道的。比如，孔子论诗的语句，最明显的莫过于这几章——

> 子曰：诗三百，一言以蔽之，曰：思无邪。（《为政》）
> 子曰：《关雎》，乐而不淫，哀而不伤。（《八佾》）
> 子曰：不学诗，无以言。（《季氏》）
> 子曰：小子何莫学夫诗？诗，可以兴，可以观，可以群，可以怨。迩之事父，远之事君。多识于鸟兽草木之名。（《阳货》）
> 子谓伯鱼曰：女为《周南》、《召南》矣乎？人而不为《周南》、《召南》，其犹正墙面而立也与？（《阳货》）

上面这些章句都是论诗的大义。诗最先是一种自发的人文现象，在孔子之前早就存在了，只是到了孔子论诗之后，诗的大义才提升为人文的自觉。中国作为"诗的国度"，与孔子的奠基密不可分。

再看孔子论乐——

> 子语鲁大师乐，曰："乐其可知也：始作，翕如也；从之，纯如也，皦如也，绎如也，以成。"（《八佾》）
> 子在齐闻韶，三月不知肉味。曰："不图为乐之至于斯也！"（《述而》）

乐的大义,也是到了孔子之后,才被人们充分自觉自知,这也离不开孔子的论道。

孔子论礼的话实在太多,就不一一列举了。

且看孔子合论"礼乐"或"诗礼乐"的话——

> 子曰:兴于诗,立于礼,成于乐。(《泰伯》)
> 子曰:人而不仁,如礼何?人而不仁,如乐何?(《八佾》)
> 子曰:先进于礼乐,野人也;后进于礼乐,君子也。如用之,则吾从先进。(《先进》)
> 子曰:礼云礼云,玉帛云乎哉?乐云乐云,钟鼓云乎哉?(《阳货》)

这些章句,都包含着极为深刻的道理,在后面适当的时候我们会详细讨论。

孔子论书的话相对较少,这主要是因为书的道理弘深,而且主要是帝王之事,不便于初学者入门。不过《论语》也不乏其例——

> 或谓孔子曰:"子奚不为政?"子曰:"《书》云:'孝乎惟孝,友于兄弟,施于有政。'是亦为政,奚其为为政?"(《为政》)

需要注意的是,《论语》中孔子讲的话,几乎都可以融入"诗书礼乐"去理解,不一定非得出现"诗书礼乐"的字眼。

匏瓜:有这么回事?

木铎:千真万确!我们后面会涉及这个问题,这里先提一下。你可千万别小瞧"诗书礼乐"这几个字。在孔子看来,"诗书礼乐"已经包含人类存在的一切道理,而且是终极性的道理。把"诗书礼乐"学好，可以通达人类存在的一切境域。古人云："诗书，义之府也；礼乐，德之则也。"[①] 这不是凭空乱说的。这一点，需要读者善加领会。

鲍瓜：今天的人要领会这一点，恐怕有些难度。

木铎：这需要对古今之变有清醒的认知，对古今之学有清醒的分辨。现代很多所谓"学"，在古代根本称不上"学"，顶多是谋生的技艺罢了。（默然微笑）不客气点说，你即便把今天所有的学术——包括自然科学、社会科学——加起来，再来一个平方运算，也抵不过"诗书礼乐"的一鳞半爪呢。

鲍瓜：（笑）您这是一种修辞术吗？

第9节 《论语》的立人指向与意义结构

鲍瓜：如果先生不嫌烦难，我想继续请教关于《论语》的问题。

木铎：怎么会呢？虽然你时不时流露出一个现代学者的执拗劲头，但就凭你对学问的一腔赤诚，我怎么会觉得烦难呢？夫子教导过——

> 子曰：可与言而不与之言，失人；不可与言而与之言，失言。知者不失人，亦不失言。（《卫灵公》）

虽然我称不上是"知者"，但在"不失人"这一点上，我心中是有分寸的。

鲍瓜：这么说，我算是"可与言"的人了？

[①] 语见《左传·僖公二十七年》。

木铎：不仅如此，跟你对话，我甚至还有一种"得天下英才而教育之"①的快感呢。

鲍瓜：不胜荣幸！那我就继续请教了。希望我接下来的问题在您看来不至于太"执拗"。我想请您回应这样一种观点：有人认为《论语》这本书并没有什么严谨的逻辑，也没有什么内在的结构，试图去探究《论语》的结构，完全是一件徒劳的事情。您是否赞同这种看法？

木铎：这是浅薄的看法。既然《论语》是孔门弟子（包括再传弟子）编撰的，请你设身处地想一想，如果是你来编撰，你会把老师的话胡乱拼凑在一起吗？

鲍瓜：当然不会。可是我恐怕也很难按照严格的逻辑关系把这些话组织起来，形成一个可以叫作"结构"的东西。

木铎：我反问一句：你所说的"逻辑关系"是什么意思？

鲍瓜：这个词也许不准确。这么说吧，比如，西方哲学著作往往都有比较清晰的论证过程，从某个公认的前提出发，经由严密的推论，最后导向一个不可辩驳的结论。可是在《论语》中，我实在读不出这样的东西来。

木铎：偏爱命题和证明，这是现代人的颓废表征——用尼采的话说。

鲍瓜："执拗"之外，我又多了一个"颓废"的毛病？

木铎：如果"颓废"是一种毛病，那也是现代人的通病。尼采说过，凡事都要寻求一个证明，这是现代人的颓废——迷恋于理性与逻辑造成的颓废，而这是生命力虚弱的症状。生命力不需要证明，也无法证明。最高的真理从来就是最简单的真理，它自我呈现，这就是它的证明。

---

① 语见《孟子·尽心上》。

匏瓜：《论语》所表达的都是生命的真理？

木铎：当然。生命的真理只能自证，而不能通过生命以外的东西来证明——这是一种最高意义的"自圆其说"。你被西方哲学那种表面的"逻辑关系"唬住了——其实完全没必要。举个例子，维特根斯坦的《逻辑哲学论》你看过吧？

匏瓜：看过。这本书给我的感觉，就是一种非常缜密的逻辑推演。

木铎：那只是外观而已。《逻辑哲学论》绕来绕去，说了老半天，最后推导出来的结论，人家孔夫子一句话就说透彻了。

匏瓜：怎么说？

木铎：维特根斯坦认为，《逻辑哲学论》是要为伦理学找到一个可靠的根据，而他得出结论：伦理和美学是一回事，而美善不可说；最神秘的不是这个世界怎样存在，而是这个世界竟然存在。

匏瓜：孔子一句话就说透彻了？

木铎："学而时习之，不亦说乎？"孔子这句话说出了维特根斯坦想说而说不出的东西。维特根斯坦试图找到的那个根据，不在逻辑中，就在维特根斯坦的生命活动中——那无非就是孔子这句话所表达的。当然，写《逻辑哲学论》的时候，维特根斯坦还认识不到这一点。后来他提出"语言游戏""生活形式"这些概念，可以说是回归到孔子的立足点上来了，却绕了很大的一个圈子。早知如此，何必当初呢？

匏瓜：我听得似懂非懂的。

木铎：这个问题我们以后有机会再探讨。现在我想分享一下我所把握的《论语》结构。《论语》里面的话，表面看来，都是一些结论，像一颗颗珍珠撂在雪地上，却很难看到珍珠和雪地有什么关联。但是，珍珠不是凭空来的，也不是一天就形成的。如果你读透了，其实会发现孔子每句话都包含着深厚的人生体验，包含着特定的问题指向。总之，线索是有的，就看你能不能发现罢了。

鲍瓜：这些线索究竟在哪里？

木铎：打个比方，《论语》就像一棵生长的大树。这个比喻有两个关键意象：一个是"大树"，一个是"生长"。首先，《论语》是一个整体，而且是一个有生命力的整体——这是"大树"的喻义：一种生命共创的内在关联。其次，《论语》的编排方式，包含了生命不断成长的进程——这是"生长"的喻义：一种立人指向的编排方式。从《学而》篇开始，一直到《尧曰》篇结束，它是一个不断生长、不断展开、不断壮大的过程，就包含着一个人、一个群体、一个民族的成长进程。

鲍瓜：《论语》是怎么体现"生长的大树"的呢？

木铎：首先，《论语》里面的道理都是生命的道理，用我自己的话说，都是如何达成生命共在之美的道理。生命共在之美，就如同一棵大树，每个人、每个群体都在这棵大树上获得自己的位置和动力——这种位置和动力本身就是动态的。其次，《论语》的编排方式，就是遵循生命成长的进程，一步一步，循循善诱，走向生命的共在之美——造就一棵生机勃勃的参天大树。遵循这两个原则，《论语》中的每一篇、每一章、每一句，乃至每一个字，都获得了特定的安顿和意义，并且由此与其他的篇、章、句、字，建立了一种意义关联。这就如同树上的树干、枝条、叶片，只能从大树的整体和大树的成长着眼，才能真正理解。

鲍瓜：您恐怕还得举些例子，我才能弄明白。

木铎：我还是从宏观到中观，从中观到微观，分步骤来解析。从宏观上审视，就是《论语》的大结构——整本书的结构方式；从中观上审视，就是《论语》的中结构——各篇之间的结构方式；从微观上审视，就是《论语》的小结构——各篇内部章句的结构方式。《论语》总共有二十篇,通常把前十篇称为上部,把后十篇称为下部。这样区分是有道理的。所谓"半部《论语》治天下",也就是这半部《论语》。

我们先把《论语》上部的开篇、末尾和下部的开篇、末尾列出来,仔细玩味一番。上部的开篇和结尾是这样的——

> 子曰:学而时习之,不亦说乎?有朋自远方来,不亦乐乎?人不知而不愠,不亦君子乎?(《学而》首章;全书开篇)
>
> 色斯举矣,翔而后集。曰:"山梁雌雉,时哉!时哉!"子路共之,三嗅而作。(《乡党》末章)

下部的开篇和结尾是这样的——

> 子曰:先进于礼乐,野人也;后进于礼乐,君子也。如用之,则吾从先进。(《先进》首章)
>
> 子曰:不知命,无以为君子也。不知礼,无以立也。不知言,无以知人也。(《尧曰》末章;全书末尾)

匏瓜:我可没看出什么名堂来。

木铎:如果你按照"生长的大树"这个喻象去琢磨玩味,迟早会看出名堂来的。如果我们要找到上部和下部得以区分开来的根据,那个根据是什么呢?大致说来——注意我们只说大致情况,上部的主旨是"学",即开篇首章"学而时习之"的"学";下部的主旨是"用",即《先进》篇开篇首章"如用之,则吾从先进"的"用"字。"学"什么?一言以蔽之,学礼乐也。"用"什么?一言以蔽之,用礼乐也。这是上部和下部的主旨。

进而我们问:上部"学"的要领是什么?或者说,学礼乐的要领是什么？一言以蔽之，"时"也。也就是上部开篇"学而时习之"的"时"，末尾"时哉！时哉！"的"时"。这是上部的首尾呼应。再看下部，"用"的关键是什么？或者说，用礼乐的关键是什么？一言以蔽之，"从先进"也。"从先进"本质上也是一种"时"的智慧，是把"时"具体落实于社会历史的生发过程。"先进于礼乐"这一章的意义，我们后面再讨论。用礼乐之"时"，其要领表达为"知命""知礼""知人"。这是下部的首尾呼应。

匏瓜：得到您的点拨，我心中顿时有一个轮廓了。

木铎：我们再看全书的首章和末章，都是三个小句子。这三句话也是遥相呼应的，只不过是倒着来。"学而时习之，不亦说乎"呼应"不知言，无以知人也"——学的主旨是学诗书礼乐，其终极目标是要达成人与人的相互知契，此谓"知人"。"有朋自远方来，不亦乐乎"呼应"不知礼，无以立也"——以礼立身处世，才可能达成呼朋引类的乐感。明白这一点，谓之"知礼"。"人不知而不愠，不亦君子乎"呼应"不知命，无以为君子也"——点出全书的主题就是成就君子；而君子之使命是成就"人不知而不愠"。明白这一点，谓之"知命"。总体来看，《论语》以"君子"开篇，以"君子"结尾。所以，《论语》是一本地地道道的"君子之书"。

匏瓜：清晰多了！这样一解说，就好像两片扔在地上的树叶重新回到了树上自己的位置！

木铎：这个比喻很棒！还有一点你注意到没有，《论语》开篇和结尾虽然都是三句话，可是语气颇为不同？

匏瓜：……确实是的。这有什么意味吗？

木铎：开篇三句话，都以"不亦……乎？"发问，这是一种舒缓的语气，意在诱发人们的自觉心，激活生命本有的潜力。末尾三句话则不同，都是非常肯定的断语，是一种激切的语气，意在提醒人们：一个人成为君子的关键是什么，这是要有所决断的。

鲍瓜："不知命，无以为君子也！不知礼，无以立也！不知言，无以知人也！"——这确实是一种决断的语气。

木铎：《论语》以这种铿锵有力的决断语气收束全书，意在告诉人们：从开篇一路走来，到了全书的末尾，如果还是"不知命""不知礼""不知言"，那是没办法成为一个君子的。到此为止，人们应该明白什么才是生命中最重要的事情，该来一个"断舍离"了。

鲍瓜：读《论语》，看来连语气都不能放过呀。

木铎：上面四章是《论语》思想大厦的四根支柱。支柱立起来后，我们再来审视一下这座大厦的中层支撑——二十篇的主题和意义关联。《论语》二十篇，每一篇都有自己的主题，我按我的理解陈述如下。

《学而》第一：正道之总纲——如何成就共在之美。

《为政》第二：正道之澄明——如何为政方可澄明人道之正。

《八佾》第三：共在之正道——如何以礼乐成就人类共在之美。

《里仁》第四：正道之枢纽——集中论仁与君子以成人之美。

《公冶长》第五：正道之境域——如何在世俗中挺立人道之正。

《雍也》第六：正道之基础——如何以中庸之德实现人道之正。

《述而》第七：正道之范例——聚焦孔子之心志行事阐明人道之正。

《泰伯》第八：正道之德行——通过各种人物探讨达成共体之美之德行。

《子罕》第九：自我之正道——聚焦好学之主题说明自我进取之正道。

《乡党》第十：无我之正道——聚焦孔子之行礼展现无我之化境。

《先进》第十一：礼乐之本源——聚焦先进弟子讨论礼乐之本源。

《颜渊》第十二：天下之德行——如何为仁于天下。

《子路》第十三：为政之德行——如何以德行为政。

《宪问》第十四：为事之正道——正当为事之分辨。

《卫灵公》第十五：为仕时对己之道——聚焦于自己之忠恕。

《季氏》第十六：为仕时对外之道——聚焦于对外之分辨与戒惕。

《阳货》第十七：人之虚伪与虚妄——反衬真实之极端重要。

《微子》第十八：隐士逸民之心志——反衬在位者之得失。

《子张》第十九：孔门弟子之传习——活现孔子学说之传承。

《尧曰》第二十：尧舜至孔子一贯之道——总结全书要旨在于传述先王之道。①

从二十篇的主题来看，上部主要是"学"的纲领，下部主要是"用"的实行。这是上下部得以区分开来的根据。

鲍瓜：我原来有一些问题，经您这么一梳理，这些问题都迎刃而解了。

木铎：哦？不妨提出来，我们再讨论一下？

鲍瓜：比如我有这样一个问题：《论语》中有一些重出的章句——同一句话出现在不同的篇章，我原来还以为是编者的粗心大意呢？

木铎：不仅不是粗心大意，而且是编者用心良苦的安排。这个问题很多人都没闹明白，我们有必要谈一谈。比如下面这一章——

---

① 参见谭家哲：《论语平解》，漫游者文化事业股份有限公司2012年版，第53～54页。

> 子曰：巧言令色，鲜矣仁！（《学而》《阳货》）

这句话同时出现在《学而》篇和《阳货》篇，一字不差。很多人搞不明白为什么这样，于是解读到《阳货》篇这句话的时候，就只说此章重见于《学而》篇，便撂下了，不去解说。其实，这句话出现在《学而》篇，主要是强调为仁之真伪，是顺承上一章"孝弟也者，其为仁之本与"而来的；出现在《阳货》篇，尽管字面上没任何变化，但用意是不同的，此时它是承上一章来的，上一章①主要谈人心之虚伪，"巧言令色"主要谈外表之虚伪。其他的重出章句，都必须按照这个思路去解释，才能领会编者的用心。如果不能领会编者的用心，我们怎么可能把《论语》读透呢！

匏瓜：这正如两片掉在地上的树叶，只有回归树上自己的位置，才能恢复各自的生命。

木铎：说得更彻底一点，掉在地上的树叶已经不是本原的树叶了。正如把人的手从身体上砍下来，它就不是一只真正的手了——它什么也不是了，尽管外观仍是手。

匏瓜：我还有一个问题：有些人认为《论语》的章句之间没有什么内在关联，于是自作主张，把那些章句重新组织起来，比如把孔子谈仁的章句排到一起，把孔子谈礼的章句排到一起——这种做法可取吗？

木铎：这是无知者无畏的做法。这些人，难道自以为比孔子的弟子们更聪明吗？就算他们比孔子的弟子更聪明，从尊重编者的立场出发，也得先想想清楚，编者这么编排，究竟是个什么道理，对不对？这就好比看电影，导演把两个镜头组合在一起，自然有他的道理。自己不去想想这个道理，就认为它毫无道理，这不是

---

① 上一章为：子曰：古者民有三疾，今也或是之亡也。古之狂也肆，今之狂也荡，古之矜也廉，今之矜也忿戾；古之愚也直，今之愚也诈而已矣。

无知者无畏吗?

鲍瓜:我也这样想。不过我老实承认,在听您解说《论语》的结构之前,我也那样做过(憨笑)。

木铎:当然,有时候我们为了讨论某一个主题,比如孔子的"仁"到底是什么意思,我们需要把这些章句相互参证,这是可以的,也是必要的——但前提是,即便是相互参证,你也得先搞清楚这一个章句被安排在那个特定的位置,到底是出于什么用意。如果不首先澄清这个问题,相互的参证也难免是一种断章取义。这个问题,我们后面会反复谈到,比如解释孔子的"仁"的时候。

鲍瓜:受教了。

木铎:接下来我们再说明一下:《论语》每一篇中的章句,也不是随意编排的,而是遵循着特定的意义关联——这是我所说的"小结构"。每一篇都会有数量不等的句子,这些句子是按照特定的意义编排起来的,因而每一篇都会有这样数量不等的意义群。群与群之间也有意义的关联,或是起承转合,或是正反映衬,或是遥相呼应,诸如此类。《论语》全书二十篇的章句,都是这样被编排起来的。既然全书都是这样,我们就不举例了,以后我们会反复运用这种方法来解读那些章句。

鲍瓜:记住了。

木铎:还有一点需要说明,就是每一篇的第一句话(首章),都有提纲挈领的作用;每一篇的最后一句话(末章),也有某种总结呼应的作用。这点我希望你也用心留意。

鲍瓜:记住了。我忽然想起一个问题:《论语》各篇的命名有什么讲究吗?

木铎:表面看来没什么讲究,但仔细一琢磨,其实是有讲究的。《论语》二十篇的命名方式,看起来很机械,就是把篇首的两三个字拈出来,作为篇名。这样做有没有什么道理呢?当然有道理。

这个道理就是只作标识，不作限定。比如《学而》篇，就用开篇的头两个字"学而"来命名，这样做的好处是既可以标识这一篇的篇名，又不限定读者的理解视野。《学而》篇主要谈"学"，以确立人道之大纲。但为什么不像《荀子》第一篇那样，索性叫《劝学》呢？原因在于，如果命名为《劝学》，就把读者的思路框定了，以为此篇的意义就是"劝学"。其实，《学而》篇虽然集中谈"学"，但其道理四通八达，无所不至。如果命名为《劝学》，反而会限制读者的视野。读《论语》就像撞钟，"叩之以小者则小鸣，叩之以大者则大鸣，待其从容，然后尽其声。"[1] 能领悟多少，随各人所见之量，不必强求一律。这样命名还有一个重要意义，就是避免编者用自己的主观臆见去框定孔子的话，避免歪曲孔子的意思。[2] 这意味着，《论语》的编排，一方面是按照同类相关的原则组织成二十篇；另一方面，这二十篇虽然各自都有自己的主题，但这个主题又不是截然受限的，完全可以相互映射，因而篇名就取开篇的两三个字来命名。

鲍瓜：看来各篇的命名也倾注了编者的良苦用心呀！

木铎：如果你真切体会到这种良苦用心，《论语》那些字句就会从一堆僵死的文字变成腾跳活跃的精灵，与你的生命融成一片。在这种感同身受的心境下去读《论语》，完全可能感动得热泪盈眶——这绝不是开玩笑！

---

[1] 语见《礼记·学记》。
[2] 参见[日]三野象麓：《论语象义》，上海古籍出版社2017年版，第33页。

第四场

为什么说《论语》是"君子之书"？

匏瓜：先生曾说，《论语》是一本"君子之书"，这个界定的道理是什么呢？

木铎：《论语》开篇就提出："人不知而不愠，不亦君子乎？"末尾又来一句断语作为呼应："不知命，无以为君子也！"书中谈到"君子"一百多次，"君子"是使用频率最高的词之一，足以看出其分量非同寻常。说《论语》是君子之书，名副其实。而且，只有把《论语》界定为一本君子之书，它的根本意义才能得到理解——这也是我们进入孔子庄园的一把钥匙。

第 10 节　君子之书必须以君子之量去解读

匏瓜：先生把《论语》界定为君子之书，认为这是进入孔子庄园的一把钥匙。可否就这个话题稍作解说？

木铎：这里包含这样两个问题：第一，《论语》这本书的根本指向是什么？第二，读者应该以什么方式去解读这样一本书？

第一个问题，前面已经有所涉及。我们把《论语》比喻为一棵"生长的大树"。现在我们进一步把人类共在也比喻为一棵"生长的大树"。《论语》的根本指向就在于，它不仅仅是一本书，也是人类共在的生动写照。我们读《论语》，实际上就是读我们自己身处其中的共在之体——简称"共体"。正如一棵大树必定有树干，一个共体要能够存续，一定也有自己的主干支撑。支撑起人类共体的主干就是君子。"支撑"一词有两个含义：一是指君子是人类共体的主体支撑，一是指君子是人类共体的力量支撑。前者是从人类共体的组织结构上说，后者是从人类共体的生命力和创造力上说。

我们仍然用"生长的大树"来打比方。一棵大树要实现不断地生长，不仅需要树干作为主体支撑，同时需要树干作为输送力量的通道。为了讲清楚这个道理，我想借用《周易》的两个卦来说明。

第一个卦是同人卦。讨论整个同人卦不是我们的任务，我们只讲同人卦的彖辞。同人卦的彖辞是这样的——

《彖》曰：文明以健，中正而应，君子正也；唯君子为能通天下之志。

王弼注：君子以文明为德。[1]

孔颖达疏：唯君子之人于"同人"之时，能以正道通达天下之志，故利君子之贞。是君子用文明为德也，谓文理通明也。[2]

提醒一下，王弼注说"君子以文明为德"，从这句话可以看出古人对"德"的理解与今天讲的"道德"完全不是一回事——这个问题我们后面谈到"为政以德"时会详细讨论。

---

[1] ［魏］王弼：《周易注》，《周易十书》（1），中华书局2020年版，第63页。
[2] ［魏］王弼注，［唐］孔颖达疏：《周易注疏》，《周易十书》（2），中华书局2020年版，第98～99页。

我们现在问这样一个问题：为什么说"唯君子为能通天下之志"？回答是：因为君子"能以正道通达天下之志"，具体说，正道就是"以文明为德"，只有君子能做到这一点，故曰"唯"。

我们再进一步追问：为什么天下之志是可以通达的？宋代学者解说得很好——

> 人受天地之中以生，未始不同，得其所同，然则心同，心同则德同。①
>
> 文明以健，然后中正无私，靡所不应，天下之志通而为一。
>
> 夫同人之义，以四言该之：文明也，健也，中也，正也；以一言尽之，正而已矣。不正则烛理必不明，行己必不刚，施诸人必无相应之理，反求于心不能自得，其能通天下之志乎？②

上面一句，引用《左传》"人受天地之中以生"③，是为"通天下之志"提供本体论根据；下面一段，说的是君子"通天下之志"的具体做法，一言以蔽之，就是"正"——这也是孔子对政治的最高理解："政者正也。"④君子以"正道"通天下之志，由此搭建人类共在的主体支撑。

匏瓜：人类共在的主体支撑清楚了，那么人类共在的力量支撑呢？

木铎：要实现人类的共在之美，光有主体支撑还不充分，还必须有源源不断的力量支撑。我们再借用《周易》的井卦来说明，

---

① ［宋］朱震：《汉上易传》，《周易十书》（5），中华书局2020年版，第62页。
② 同上。
③ 语见《左传·成公十三年》，原文为："民受天地之中以生，所谓命也。"
④ 语见《论语·颜渊》。

这里只讲一讲大象辞——

《象》曰：木上有水，井，君子以劳民劝相。

王弼注：上水以养，养而不穷者也。相，犹助也。可以劳民劝助，莫若养而不穷也。①

孔颖达疏：井之为义，汲养而不穷，君子以劳来之恩，勤恤民隐，劝助百姓，使有功成，则此养而不穷也。②

井卦的结构是上坎下巽，坎为水，巽为木，所以大象辞说"木上有水"。这里的关键在于如何理解"木上有水"。很多人理解为，用木桶从井中打水上来。这完全不得要领。因为用木桶从井中打水上来，这不是天象，而是人事。《周易》大象辞都是"天象+卦名+人事"的结构，六十四卦都是这样，无一例外。

鲍瓜：六十四卦都不例外？

木铎：无一例外。天象也就是卦德，人事也就是卦义。比如井卦的大象辞，我们可以分析如下：

木上有水（天象／卦德），井（卦名），君子以劳民劝相（人事／卦义）。

鲍瓜：按这个结构，乾坤两卦的大象辞，通常把"天行健""地势坤"连读，这个断句法看来不靠谱？

木铎：这个断句是错的。应该这样读——

---

① ［魏］王弼：《周易注》，《周易十书》（1），中华书局 2020 年版，第 210 页。
② ［魏］王弼注，［唐］孔颖达疏：《周易注疏》，《周易十书》（2），中华书局 2020 年版，第 255 页。

《乾》象曰：天行，健，君子以自强不息。

《坤》象曰：地势，坤，君子以厚德载物。

如果"天行健""地势坤"连读，这不符合大象辞的一贯结构；而且会让人误以为"健"和"坤"是卦德。其实，"健"是卦名，是乾卦的另一个卦名。

鲍瓜：长知识！"木上有水"作为天象，该怎么理解才对呢？

木铎："木上有水"作为天象，是指树木从地下不断汲取水分，通过树干输送到树上——这才是天象。君子通过"木上有水"这种自然天象，领悟到人事也应该像树木汲水一样，要从底层人民的现实生活中源源不断地汲取力量之源，这叫"君子以劳民劝相"。

鲍瓜：原来是这么个道理！

木铎：王弼说"上水以养"，从字面看没问题，关键是他没说清楚"上水"到底是啥意思。程颐解读"木上有水"说："木承水而上之，乃器汲水而出井之象。"① 这是错误的——误把人事当成天象了，不符合《周易》大象辞的一贯结构。朱震的解释才是对的——

水在地中，自下而升，达于木上，可谓劳矣……君子施泽于民，既以言劝其不能，又以道相其不足，虽劳而不惮；不如是，井道不足以及民矣。②

鲍瓜：井卦寓意深呀！

木铎：讲了同人卦的象辞，我们明白了"唯君子为能通天下

---

① ［宋］程颐：《周易程氏传》，《周易十书》（4），中华书局2020年版，第229页。
② ［宋］朱震：《汉上易传》，《周易十书》（5），中华书局2020年版，第206页。

之志"的道理：君子是实现人类共在之美的主体支撑。讲了井卦的大象辞，我们明白了"木上有水"的道理：君子是实现人类共在之美的力量支撑。总之，《论语》的根本指向就是通过塑造一批君子，以成就人类的共在之美。用孔子的话说就是"君子成人之美"①。《论语》是一本写给君子看的书——写给想成为君子的人看的书。君子之书，必须以君子之心去解读。凡是发心读《论语》的人，都要有成为一个君子的心——至少是心向往之。有心即有志。君子之心志如果树立不起来，读《论语》是没多大意义的——无论怎样读，哪怕把《论语》倒背如流，它仍然在"外面"，无法融入自己的生命。

鲍瓜：这就是程子说的"未读时是此等人，读了之后还是此等人，便是不曾读"。

第11节　君子小人是两种存在状态的表达

鲍瓜：《论语》是一本君子之书。这意味着我现在要发心做一个君子了。

木铎：就应该是这种态度。

鲍瓜：不过，我可不敢逢人就说"我要做一个君子"。在今天这个时代，这类宣言只会招来各种奚落和嘲讽。

木铎：子贡问君子。子曰："先行其言，而后从之。"② 按夫子教导的去做就好了。

鲍瓜：先去做自己想说的？"而后从之"怎么理解？

木铎：先去做你内心想说的，之后自然会有人来跟从你。"而

---

① 语见《论语·颜渊》。
② 语见《论语·学而》。

后从之"与"久而敬之"①句法一样,都省略了一个"人"字,相当于"而后人从之"和"久而人敬之"。

鲍瓜:既然要做君子,先得搞明白它是什么意义。怎样理解《论语》的"君子"这个词呢?

木铎:这是一个精彩的问题,也是一个棘手的问题。这个问题不解决,"君子之书"到底有何意旨,仍然是晦而不明的。不过,要弄明白何谓"君子",我们先得梳理一下《论语》中几个相互关联的称谓,比如"君""民""众""士""君子""小人""庶人"等。把这些字眼的确切所指和相互关联搞清楚,我们才能准确定位"君子"的意义。

鲍瓜:这里面我最感兴趣的是"君子"和"小人"的区分。孔子为什么要把这两者区分开来,而且经常对比着立论,我一直没想明白。

木铎:这个问题要紧。不过,在解答这个问题之前,我们还是先做一些铺垫工作,解释一下相关的名词。

鲍瓜:我的好奇心实在有些按捺不住,请先生先满足一下我的好奇心。今天的人一听到"君子""小人",就有一种几乎是本能的印象:"君子"是一个褒义词,表示道德高尚的人;"小人"是一个贬义词,表示道德低劣的人。这种看法合适吗?

木铎:这是后世之见,不是《论语》的意思。《论语》中的"君子""小人"没有任何褒贬之意,都是中性词——孔子用这对词是描述两类存在状态。不过话虽如此,这里面却包含着有待探究的问题。

鲍瓜:又比如,有人认为"君子"是在上位的统治者,"小人"是下层的被统治者——相当于平民百姓?

---

① 语见《论语·公冶长》。"子曰:晏平仲善与人交,久而敬之"。

木铎：这也是错的——都是囫囵吞枣读《论语》的结果。如果一定要用"统治者""被统治者"这些词，那么不仅"君子"，"小人"也是统治者，"民"才是被统治者的指称。"民"和"小人"不是一回事，二者不能画等号。

鲍瓜："统治者""被统治者"这些说法有什么不妥吗？

木铎：这对词预设了一种权力观念，是基于这种权力观念而建构起来的概念模型。可是，孔子并不这样理解人类的共在。即便是作为"被统治者"的"民"，在孔子看来，也是政治的建构者，甚至是最根本的建构者。"君"与"民"的区分，不意味着权力的统治与被统治，主要是劳心与劳力的区别——这是亘古以来就存在的分工状态。只要分工还不能被超越，这种区分就一直会存在，它意味着一种"必然性"。一种理想的政治——在孔子看来就是"为政以德""为国以礼"，是基于这种天然的分工建构起来的，即所谓"贫而乐，富而好礼"，这才是走向人类共在之美的根本途径。后人非要在这里面加入"统治""被统治"的观念，那是他们的自由。

鲍瓜：尽管如此，我们很难否认历史上确实存在统治与被统治的事实。

木铎：当然不能否认。不过这是"礼坏乐崩"带来的后果。如果以礼乐来治理天下，人类共在的权力因素就会转化为——准确说是升华为——审美的共感方式。这正是孔子矢志不渝的理想，并且他坚信这个理想一定能够实现——当然前提是塑造出一批"君子"来为政。

鲍瓜：看来还是得先搞清楚"君子"的意义。

木铎：我们不妨随俗，就用"统治者""被统治者"这些词，毕竟现代人喜欢这些词语，可以满足他们潜意识的快感。不过我们始终保留批判的眼光——把这些词作为一种现代定见来审视。要搞清楚"君子"的意义，我们得讨论一些相关的概念。

鲍瓜：就按先生的思路。我刚才有点按捺不住，打断了您的思路，抱歉！

木铎：要准确把握《论语》的命意，我们需要搞清楚"君""人""民""众""君子""小人"这些字眼的确切所指。"人"字我们之前梳理过，有泛指，有专指。泛指时统称一切人，专指时是指在位者。当"人"是专指时，包括"君子"和"小人"在内，都是"统治者"。"民"才是"被统治者"。

"人"专指在位者时，与"民"有明显区别，例如：

子曰：道千乘之国，敬事而信，节用而爱人，使民以时。（《学而》）

哀公问社于宰我。宰我对曰：夏后氏以松，殷人以柏，周人以栗，曰'使民战栗'。子闻之曰：成事不说，遂事不谏，既往不咎。（《八佾》）

上一章，"节用而爱人，使民以时"，"人""民"分开而言，显然"人"是指在位施政者，故"爱人"连着"节用"说。皇侃说，此章"人"是有识之士的称呼，"爱人"可以包括爱朝廷中的人在内；"民"则是瞑暗之称，指黎民百姓。"使民"，包括修治城郭、道路等事情。① 下一章，"殷人""周人"之"人"，显然是指在位者；若不然，怎么能决定用什么树来立社呢。"夏后氏"之"氏"与"人"意义相通，古代"师、旅以下，称人亦称氏，所谓氏者，官宿其业"②。"氏"是指世世代代都从事特定职业的群体，比如烧瓦、制陶、捕鱼、种地之类，这些人在古代也是"官"，而且是"世

---

① 参见［南北朝］皇侃：《论语义疏》，中华书局2013年版，第11页。
② 刘师培：《论历代中央官制之变迁》，转引自赵纪彬：《论语新探》，人民出版社1976年版，第3页。

官"，讲究世代传承，子承父业，以便保持技艺的精良。这些群体，在古代也是为政者的重要组成部分，因为古人所理解的政治，不外乎"教民"和"养民"两个方面，教民是知识群体的事情，养民则主要靠百工的技艺。

鲍瓜：说到这一章，我插问一句：孔子"成事不说，遂事不谏，既往不咎"到底该怎么理解？孔子这是赞成宰我还是批评宰我？

木铎：当然是批评——批评宰我胡言妄语，没有把"夏后氏以松，殷人以柏，周人以栗"的真实命意说出来。

鲍瓜：传统解释把"成事"和"遂事"说成一个意思，二者有区别吗？

木铎：明明用两个字，怎么没区别呢？《论语》凡言"成"，都是指正面的事情，是正面事情的成就①。"成事不说"意思是说，对于已经成就的事情，宰我并未真正理解其所以然——"不说"是"不解"的意思。

鲍瓜：原来这样！那"遂事不谏"呢？

木铎：这句话的要害是"遂"字。"遂"的字面意思是事情已经施行，但所谓"已经施行"，是指那种自上而下地施行，而且往往有专断的意味②，因而原文才用一个"谏"字。在这个语境中，"遂事"是强调本不应为而为之的事情③。孔子认为，这样的事情仍然应该谏止。"遂事不谏"包含着对宰我的批评：对于不

---

① 例如"成人""成名""成于乐""斐然成章""成人之美""其有成功也"，等等。
② 毛诗传"遂为大社"，孔颖达疏：遂者，从本向末之称。又郑玄诗笺"政遂微弱"，孔颖达疏：遂者，从上向下之称。毛诗传"聿，遂也"，孔颖达疏：遂者，因上事生下事之辞。《公羊传·襄公十二年》"大夫无遂事"，何休注：遂者，专事之辞。参见宗福邦、陈世铙、肖海波：《故训汇纂》，商务印书馆2003年版，第2303页。
③ 《论语》"遂"字另见一次，即《卫灵公》首章，孔子"明日遂行"，也有本不应行而不得已而行的意思。

应为而为之的事情不能去劝谏。①

鲍瓜：按这个思路，"既往不咎"是说，对于已经过去的事情，如果有什么不对，也应该追究？

木铎：是的。若不然，人类怎么进步？人类的一切进步，都是由"成事而说，遂事而谏，既往而咎"而来的。真切理解事情之正道（成事而说），尽力谏止不对的事情（遂事而谏），反省已经过去的错失（既往而咎），这是人类面对历史时的正确态度，也是人类一切进步的根本途径。请注意：这一章是放在《八佾》篇，它的主旨是礼乐——具体说，是讲礼乐的损益与时代的关联。

鲍瓜：长知识！——原谅我又打断您的思路了。回到刚才的问题：先生说"小人"也是统治者，有什么根据吗？

木铎：读《论语》足够细心，就会发现——

> 子曰：君子易事而难说也。说之不以道，不说也；及其使人也，器之。小人难事而易说也。说之虽不以道，说也；及其使人也，求备焉。（《子路》）

> 子游对曰：昔者偃也闻诸夫子曰："君子学道则爱人，小人学道则易使也。"（《阳货》）

上一章讨论君子与小人行事与心态的区别。君子、小人都可以"使人"，说明小人也是为政的群体。下一章，小人和君子一样也有"学道"的机会。

君子与小人同属于为治者，《左传》也有记载——

> 世之治也，君子尚能而让其下，小人农力以事其上。是

---

① 参见谭家哲：《论语平解》，漫游者文化事业股份有限公司2012年版，第243～244页。

以上下有礼，而谗慝黜远。由不争也，谓之懿德。及其乱也，君子称其功以加小人，小人伐其技以冯君子。是以上下无礼，乱虐并生。由争善也，谓之昏德。国家之敝，恒必由之。①

鲍瓜：从这段话来看，君子与小人的区别主要是分工的不同，而不是统治者与被统治者的分别。

木铎：据我看，"统治者—被统治者"的区分过于僵硬，不如转换为"施治者—辅治者—受治者"三个环节，更符合中国古代的实际。按照这个结构，我们可以明确这些概念的关系："君"是施治者，"君子"和"小人"都是辅治者，"民"则是受治者的统称——这时候"民"包括"君子""小人"在内。

鲍瓜：我感觉有点理不清了。"民"是受治者，"君子""小人"是辅治者，可是"民"又包括"君子"和"小人"，这样"君子""小人"又成受治者了。

木铎：这就是说，在受治者与辅治者之间，其实并没有一个既定的僵硬的界线。你这个困惑包含两个问题：第一，到底该如何理解"民"字？第二，到底该如何理解"君子"与"小人"的区分？这两个问题解决了，你的困惑自然消除。我们先讨论第一个问题。关于"民"字，我们要认识到，这是一个集合之辞——明白这一点很重要，可以化解很多疑难。

鲍瓜：怎讲？

木铎：如果我们把"君"视为施治者，把"民"视为受治者，那么二者实际上是相互建构的，缺少一方就没有另一方，就像男和女、阴和阳一样。这个意义，从"民"字的构字意象就可以看出来。"民"字最早出现在西周金文的《何尊铭》，甲骨文目前

---

① 语见《左传·襄公十三年》。

尚未发现。"民"的金文构造是上面一个眼睛，眼睛下有一竖。金文中从"目"的字，往往有"视"的意思，如省、相、见等。由此，可以确定"民"字取象的意义场景：天在上，民在下，所以目在上，竖在下。这个意思与《尚书·泰誓》"天视自我民视"正好可以印证。《吕刑》也有一段话——

  王曰：呜呼！敬之哉！官伯族姓，朕言多惧，朕敬于刑，有德惟刑。今天相民，作配在下。

"今天相民"，就是"今天视民"的意思。① 据此可知，"民"的取义就是"天之所视"。②

由以上字义的讨论，可以明确几点：第一，"民"作为"天之所视"，往往是相对于"君"而言的——这是因为中国古人把"君"理解为天的象征或代理人（天子），而天意的来源就是民意。第二，在孔子的时代，"民"可以包括除天子、诸侯之外的所有人，贵族也可以归入民，君子、小人自然也是民的成员。第三，"民"是一个集合名词（请牢记这一点），它可以涵盖"人"。③

匏瓜：如果"民"可以涵盖"人"，那二者有什么区别呢？

木铎：二者取义的区别在于："人"表示人的个体，是个体名词；"民"表示人的群体，是集合名词。"人"作为泛指，可以包括天子、诸侯等一切人类的成员，"民"则是天子、诸侯所统辖的民众群体。④

匏瓜：那么"众"字呢，和"民"有什么区别？

木铎："众"字的甲骨文，上面是一个太阳，下面是三个人

---

① "相"有"视"义。《尔雅》："相，视也。"
② 参见王德培：《西周封建制考实》，光明日报出版社1998年版，第24页。
③ 参见杨逢彬：《论语新注新译》，北京大学出版社2016年版，第450、451页。
④ 同上书，第447页。

在劳作。由这个意象引申，"众"是指特定的人群。人类生活于世间，总会处于特定的群体之中，并与这些群体构成一种生命意义的因缘关系——这叫"众"。

鲍瓜：这样看来，"众"的外延比"民"小？

木铎：是的。我们来看《论语》怎么用"众"字，学习玩味一下《论语》用字的精妙之处——这是读懂《论语》的必备工作。

（一）泛爱众，而亲仁。（《学而》）

（二）子贡曰：如有博施于民而能济众，何如？可谓仁乎？（《雍也》）

（三）子曰：麻冕，礼也；今也纯，俭：吾从众。拜下，礼也；今拜乎上，泰也：虽违众，吾从下。（《子罕》）

（四）子曰：众恶之，必察焉；众好之，必察焉。（《卫灵公》）

（五）宽则得众，信则人任焉。（《阳货》）

（六）宽则得众，信则民任焉。（《尧曰》）

我们逐一来看。第一句，为什么说"泛爱众"？能不能说成"泛爱民"？

鲍瓜：应该不能？

木铎：当然不能。因为这一章开头是"弟子入则孝，出则弟"，这是孔子教"弟子"之语。对"弟子"说话，能谈"泛爱民"吗？"弟子"能爱的是他所处的那个人群，这是建构他生命意义的因缘群体，所以说"泛爱众"。

鲍瓜：第二句"博施于民而能济众"，看来也有讲究？

木铎：这句话是子贡问仁的一章，可以说是孔子解释"仁"最经典的一章——以后我们再详细讨论。我们只说"博施于民而能济众"这句话。子贡这个提问的立足点非常高,"博施于民"是君王才能做的事情,"济众"是指接济人群,这也不是一般人所能做的事情。所以孔子回答说:"何事于仁?必也圣乎!"意思是说,这是圣人才能做到的事情。

匏瓜:第三句,孔子讲"从众""违众",看来也有深意?

木铎:古人云"礼以地制",礼总是与特定地域人群的习俗相关联,所以有"从众""违众"之说。但这一章是孔子阐述礼的原则,并按照这一原则,把礼与一般人群的习俗区别开来。礼的原则就是"俭"和"敬"——插一句,《墨子》主张"节葬""节用"来反对孔子,完全是冤枉了孔子!

匏瓜:孔子可没主张奢侈浪费。

木铎:这章的关键是,孔子认为是"从众"还是"违众",不在于"众"本身,而在于是否符合"俭"和"敬"的要求——这是礼与俗的区别所在:俗一定从众,礼则未必。现代人往往把"礼俗"混言——不知礼者也。当然,"众"的好恶,为政者也不可忽视,这就是第四句所说的。"众"之所"好"、所"恶",表征着特定的群体心理和行为倾向,所以为政者"必察焉",以便纠正政策和制度的偏颇。"察"是要洞察其所以然,想明白"众好之""众恶之"所包含的意义。

匏瓜:第五句说"信则人任焉",第六句说"信则民任焉",一句用"人",一句用"民",有什么讲究吗?有人说《尧曰》篇这句是因为《阳货》篇那句而误增的①,对吗?

木铎:臆说经典,不宜妄乎!明明是两句不同的话,怎么能说是"误增"?即便一字不差的两句话,也不是"误增"。这些人把《论语》的编者想得太简单了。"信则人任焉"这句话出现

---

① 参见杨逢彬:《论语新注新译》,北京大学出版社2016年版,第384页。

在《阳货》篇，是孔子回答子张"问仁"而说的；"信则民任焉"出现在《尧曰》篇，记载的是尧、舜、禹、汤、武王等君王安天下的大道，所以用一个"民"字标示。试问，对子张能说"信则民任焉"吗？

鲍瓜：不能！这印证了您之前说的解读《论语》的要领：某一句话如何理解，要放回所在的篇章语境来整体观照。

木铎：就是这个理。

鲍瓜：我感觉心中的一个困惑化解了。

木铎：哦，说来听听？

鲍瓜：有一种观点认为，《论语》中的"人"与"民"是两大对立的阶级，并提出了三点理由：第一，《论语》只在言"人"的场合，才提出姓名；言"民"的场合，无一处提出姓名。如《雍也》："子曰：'女得人焉耳乎？'曰：'有澹台灭明者……'"第二，在《论语》中，只有"人"才有资格发言。如《公冶长》："始吾于人也，听其言而信其行；今吾于人也，听其言而观其行。"《卫灵公》："君子不以言举人，不以人废言。"第三，《论语》言"举"，皆指"人"而言；凡所"举"者，皆是"人"，凡"举人"者亦是"人"，而"民"不得参与其事。如《颜渊》："……子夏曰：'富哉言乎！舜有天下，选于众，举皋陶，不仁者远矣。汤有天下，选于众，举伊尹，不仁者远矣。'"[①] 现在看来，这种观点完全不能成立。

木铎：认为"人"和"民"是两大对立的阶级，是出于意识形态的偏见。那三个所谓理由，只要明白"人"和"民"的区别，也就不攻自破了。既然"人"是指个体，"民"是指群体，那么很显然：列举姓名，当然不能一下子列出千百人；发言也一样，

---

① 赵纪彬：《论语新探》，人民出版社1976年版，第17～18页。

某个时刻，总是某"人"在发言，不可能千百人一起发言；举人也一样，不管是举人还是被举，也不可能是千百人同时进行，否则便不称其为"举"了。①

鲍瓜：真是一清二楚！还是回到刚才的问题：君子和小人都是辅治者，辅治者本身也是受治者（民）的成员，这样理解没问题吧？

木铎：没问题。也就是说，辅治者与受治者的界线不是僵死的。更准确地说，受治者的外延更大，它可以包括辅治者——辅治者本身是受治者中的一个群体。据我看，这是理解中国政治的一个枢纽——通过在受治者群体中"选贤与能"，甄选出能够实现"政者正也"的群体来——这是孔子念兹在兹，特别看重"君子"的命意所在。

鲍瓜：好了，这个困惑解除了，到此为止。接下来的问题是：孔子为什么要在辅治者群体中又区分出君子和小人呢，这是什么道理？

木铎：简单说，一言以蔽之：这是孔子打破"学在王官"和血缘世袭制的时代宣言。

鲍瓜：有这么高远的用意？愿闻其详！

木铎：概略地说，我们可以把孔子的主张陈述如下。一方面，孔子认识到人群固有的分化趋向，不管是自然的原因还是人为的原因，这种趋向是必然会出现的。由此，人类共体一定会出现某种等级关系——如果你觉得"等级"这个词不好听，也可以换为"层级"——形成某种层级结构，这是"人不知"的重要根源。如何实现"人不知而不愠"，这是人类共体面临的根本问题，孔子把希望寄托在"君子"身上。并且，孔子认为，君子要实现"人不

---

① 参见杨逢彬：《论语新注新译》，北京大学出版社2016年版，第456页。

知而不愠"，唯一的正道就是礼乐之治。所以另一方面，孔子主张，人类共体的层级关系不应该以世袭为主导——孔子并不反对合理的世袭，而应该以人的能力为主导。具体说，通过人的能力的释放来达成人道之正。这是一种开放的能力本位倾向。

鲍瓜：那怎么来辨别能力的大小呢？

木铎：根本途径就是学习。孔子之所以极度重视学习，就是试图通过学习来发挥人的自觉性和能动性，破除世袭制的固蔽倾向。在孔子看来，人与人的实质区别，不是与生俱来的，而是学不学造成的。且看——

> 孔子曰：生而知之者，上也；学而知之者，次也；困而学之，又其次也；困而不学，民斯为下矣。（《季氏》）

这段话表明，人的层次与人的处境的形成，归根到底是学不学造成的。

再比如这一句——

> 子曰：雍也可使南面。（《雍也》）

鲍瓜：历史上对这一句的争议很大。

木铎：综观历代的解读，你发现什么苗头吗？

鲍瓜：我倒没注意。

木铎：这句话放在《雍也》篇的第一章，意义非同小可。我认为这是孔子尊重人的德行和能力，打破世袭制固蔽的时代宣言。

鲍瓜：请详细指教。

木铎：这句话的关键是"南面"一词，历代的争议也集中在这个词的理解上。我按历史的时序，排列一下几种看法，你会发现苗头来——

> 刘向（前77—前6）：当孔子之时，上无明天子也，故言"雍也可使南面"。南面者，天子也。[1]
>
> 包咸（前6—65）：可使南面者，言任诸侯，可使治国政也。
>
> 朱熹（1130—1200）：南面者，人君听治之位。言仲弓宽洪简重，有人君之度也。
>
> 凌廷堪（1757—1809）：此南面指人君，亦兼卿大夫士言之，非春秋之诸侯及后世之帝王也。
>
> 王引之（1766—1834）：南面，有谓天子及诸侯者，有谓卿大夫者。雍之可使南面，谓可使为卿大夫也。[2]

鲍瓜：果然，对"南面"的解释，越往后越低下了。

木铎：是的。读书人对"南面"的解释，从"天子"到"诸侯"到"人君"再到"卿大夫"，可以说是"每况愈下"——这也反映了中国古代政治的一个发展趋向。一些读书人被这种趋向左右，越来越偏离孔子思想的本真。

鲍瓜：越来越专制了？

木铎：我不倾向于用"专制—民主"这对概念去解读中国古代政治，因为这个概念框架有很多前设的偏见——这个问题我们这里不谈。其实，我们没必要引经据典，就看《论语》在什么意义上使用"南面"这个词。幸好，《论语》中"南面"出现了两次，另一次是孔子赞美舜"恭己正南面"的话。舜是什么人？天子呀！显然，"南面"就是天子的意思，再不济也是君主的意思。总之，

---

[1] 语见《说苑·修文》。
[2] 包咸、朱熹、凌廷堪、王引之所言，见程树德：《论语集释》（上），中华书局2013年版，第417、418页。

作为一介士人的冉雍（字仲弓），孔子认为他可以做天子，这话是什么分量呢？

匏瓜： 非同寻常。

木铎： 以《论语》为据，孔子认为可以做天子的人，一个是仲弓，一个是颜渊。仲弓是"中庸"的代表①，颜渊是"好学"的代表，二人都排在"德行"科②。

匏瓜： 看来孔子最看重的是人的学习能力。君子与小人的区分，主要是以学习能力作为根据吧？

木铎： 大致可以这么说，但要有所分辨。一方面，君子、小人在当时确实代表着两类客观的生存状态；这是二者得以区分开来的客观根据。《左传》《国语》明确说过君子、小人的区分——

《左传·成公十三年》：君子勤礼，小人劳力。

《左传·襄公九年》：君子劳心，小人劳力。

《国语·鲁语》：君子务治而小人务力。

这是既定的历史事实，孔子也不得不承认这一点。

但另一方面，孔子的时代已经出现一种局面，随着生产的进步，阶层分工的固化开始松动，社会上下流动日趋频繁。③孔子把君子与小人区分开来，并对比立论，显然是呼应这一时代趋势，通过赋予君子"志于道"的特殊使命，鼓励人们努力学习改变人生的格局。孔子这个意图，在这几句话中昭然若揭——

---

① 《雍也》篇主旨是"中庸"之德，故以"雍也可使南面"作为开篇首章，有提纲挈领之义。
② 语见《论语·先进》。
③ 孔子自己从"吾少也贱，固多能鄙事"的下层人士，到中晚年成长为"弟子三千，贤者七十二"的重要人物，即是阶层流动的一个明证。

子曰：君子谋道不谋食。耕也，馁在其中矣；学也，禄在其中矣。君子忧道不忧贫。（《卫灵公》）

子曰：士志于道，而耻恶衣恶食者，未足与议也。（《里仁》）

子曰：士而怀居，不足以为士矣。（《宪问》）

从这几句可以看出，孔子对"士""君子"①赋予的新使命是"谋道""志于道"。而在当时，很多士君子并不能做到这一点。

由此，我们可以说，孔子在接受传统的君子、小人之分工的基础上，重新赋予士君子以弘道的使命。请看子贡问"士"的一章——

子贡问曰："何如斯可谓之士矣？"子曰："行己有耻，使于四方，不辱君命，可谓士矣。"曰："敢问其次。"曰："宗族称孝焉，乡党称弟焉。"曰："敢问其次。"曰："言必信，行必果，硁硁然小人哉！抑亦可以为次矣。"曰："今之从政者何如？"子曰："噫！斗筲之人，何足算也。"（《子路》）

子贡问"士"，孔子给出了三个层次。第三个层次是"言必信，行必果，硁硁然小人哉"，这说明"小人"也属于"士"的群体，也可以归入辅治者。

匏瓜：果然。"士"就相当于我们今天讲的"读书人"吧？

---

① 春秋时期，"君子"与"士"大体属于一个群体，故常合言"士君子"。《礼记·乡饮酒义》："故圣人制之以道乡人士君子。"王引之释云：士君子谓士大夫也。《墨子·尚贤》："今天下之士君子，临众发政而治民。"王引之释云：大夫谓之君子，诸公大夫亦谓之君子。转引自赵纪彬：《论语新探》，人民出版社1976年版，第106页。

木铎:"士"不能简单理解为"读书人"。要注意词语的古今之异。在孔子那时候,没什么太多的书,"读书"是专指读《尚书》[1]。所谓"书不尽言,言不尽意"[2],"尽信书,不如无书"[3],"书"都是专指"尚书"。另外要注意,春秋时期的"士"也可以干体力活。比如下面这一章所透露的——

> 子曰:富而可求也,虽执鞭之士,吾亦为之;如不可求,从吾所好。(《述而》)

"执鞭之士"表明,"士"也可以干体力活。而体力活在古代也是为政的一部分——这我们前面提到了。这就说明,在孔子那个时代,体力劳动与脑力劳动还没有完全分离开来,士也可以干体力活。不过,孔子希望自己的弟子把眼光放远一些,把志向放高一点。比如孔子曾经对子夏说:

> 女为君子儒,无为小人儒。(《雍也》)

这句话透露,"儒"并不是"君子"的专利,"小人"也可以是"儒"。孔子希望子夏做"君子儒",把格局放大一点。又比如:

> 樊迟请学稼,子曰:"吾不如老农。"请学为圃。曰:"吾不如老圃。"樊迟出。子曰:"小人哉,樊须也!上好礼,则民莫敢不敬;上好义,则民莫敢不服;上好信,则民莫敢

---

[1] 《论语》"书"字五见,除"子张书诸绅"一例指书写之义,其余"书"字均指《尚书》,如"书云""何必读书,然后为学""诗书执礼"等。
[2] 语见《周易·系辞上》。
[3] 语见《孟子·尽心下》。

不用情。夫如是，则四方之民襁负其子而至矣，焉用稼？"（《子路》）

樊迟想学"稼""圃"，被孔子斥为"小人"；与之相对，则是"礼""义""信"——这是"君子"的志向。

鲍瓜：有人说这一章表明孔子轻视农业？

木铎：这种只见字面不见义理的浅薄之论，不值得反驳，我们就没必要浪费时间了。

第12节　君子是实然与应然之张力的指示

鲍瓜：根据前面的梳理，孔子之所以区分君子和小人，是想在辅治者群体中区分出两种存在状态，以便激活君子的学习动力，塑造一批志于道的群体力量，实现"人不知而不愠"的共在之美。

木铎：总结得好。还有什么问题吗？

鲍瓜：学界有这样一种看法：《论语》讲的"君子"，既可以"以德言"，也可以"以位言"。这种看法能不能成立？

木铎：不能成立。这是用后世之见去读《论语》，缺乏历史的同情。

鲍瓜：我也发觉这种看法有问题，但又找不出批驳的理由。

木铎：《论语》的"君子"，核心命意是"志于道"[1]、"志于学"[2]、"志于仁"[3]，三者是相通的。"道"者，先王之道也；"学"者，学先王之道也；"仁"者，先王之道之旨归也。由君子之"志"，

---

[1] 《论语》"志于道"二见，一见《里仁》"士志于道"，一见《述而》"志于道"。
[2] 《论语》"志于学"一见，即《为政》"吾十有五而志于学"。
[3] 《论语》"志于仁"一见，即《里仁》"苟志于仁矣，无恶也"。

可以看出君子的基本规定，不仅是"以德言"，也不仅是"以位言"，而是德位相兼。若二者缺一，就不可能成为君子。有德无位，德的力量无法充分发挥；有位无德，位的意义无法充分彰显——都不足以成为君子。

鲍瓜：这样德位兼备的君子，现实中恐怕不多。

木铎：确实不多。读《论语》，我发现孔子明确称为"君子"的人只有四个，这四个人都是有德有位的人——

> 子谓子贱："君子哉若人！鲁无君子者，斯焉取斯？"（《公冶长》）

> 子谓子产有君子之道四焉："其行己也恭，其事上也敬，其养民也惠，其使民也义。"（《公冶长》）

> 南宫适问于孔子曰："羿善射，奡荡舟，俱不得其死然；禹稷躬稼，而有天下。"夫子不答。南宫适出。子曰："君子哉若人！尚德哉若人！"（《宪问》）

> 子曰："君子哉蘧伯玉！邦有道则仕，邦无道则可卷而怀之。"（《卫灵公》）

鲍瓜：这样说来，如果有德的人，却没有位，比如颜渊、仲弓，是不是就不能成为君子？

木铎：这个问题很棒。有德无位，确实"不能"成为君子，但并不意味着"不可能"成为君子——孔子把重心放在"可能性"上。换句话说，孔子并不否定人们改变自身命运，从而改变更多人的命运的一切努力。

> 子曰：不患无位，患所以立；不患莫己知，求为可知也。（《里仁》）

这句话表明，"位"不是凭空来的，"位"取决于"立"。这两个汉字本身就是有关联的——所谓"位"，不过就是"人之立"而已。你以什么方式"立"于世间，就意味着你的"位"——当然，这主要是从"可能性"上立言。我们在《论语》中不断读出这种"可能性"，这也反映出当时社会上层与社会下层的相互流动已经成为常态。

鲍瓜：孔子把重心放在"可能性"上，这里有什么奥妙吗？

木铎：孔子思想的微妙之处就在这里。我们就拿"人不知而不愠，不亦君子乎"这句话来说。"人不知"是现实的表达，"人不愠"是理想的表达，而"君子"的命意就在于"人不知"与"人不愠"的张力之中。所以孔子说："人不知而不愠，不亦君子乎？"这种张力是人类全部历史的固有张力，因而可以说是一种本体论的张力，也是一种命运性的张力。[①] 切身地体悟这种张力，并努力去化解这种张力，是君子的天职和使命。所以《论语》末尾下决断说："不知命，无以为君子也！"

鲍瓜：不过，要想彻底消除这种张力，也是不可能的咯？

木铎：当然。这种张力一旦完全消除，人类也就堕落为动物，真正的人类也就不存在了。人之为人，就在于不断去发现这种张力，并不断去化解它，这是一个永无止境的过程，也就是"仁"这个字眼所表达的。

鲍瓜：这就是曾子说的——

> 曾子曰：士不可以不弘毅，任重而道远。仁以为己任，不亦重乎？死而后已，不亦远乎？（《泰伯》）

[①] 参见王德峰：《人的本源存在与历史生存——对马克思思想的再探讨》，复旦大学哲学系博士论文（1998年），第68～71页。

木铎：是的。孔子对"君子"与"仁"的关系，也有一段经典论述——

> 子曰：富与贵是人之所欲也，不以其道得之，不处也；贫与贱是人之所恶也，不以其道得之，不去也。君子去仁，恶乎成名？君子无终食之间违仁，造次必于是，颠沛必于是。（《里仁》）

这段话的信息量很大。历代解读者只见其一，不见其二。我们今天尝试从义理层面到社会结构的变动，做一个全面的分析和解读。

首先，这段话有几个关键字眼："道""仁""君子"。请注意它们的意义关联：从原文语脉看，"不以其道"的"道"，就是"君子去仁"的"仁"。而"君子去仁，恶乎成名"表明，君子离开或背离"仁"，就不能成为"君子"。

鲍瓜：我想请教"造次必于是"的"造次"怎么理解？

木铎：传统的解释你发现有问题吗？

鲍瓜：马融说："造次，急遽。颠沛，偃仆。虽急遽、偃仆，不违仁。"朱熹说："造次，急遽苟且之时。颠沛，倾覆流离之际。"这种解释我总觉得不大对劲。

木铎：这种解释不通文章之法。"造次"一词的本义被误读至今，以至于"造次"的本义反而不明了。

鲍瓜：怎么讲？

木铎："造"是到某处之义①；"次"是次舍之义②。"造次"的字面意思，可以理解为来到某个可以安顿的处境。"颠沛"与此相反，指颠沛流离不能安顿的处境。更一般地说，"造次"是指处于顺境之时，"颠沛"是指处于逆境之时。③"君子无终食之间违仁，造次必于是，颠沛必于是"因而是说：无论境况怎样，哪怕是一顿饭的工夫，君子都不会违背仁，离开仁。④可见，"造次"与"颠沛"是反义词，这是互文对举的文法。原文的逻辑关系是，"无终食之间违仁"是总论，"造次必于是，颠沛必于是"是分论，通过顺境与逆境的对举，总括了人类的一切处境，君子都不会违仁。观察一个人是不是君子，不仅要看逆境之时，也要看顺境之时。一般人身处顺境时容易"得意忘形"，身处逆境时容易"人穷志短"，这都是"违仁"。孔子这句话正是提醒这一点。

鲍瓜：通透！看来传统解释把"造次"解为急遽，"颠沛"解为偃仆，这是同类描述，不足以尽原文之全义。

木铎：《论语》章法严谨，一定要仔细玩味。

鲍瓜：按照孔子的看法，"君子无终食之间违仁"就是说，君子之为君子，是被"仁"所规定的。"君子去仁，恶乎成名"就是说，君子离开了"仁"，就不能成为君子。

木铎：此章还包含更多的信息，值得我们注意。"富与贵是人之所欲也，不以其道得之，不处也；贫与贱是人之所恶也，不

---

① 《说文》："造，就也。"造访一词即取此义。
② 《礼器》："次，舍也。"《礼记》孔颖达疏："次，谓大门外之右，平生待宾之处。"《周礼》郑玄注："在内为次，在外为舍。"《周礼》孙诒让正义："凡官吏治事处，通谓之次。""凡官吏治事、士民听事所居处，通谓次。"参见宗福邦、陈世铙、肖海波：《故训汇纂》，商务印书馆2003年版，第1169页。
③ 参见谭家哲：《论语平解》，漫游者文化事业股份有限公司2012年版，第293页。
④ "违"字兼含违背、离开之义。《尔雅》："违，远也。"《说文》："违，离也。"

以其道得之，不去也"，这句话反映出，当时社会的上下流动——表现为富贵与贫贱的相互转变——已经十分正常，成为一种普遍的社会驱动（请玩味"是人之所欲也"一句）。以孔门为例，子贡和颜回就是阶层流动的典型代表。子贡是因富而贵的上升[①]，颜渊是由贵而贫的下降[②]。《论语》记载孔子屡次把子贡和颜渊并提，估计也颇有深意。这里孔子强调，不管富贵贫贱，都要"以其道"，这是对"君子"赋予了特殊使命——能够挺立于世俗的利益驱动之上，有更高的追求。"造次必于是，颠沛必于是"就是从富贵和贫贱两方面立言：不管是"造次"的顺境（如子贡），还是"颠沛"的逆境（如颜渊），君子都要"必于是"——以"仁"作为人生追求。

匏瓜：孔子对颜渊赞赏不绝，独以"好学"称之，大概也是别有深意？

木铎：这是很显然的。另外需要注意的是，《论语》"富贵贫贱"这些字样，就是专指人的地位升降而言，不是阶层的划分。一个人失位时，谓之"贫贱"；得位时，谓之"富贵"。[③]《论语》表示阶层划分的是字眼是"君子""小人""公卿""大夫"等，不是"富贵贫贱"。

匏瓜：从这一章的主旨来看，孔子并不反对追求"富贵"？

木铎：当然不反对。"富与贵是人之所欲也"，这句话说得多么实在；关键看是不是"以其道得之"。不仅如此，孔子甚至认为，在"邦有道"的时候，一个人仍然"贫且贱"，这是可耻的——

[①] 子贡在师从孔子之前，即已从事货殖，"赐不受命而货殖焉，亿则屡中"。参见赵纪彬：《论语新探》，人民出版社1976年版，第162页。
[②] 据《三氏志》，颜渊祖辈十四世皆仕鲁为卿大夫，至颜渊祖父仍为鲁之邑宰，可见颜渊乃鲁国公族出身。至其父子两辈何以沦为"贫人"，已难确考。参见赵纪彬：《论语新探》，人民出版社1976年版，第163页。
[③] 赵纪彬：《论语新探》，人民出版社1976年版，第166页。

子曰：……邦有道，贫且贱焉，耻也；邦无道，富且贵焉，耻也。（《泰伯》）

为什么"邦有道"的时候"贫且贱焉"，孔子认为是可耻的？因为这只能说明这个人虚度光阴，不思进取，就是一个混混。

鲍瓜：这是明摆着鼓励"人往高处走"呀！夫子太实在了！

木铎：对，关键看是"有道"还是"无道"——是不是符合"仁"的要求。

鲍瓜：接下来，我想重点请教"仁"的意义，才能真正弄明白孔子学说的堂奥。

木铎：这是我们下一步要重点讨论的主题。眼下我们还是消化一下前面的内容，把胃口养育好。接下来的这一顿大餐，可不一般呐。

第二部 升堂

鲍瓜：木铎先生，人们通常把孔子的学说称为"仁学"，据您所见，这个定位靠谱吗？

木铎：我认为这个定位靠谱，前提是正确理解孔子的"仁"。

鲍瓜：这就是我今天想请教的问题：孔子的"仁"到底是怎么一回事？那些传统的解释，总给我意犹未尽的感觉，有时候甚至是方枘圆凿的感觉——把这些解释放回《论语》的语境，总觉得不大对劲。

木铎：这是一种健康的感觉——说明你隐隐约约感觉到了问题之所在。在进入主题讨论之前，我们先要敞开一个问题情境，那就是：孔子为什么要提出"仁"？为此，我们简略回顾一下上一部分的讨论。

在上一部分，我们澄清了孔子的根本问题。这个问题是具有原则高度的问题，并且在《论语》的开篇就提出来了，那就是："人不知而不愠，不亦君子乎？"这是以诱发性的舒缓语气提出来的问题。如果我们转换为激切的提问方式，那就是：致力于实现"人不知而不愠"的共在之美，这不正是"君子"之规定吗？这个问题中隐含着两个子问题。第一，"君子"的真正命意是什么？孔子的回答是：能够致力于实现"人不知而不愠"的共在状态，是君子的根本规定——注意，这是一个行动意义的指示性规定，而不是一个静态意义的概念性规定。第二，君子如何实现"人不知而不愠"的共在状态？孔子的回答是：通过礼乐来实现。具体说，就是"兴于诗，立于礼，成于乐"。

现在我们可以确定:"人不知而不愠"是孔子所致力的目标或者说结果。但是,黑格尔说过:"一个结果如果没有通向它的道路是没有生命力的。"①

鲍瓜:孔子的"道路"就是礼乐?

木铎:没错。孔子的"道路"不过就是先王之道——礼乐之道。孔子的贡献在于,对这条道路给出了哲学的诠释,使这条道路提升为同道中人的自我理解和文化自觉。这里的问题在于,孔子那个时代礼乐已经开始崩坏,这条道路似乎出了毛病。毛病出在哪里呢?不在道路本身,而在行道的人。孔子这样表达自己的诊断——

子曰:人而不仁,如礼何?人而不仁,如乐何?(《八佾》)

鲍瓜:孔子认为"人而不仁"就是问题之所在?

木铎:是的。为了重建礼乐,孔子把希望寄托在君子身上;而君子是被仁所规定的。因此,接下来我们要讨论孔子的仁,全面而本真地呈现其意义。

---

① 张一兵:《回到马克思:经济学语境中的哲学话语》,江苏人民出版社2020年版,序言第35页。

第五场

如何打开孔子仁学的正确通道？

鲍瓜：我们如何才能全面而本真地呈现仁的意义？

木铎：在进入正题之前，我希望你清空之前看到的一切关于仁的解释。两千多年来，对仁的解释，要么是抓住一点大加发挥，要么是不明就里另创一说。说起来，真有点盲人摸象的感觉。

鲍瓜：有这么严重吗？

木铎：我说得算客气了。不客气点说，很多人对仁的解说，完全是鸡同鸭讲，郢书燕说，结果说得越多，离题越远——古代的程朱理学是这方面的代表，现代的所谓新儒家也是这方面的代表。他们都被自己先入为主的理论框架蒙蔽了，却爱之不忍释手。我们还是先把孔子仁学的本来面目解救出来，再来批判一些典型的谬解——那时候甚至连批判都不必要了，因为真理现身之后，谬误就不攻自破了。

鲍瓜：不胜期待！

第13节　仁不是可以定义而明的概念

鲍瓜：首先，我想请教这样一个问题：孔子的仁可以通过下定义来明确它的含义吗？

木铎：不能，断断不能。

鲍瓜：噢，为什么？

木铎：孔子的仁不是一个严格意义的哲学概念，是不能下定义的。这是中西哲学的一个根本区别。在柏拉图的《理想国》中，苏格拉底与人们讨论哲学问题，诸如什么是"善"，什么是"正义"等等，其根本思路就是下定义，通过循环往复的概念辨析，不断趋向一个不可置疑的规定。后来亚里士多德正式确立定义法，以"种+属差"的方式来规定概念。比如"人是会说话的动物"这个定义，"动物"是"种"，"会说话的"是"属差"，由此可以把"人"定义清楚。然而，有一些"对象"——包括"人"在内——是不能下定义的。比如"存在"，按照海德格尔的看法，就是不能下定义的。因为"存在"是最普遍的概念，而且"存在"的"普遍性"不是族类上的普遍性，你不能在"存在"之上找到一个更高的"种"，把"存在"归属其下。实际上，只有"存在者"才是可以下定义的，或者用尼采的话说，只有非时间性的事物才是可以下定义的，比如数学、几何、物理学的概念。但这并不意味着我们对"存在"只能一筹莫展，因为它是自明的概念。①

鲍瓜：孔子的仁也是这样的概念吗？

木铎：孔子的仁就不是概念——除非我们不严格地使用"概念"这个词。

鲍瓜：仁不是严格意义的概念？

木铎：再强调一遍：仁不是概念，而是一个指示。

鲍瓜：如果仁不是概念，那么很多把仁视为概念的争论都是无谓的了。有一句话说：人们之间的争论，至少三分之二都是关于名词的争论。看来并非虚言！

---

① 参见海德格尔：《存在与时间》第一节。

木铎：不妨说得极端一点：人们的一切争论都是关于名词的争论。不过，仁也很难说是一个名词，它恐怕主要是一个动词——如果一定要用"名词""动词"这类区分的话。

鲍瓜：仁是一个动词？

木铎：我们不要纠缠于这些不着边际的用语方式了，不如趁早找到那条合适的通道吧。如果细读《论语》，可以百分之百地确定：仁不是一个概念，甚至不是一个纯粹的名词，任何定义对仁都是无效的，只会遮蔽其意义。人类语言的发展史表明，最先出现的都是描摹某种事态的动词，名词是从这种事态动词转化而来的。① 春秋时期，正处于"动词时代"向"名词时代"的过渡，还保留着过渡时期的用语特色，很多字词往往兼有名词和动词的意义，并没有后世那样严格的语法区分。这一点我们先明确下来；这对解读《论语》非常重要。孔子的仁，就兼有名词、动词、形容词、状语词的特色。孔子对仁的指示，诸如"爱人""克己复礼为仁""仁者先难而后获""仁者其言也讱"等等，都不是定义，而是基于事态的指示。更一般地说，中国古典哲学的论证方式，从来都不是对概念的定义，而是指示。指示的基本手段是隐喻和行事。就算你翻遍先秦古籍，也找不到任何一个符合定义法的句子。孔子说："我欲载之空言，不如见之于行事之深切著明也。"② "见之于行事"就是指示；所谓"子以四教：文行忠信"，"行"才是孔子施教的根本方法。

鲍瓜：您反复提到的"指示"，到底是个什么东西？

木铎："指示"不是个什么东西。你这种提问方式还停留在定义的框架里。

鲍瓜：总得解释一下什么叫"指示"吧？

---

① 参见赵纪彬：《论语新探》，人民出版社1976年版，第255页。
② 语见《史记》太史公自序。

木铎：指示不是个"什么",而是个"如何"。指示所指示者,不是一个可以规定的"对象"。指示的"对象"是空的,但这恰恰是最关键的——它指示出一种非常确定的存在关联,给人以努力的方向。指示告诉人们,要想达到真实的存在,只有一条路,即遵循指示所指示的去做。[①]孔子的"仁"正是这样一种指示。"仁"作为指示,同时包含了行动的根据、行动的方法、行动的目标、行动的进程——"仁"是所有这些方面的统一。我倒要请教请教:对于这样一个"神通广大"的"仁",谁能给我一个定义?

鲍瓜：果然是这样,那确实不能。您说仁是行动的根据、行动的方法、行动的目标、行动的进程的统一,有什么根据吗?

木铎：我从来不说无根据的话。我们就在《论语》里找根据——解说孔子的思想,只有《论语》才称得上根据,至于后起的孟子、荀子这些人物,至多只能作为参考,而不是作为根据。请看《论语》这些句子——

（一）子曰：我欲仁,斯仁至矣。（《述而》）

（二）子曰：能近取譬,可谓仁之方也已。（《雍也》）

（三）子曰：苟志于仁矣,无恶也。（《里仁》）

（四）曾子曰：仁以为己任,不亦重乎?死而后已,不亦远乎?（《泰伯》）

第一句指示行动的根据就在于人之所欲（我欲仁）；第二句指示"能近取譬"是行动的方法（仁之方）；第三句指示仁就是行动的目标（志于仁）；第四句指示仁是一个重大的任务,也是一个遥远的进程。

[①] 参见张汝伦：《作为哲学问题的"哲学"》,《哲学研究》2021年第11期。

鲍瓜：我现在想起朱子的话："仁者，爱之理，心之德也。"[①]看来根本不通！

木铎：朱子把孔子的"仁"解为"理"，把"天"也解为"理"，一切都是"理"。你试把这种解释代入原文的语脉，看看通不通？"我欲理，斯理至乎"？"能近取譬，可谓理之方也已"？"苟志于理矣，无恶也"？"理以为己任，不亦重乎"？这是不折不扣的自创一套学说，与孔子完全不沾边。

第14节　仁指示人类共在的本源关联

鲍瓜：我现在明白了仁不是一个概念，不可以下定义。请先生以《论语》作为第一根据，指示一下仁到底该怎么理解？

木铎：其实，孔子已经做了很多指示，可惜后人就是视而不见——这是不认真读书之过。《论语》谈仁的内容极为丰富。其中有两个章句，我们不能忽视，必须重点阐释。一个是子贡问仁，一个是颜渊问仁。

我们先看子贡问仁这一章。这一章放在《雍也》篇的末章，可视为"中庸"的一个总结。这章的上一章，就是孔子赞叹"中庸"的句子。这两章编排在一起，置于篇末，是对全篇的点题，画龙点睛之笔。

> 子曰：中庸之为德也，其至矣乎！民鲜久矣！（《雍也》）
> 子贡曰：如有博施于民而能济众，何如？可谓仁乎？子曰：何事于仁？必也圣乎！尧舜其犹病诸！夫仁者，己欲立而立人，己欲达而达人。能近取譬，可谓仁之方也已。（《雍也》）

[①] 参见朱熹《论语集注》"孝弟也者，其为仁之本与"注。

孔子赞叹"中庸"的话，后面我们会重点阐释——这句话被曲解了两千多年呀，今天我们需要正本清源了！我们先讨论子贡问仁的这章。你注意到子贡的提问方式有什么独特之处吗？

鲍瓜：没看出来。

木铎：仔细读《论语》你会发现，在孔子的弟子中，子贡是最善于提问的。孔子的很多思想，都是被子贡的提问而激活的，比如这一章就是。如果没有子贡的这个提问，我们对仁的理解恐怕要干瘪得多，也困难得多。按《论语》通常的记载方式，大多数提问都是被简单记为"问某"，比如"问仁""问政""问孝""问君子""问为邦"等，并不具体记载是怎么问的。《论语》明确记载"问仁"的总共有七章，都没有详细记载提问的具体内容，就是"问仁"两个字。子贡这一章很特别，详细记载了子贡是怎么问的。

鲍瓜：对呀，"如有博施于民而能济众，何如？可谓仁乎？"这个问题很具体了。

木铎：这个提问，我们之前谈到"民""众"的区别时讲过了。我们看一下孔子是怎么回答的："何事于仁？必也圣乎！尧舜其犹病诸！"这里出现了《论语》的一个固定用法："必也……乎"结构。这个结构在《论语》中出现了七次[1]，用现代汉语的句式来转换，它表示"如果一定要……的话，那一定是……"这样一个复句结构。[2] 按照这个结构，孔子的意思是："如果一定要界定它的话，那一定是圣人的境界了！尧舜都还视之为困难的事情呢！"[3]

---

[1] 另六次为：《八佾》"君子无所争，必也射乎"，《述而》"必也临事而惧，好谋而成者也"，《颜渊》"听讼吾犹人也，必也使无讼乎"，《子路》"必也正名乎""不得中行而与之，必也狂狷乎"，《子张》"人未有自致者也，必也亲丧乎"。

[2] 杨逢彬：《论语新注新译》，北京大学出版社2016年版，第49页。

[3] "尧舜其犹病诸"一句，《论语》二见，另见《宪问》篇："修己以安百姓，尧舜其犹病诸！"病，有困难之义。《广雅·释诂》："病，难。"

接下来，孔子对仁提出了一个著名的论断："夫仁者，己欲立而立人，己欲达而达人。"这句话是理解仁的关键。

鲍瓜：孔子当然不是在下定义咯？

木铎：你最好把"定义"扔到九霄云外，扔得越远越好！这句话是一个指示。它指示什么？又是怎么指示的？我希望你好生想想，把你的聪明才智全都使出来，好生想想！

鲍瓜：我可想不出什么所以然来。

木铎：请注意这句话的关键字——"己—人"，"立—达"，注意到没有？还有那两个有千钧分量的"而"字，虽然"而"只是一个虚词，在这句话中可是顶梁之柱呀！虚词有时候比实词更重要，更有表现力，更能够直击思想的深处，特别是在文言文里面。虚词是语言的精灵，虽然没有实义，却是语言的生命力之源，就好像铁匠打铁，总要有一些间歇，没有这些间隙来助势，铁匠是不能有节奏地挥舞锤子打铁的。

鲍瓜：求您别卖关子了，我急不可待了。

木铎：这可不是在卖关子，这是在造势——营造一种解释之势。这种势把我们推入孔子的语言之场，让我们整个儿投入孔子的伟大用心。"己欲立而立人，己欲达而达人"——这是我们理解仁的关键句子。从这句话，我们可以引出这样几个结论——这些结论可以彻底否定后人对仁的误解和曲解。第一，孔子是在人与人（己—人）之间来确立仁的意义的。说得更直白一点，是在人与人的社会关联中来萃取——这个词也许不恰当——仁的意义的。人，天然就是一种社会性的存在。只有在社会性的存在中，人才成为人。这种社会性的关联，是一种本源性的关联。取消这种关联，人就不成为人。对这种本源关联的指示，孔子没有过多的话，全都体现在那两个"而"字上——这一点我希望你好生领会。

鲍瓜：我牢记在心。

木铎：第二，仁是基于人与人的本源关联而明确出来的行动——注意，我说的是"行动"！所谓"己立立人""己达达人"，都是行动。这一点，即便是在子贡的提问中，都有所指示了。"博施于民而能济众"，这分明是一种行动，而不是静止的概念游戏。所以孔子的回答"何事于仁"，特地用了一个"事"字。"事"字从史，古代"史""吏""事"三个字通用[①]，"行""事""为"三个字的意思相通[②]，都有从事、施为、行为的意思。具体说，"在君为政，在臣为事"[③]。"何事于仁"相当于说"何为于仁"。

匏瓜：朱熹说"何事于仁"相当于"何止于仁"，这个解释不靠谱吗？

木铎：不靠谱。为什么？首先，"事"字自古以来就没有训"止"的，这种解释没有训诂学根据。其次，把"何事于仁"解为"何止于仁"，明显错解了孔子的意思。因为，"何止于仁"是说，这已经是仁了，只是不止于仁而已；而孔子的意思是，这不是"仁"的行事，乃是"圣"的行事——"仁"和"圣"是不同的层次，岂可囫囵吞枣，混为一谈？

匏瓜：确实，确实。

木铎：第三个结论是，仁的要义是人之"立"和"达"，而这种"立"和"达"只有基于人与人的本源关联去做才有可能实现。"立"是人立于天地之间的意象。[④]一切生命体都必须立于天地之间，植物如此，动物如此，何况于人？而人之"立"于天地之间，与其他生物又不同。子曰"立于礼"，"不学礼，无以立"，人

[①] 《说文》："事，职也。从史。"商承祚《说文中之古文考》："古史、吏、事一字。"参见汤可敬：《说文解字今释》（一），上海古籍出版社2018年版，第414页。
[②] 《孟子·万章下》"非事道与"，焦循《正义》："行、事、为三字义同。"
[③] 《左传·昭公二十五年》"为政事庸力行务"杜预注。
[④] 参见《说文》："立，侸也。从大立一之上。"大，人也；一，地也。侸同"树"。

只有通过"礼"才可能真正地"立"起来——提醒一下：这是"仁"与"礼"的一个关联。

鲍瓜：那么"达"字呢？可以理解为"发达"吗？

木铎：你说的"发达"是升官发财之类的吗？

鲍瓜：不完全是，但应该包括这些吧？

木铎：我无意贬损人们升官发财的欲望——但是我不想在这上面浪费时间了，早点进入正题吧。重点来说一下"达"字的意思。《说文》云："达，行不相遇也。""行不相遇"不是说行路不相遇见，而是说，人在路上行走不至于因身躯抵触而使路途不通。这表示道路之宽阔而通达，所以达有通达的意思①。"通达"可以由物理引申到事理，由天道贯穿到人道。所以说，"行义以达其道"②，"君子达于道谓之达"③。子张曾专门请教孔子"达"的问题——

> 子张问："士何如斯可谓之达矣？"子曰："何哉，尔所谓达者？"子张对曰："在邦必闻，在家必闻。"子曰："是闻也，非达也。夫达也者，质直而好义，察言而观色，虑以下人。在邦必达，在家必达。夫闻也者，色取仁而行违，居之不疑。在邦必闻，在家必闻。"（《颜渊》）

刘宝楠《论语正义》说得好："达者通也，通于处人处己之道，故行之无所违阻，所谓'忠信笃敬，蛮貊可行'，即达义也。'在邦'、'在家'，谓士之仕于邦家者也。"④

---

① 参见《广雅》："达，通也。"
② 语见《论语·季氏》。
③ 语见《吕氏春秋·慎人》。
④ ［清］刘宝楠：《论语正义》（下），中华书局1990年版，第508页。

鲍瓜：看来"达"比升官发财的含义更为宽广。

木铎：升官发财，何足算也！孔子早就说过："富与贵，是人之所欲也，不以其道得之，不处也。"普通人想的是升官发财，孔子不否定这一点，但他要以"道"来统率一切。总之，立和达的意思可以理解为："立，植立之使不摇荡也。达，通达之使不阻滞也。"①明白了立和达的意思，我们再来问一句，为什么孔子对子贡这样解释仁，有什么针对性吗？

鲍瓜：我想应该有。

木铎：请注意，就在《雍也》同一篇，孔子曾称赞子贡"赐也达"——

> 季康子问："仲由可使从政也与？"子曰："由也果，于从政乎何有？"曰："赐也，可使从政也与？"曰："赐也达，于从政乎何有？"曰："求也，可使从政也与？"曰："求也艺，于从政乎何有？"（《雍也》）

鲍瓜：果然。"赐也达"，说明子贡具有通达明白的长处，因而孔子解释仁特地点出了"己欲达而达人"。

木铎：不过，孔子这个解释虽然是针对子贡而说的，却有广泛的启示意义。

鲍瓜："于从政乎何有"这个句子出现了三次，是不是说：这对从政有什么困难呢？

木铎：理解正确。不过要注意，《论语》"从政"和"为政"意义不同："从政"具体而微，主要针对辅治者而言；"为政"宏大而远，主要针对掌权者而言。在孔子看来，"由也果"，"赐

---

① ［清］黄式三：《论语后案》，凤凰出版社2008年版，第165页。

也达"，"求也艺"，三个人各有所长，而这些长处并不是什么至高难能的德行，就是一些寻常可见的庸德，有这些平凡之德的人都可以去从政。这一章的主旨，仍然是讨论中庸的。正如子贡问仁这一章，也是讨论中庸的，只不过作为全篇的总结，是从"仁"的角度来总结中庸。也就是说，中庸是为仁的重要途径，所谓"能近取譬，可谓仁之方也已"，正是这个意思。

匏瓜："果""达""艺"这三个字，能不能贯通起来解释一下？

木铎：果是指果敢而贯彻始终，达是指通达而明白事理，艺是指做事有才干能力。①

匏瓜：艺不是指六艺吗？

木铎：艺不是六艺。把艺理解为六艺，是汉朝之后才有的"后世之见"，与孔子时代无关。

匏瓜：怎讲？

木铎：读《论语》要综观全书。《论语》全书"艺"字出现过四次。其中两次用来称赞冉求②，一次是孔子自称——

> 大宰问于子贡曰："夫子圣者与？何其多能也？"子贡曰："固天纵之将圣，又多能也。"子闻之，曰："大宰知我乎！吾少也贱，故多能鄙事。君子多乎哉？不多也。"牢曰："子云：'吾不试，故艺。'"（《子罕》）

太宰向子贡称赞孔子"多能"，孔子听到后说"吾少也贱，故多能鄙事"，鄙事是指乡野之人所做的事。接着记载牢转述孔子的话，解释何以孔子能够如此："吾不试，故艺。"综观上下

---

① 参见谭家哲：《论语平解》，漫游者文化事业股份有限公司2012年版，第382页。
② 另一次见于《季氏》："……冉求之艺，文之以礼乐，亦可以为成人矣。"

文语脉,可以明确,艺是指做事的能力、技艺。① 六艺中有礼乐,这在孔子的时代叫"文"或"文学"。《论语》只有冉求称艺,子游、子夏并列"文学"科,而从不称艺。从《论语》的用字来看,艺是专指办事或生活技能方面的本领,在文和礼乐之外。②

鲍瓜:"艺"还有一次出现在孔子的这句话——

> 子曰:志于道,据于德,依于仁,游于艺。(《述而》)

"游于艺"该怎么理解呢?

木铎:理解这句话要注意两点:第一,这句话出现在《述而》篇,主要是聚焦孔子之心志行事阐明人道之正,这是大的语境。第二,要注意"游"字在小语境的精妙之处。"志""据""依""游"几个字,生动地展现了孔子平生行事的心志、根据、依靠和逸游的状态。

鲍瓜:请解释一下"游"字?

木铎:仔细玩味这个"游"字,我们可以看见孔子的生命气象。《说文》云:"游,旌旗之流也。"在"游于艺"这个表达中,"游"有悠游自得、不受拘束的意思。一般而言,人们往往会受制于生存的技能(艺),终身束缚于这个有限的领域,为谋生而碌碌一生。因而"艺"对人构成某种必然性和约束性,无从再向上提升自己。孔子说"游于艺","游"字的用意非常明显:艺对孔子而言,虽然是谋生之必需,但并不构成任何约束和强制,孔子不过视之

---

① 《说文》:"艺,种也。"艺古字为"埶",后繁化为"藝",像人手持草木,表示种植。种植是农耕时代的重要能力,故指代各种才能、技能。
② 参见谭家哲:《论语平解》,漫游者文化事业股份有限公司2012年版,第424页。

为逸游的状态，自己的生命仍然可以不断向上而通达。①

鲍瓜：受用匪浅！

木铎：我们总结一下。通过解释子贡问仁这一章，我们发现孔子的"仁"并不是什么概念，而是特定的行动指示——基于人与人的本源关联而来的价值指认与现实努力。这种努力并不是高头讲章，并不是"博施于民而能济众"的圣人境界，而就是从每个人的寻常之德行出发，"能近取譬"地去做每个人所能做的事情。具体说，仁就是要立人、达人，并且是与立己、达己相互关联在一起的立人、达人。在孔子看来，立己与立人、达己与达人是本源地关联在一起的。当然，孔子没用"本源"这个词，他用的是两个"而"字。我们用"本源关联"来解释两个"而"字所蕴含的意义。

鲍瓜：看来那种自私自利的个人，在孔子看来是不够本源的？

木铎：那不过是"现代学术"的一个设定，本质上是一个虚构。

第15节　仁标示人格主体的自我承担

鲍瓜：除了子贡问仁的一章，先生说颜渊问仁的一章也是非常关键的。

木铎：是的。我们再把这一章解释清楚，仁的意义会更加明白。子贡问仁的一章放在《雍也》篇的末章，主要是用来总结"中庸"，同时彰显"仁"与"中庸"的本源关联。颜渊问仁的一章放在《颜渊》篇的首章，这一篇的立意较高，是讲天下之德行，也就是如何为仁于天下的问题。颜渊是孔子唯一许以"好学"的高徒，孔

---

① 参见谭家哲：《论语平解》，漫游者文化事业股份有限公司2012年版，第424～425页。

子对颜渊说仁，提及天下，命意之高，可想而知。

匏瓜：期待先生开解。让我来我朗诵原文——

颜渊问仁。子曰："克己复礼为仁。一日克己复礼，天下归仁焉。为仁由己，而由人乎哉？"颜渊曰："请问其目。"子曰："非礼勿视，非礼勿听，非礼勿言，非礼勿动。"颜渊曰："回虽不敏，请事斯语矣。"（《颜渊》）

木铎：你朗诵的句读有点问题。"克己复礼／为仁"，"为仁"必须连读，单独断开。

匏瓜："为仁"要连读？

木铎：必须连读。很多人把"为仁"的"为"解释为判断词"是"，这是彻底错误的。"为仁"是《论语》的固定用法，全书出现了八次，相当于"行仁"。本章出现了两次"为仁"，另六次如下：

（一）孝弟也者，其为仁之本与？（《学而》）

（二）恶不仁者，其为仁矣，不使不仁者加乎其身。（《里仁》）

（三）克、伐、怨、欲不行焉，可以为仁矣？（《宪问》）

（四）子贡问为仁。子曰：工欲善其事，必先利其器……（《卫灵公》）

（五）孔子曰：能行五者于天下，为仁矣。（《阳货》）

（六）曾子曰：堂堂乎张也，难与并为仁矣。（《子张》）

这些"为仁"无一例外都是固定搭配，是为了标示"仁"的动态意义，故而特地加了一个"为"字来强调。

匏瓜：第一句我有一个问题，萦绕在心中很久了，不如现在就请教。

木铎：但说无妨。

匏瓜："孝弟也者，其为仁之本与"一句，朱熹《论语集注》中的解读我发觉有不少问题。朱子也把"为仁"解为"行仁"——

> 为仁，犹曰行仁。君子凡事专用力于根本，根本既立，则其道自生。若上文所谓孝弟，乃是为仁之本，学者务此，则仁道自此而生也。

问题是，朱子又引程子的话，情况就复杂了——

> 程子曰：德有本，本立则其道充大。孝弟行于家，而后仁爱及于物，所谓亲亲而仁民也。故为仁以孝弟为本。论性，则以仁为孝弟之本。行仁自孝弟始，孝弟是仁之一事。谓之行仁之本则可，谓是仁之本则不可。盖仁是性也，孝弟是用也，性中只有个仁义礼智四者而已，曷尝有孝弟来？

木铎：你的问题何在？

匏瓜：我感觉程子的说法有些混乱："孝弟"和"仁"，究竟哪个是本？

木铎：你引用的两段话，朱子的话没问题；程子的话却充斥着谬见。

匏瓜：怎讲？

木铎：程子的第一个谬见是，把仁义礼知当成性，这是后世之见，不是孔子的本义。第二个谬见是，把仁说成是性（体），把孝弟说成是用，这是体与用的分别，也是后世之见，不是孔子的本义。体用的分别是受佛教影响而形成的概念框架，先秦并没有这些思想图式。先秦只谈本末①，不谈体用。先秦的本末，这个"本"不是宋儒讲的"本体"，而是指树根，"末"是指树枝。由这个意思，"本"引申为开始、起点的意思。② 程子的话之所以缠绕，就是因为用一套不合适的概念框架——把仁视为体（性、本、本体），把孝弟视为用——造成了混乱。

鲍瓜：仁义礼知不是性？

木铎：当然不是。而且，仁义礼知并提，也是从孟子才开始的。孔子只以仁知并提③，以礼义并提④。为什么？因为仁知是一类，属于德（先王之德）；礼义是一类，属于道（先王之道）。在孔子那里，道是道，德是德，不可混为一谈。即便是德，在孔子那里也同时意味着行，所以《论语》有"德行"一词，并没有"德性"一说。"德性"是后世之见。从"德行"到"德性"的转换，据我看是思想的堕落。

鲍瓜：堕落？具体描述一下？

木铎：这意味着孔子德行如一的古道传统堕落为德行分离，德变成了某种内在的性——这难道不是堕落吗？把仁义礼知说成性，就是这一堕落的思想表现。

鲍瓜：在孔子那里，性是什么呢？

木铎：关于性，孔子只说过一句话："性相近也，习相远也。"这只是一个指示，并不是对性的规定性描述。如果一定要找出孔子所理解的性，那么《论语》里的"欲"字，就是性的指示。

---

① 如《大学》："物有本末，事有终始。"
② 如《说文》："木下曰本。"《国语·晋语》："伐木不自其本，必复生。"
③ 例如《里仁》："仁者安仁，知者利仁。"《雍也》："知者乐水，仁者乐山；知者动，仁者静；知者乐，仁者寿。"又《雍也》《颜渊》篇，樊迟两次问知、问仁，可见仁、知为一类。
④ 例如《子路》："上好礼，则民莫敢不敬；上好义，则民莫敢不服。"《卫灵公》："君子义以为质，礼以行之。"

鲍瓜："欲"字是性的指示？

木铎：不过要有所分疏。《论语》中"欲"字大致有两种用法。第一种用法，欲是指过多的欲望，例如：

> 子曰：枨也欲，焉得刚？（《公冶长》）
> 苟子之不欲，虽赏之不窃。（《颜渊》）
> 克、伐、怨、欲不行焉，可以为仁矣？（《宪问》）
> 若臧武仲之知，公绰之不欲……（《宪问》）

以上例子，"欲"都是指过多的不合理的欲望，"不欲"是其反面。

第二种用法，欲是性的指示，是一种泛指。欲泛指性，可以是正面的用法，也可以是无所谓正面与负面的用法。后一种用法很多，不胜枚举。正面的用法，例如：

> 我欲仁，斯仁至矣。（《述而》）
> 己所不欲，勿施于人。（《颜渊》《卫灵公》）
> 欲仁而得仁，又焉贪？（《尧曰》）

鲍瓜：这样看来，欲作为性的指示，本身是无所谓善恶的？

木铎：对。孔子从来不对性进行善恶评断。

鲍瓜：那么孔子也不是一个性善论者？

木铎：这要看怎么界定"性善论"的意义。如果性善论是指"人性本善"，那孔子绝不是性善论者；如果性善论是指"人性可善"，那孔子是一个性善论者。如果"人性本善"，孔子为什么还要那么强调学习？为什么要那么取重君子？为什么要说"德之不修，学之不讲，闻义不能徙，不善不能改，是吾忧也"[1]？人性善恶的争论大多是无谓之争。原因在于，性是时间意义的生成过程，不可能通过下定义而明确其意义。围绕一个不可能明确的概念进行争论，据我看就是浪费时间。

鲍瓜：那我们还是不要浪费时间了吧。

木铎：回归正题。先来训解字义。如何理解"克己"是整段话的关键。"克"字本义是以肩负物，兼有力能胜任之义。[2]

鲍瓜："克"不是"克制"的意思吗？

木铎："克"在先秦古籍中可以训为任、胜、能、杀几个含义，但绝无一例可以训为"克制"的；"克制"是后起之义。

鲍瓜：朱子把"己"训为"私欲"[3]，看来是错了。

木铎：彻底错了。"克己"是战胜私欲，那下文"为仁由己"是为仁由私欲吗？这种文理不通，都是"天理—人欲"的理学框架在作怪。不注意语言的时代之异，经典没有不被误读得一塌糊涂的。

鲍瓜：看来我需要对"后世之见"保持高度的警觉。

木铎："克己"，用今天的话转述，就是竭尽所能，承担自己。能够承担自己，绝不是一件容易的事，在孔门弟子中，孔子只对颜渊说过这话。能够"克己"，意味着把自己作为一个自觉的主体承担起来，这是"为仁"的前提。但仅此还不够，还要"复礼"。

鲍瓜："复礼"是回复周礼吗？

---

[1] 语见《论语·述而》。
[2] 《说文》："克，肩也；象屋下刻木之形。"段玉裁注："凡物压于上谓之克。"俞樾《儿笘录》："克字从高省，从尸，尸与人同意。举物高人上，故其义为肩。小徐曰：'肩者任也。'正得其恉，因而引申之为能、为成、为胜。又从胜之义引申之，则为杀。"参见汤可敬：《说文解字今释》（二），上海古籍出版社2018年版，第991～992页。
[3] 朱熹《论语集注》："克，胜也。己，谓身之私欲也。"

木铎：这样解释会把孔子打造成一个顽固的复古主义者。人们之所以这样"打造"，多半是由于望文生义，误解字义，结果把孔子"打造"得面目全非。事实上孔子不仅不是复古主义者，甚至还是有史以来最深沉的革命者——我们后面谈到"正名"时会细说。请注意，孔子虽然"好古"，可别忘了他是"好古，敏以求之"，不是一味地泥古不化。什么叫"敏以求之"？敏者，审当也。

鲍瓜："敏"是这个意思？

木铎：《论语》中"敏"字共出现九次，有三个意思。一是聪敏、聪颖，比如本章"回虽不敏"，下一章"雍虽不敏"，都是这种用法。二是勤敏、勤勉，其例为"敏而好学，不耻下问"[1]。第三个意思是审当、适宜[2]，见于其余所有的"敏"字。

> 敏于事而慎于言。（《学而》）
> 君子欲讷于言而敏于行。（《里仁》）
> 我非生而知之者，好古，敏以求之者也。（《述而》）
> 曰：恭、宽、信、敏、惠。恭则不侮，宽则得众，信则人任焉，敏则有功，惠则足以使人。（《阳货》）
> 宽则得众，信则民任焉，敏则有功，公则说。（《尧曰》）

"敏于事"是说，审当于事。"敏于行"是说，审当于行。

---

[1] 语见《论语·公冶长》。
[2] 《公羊传·僖公四年注》："生事有渐，故敏则有功。"徐彦疏："敏，审也，言举事敏审，则有成功矣。"《左传·僖公廿三年》："辟不敏也。"注："敏犹审也。"《左传·僖公卅三年》："礼成而加之以敏。"杜预注："敏，审当于事。"《周礼·地官·师氏》："二曰敏德。"注云："敏德，仁义顺时者也。当其可之谓时，顺时则审当之谓也。"参见［清］刘宝楠：《论语正义》（下），中华书局1990年版，第683～684页；程树德：《论语集释》（下），中华书局2013年版，第1375页。

"敏以求之"是说，审当地求之。两次出现的"敏则有功"是说，审当地为政才会有功。

匏瓜：我还以为"敏"是快速的意思呢。

木铎："敏"固然可以训为快速①，但《论语》中没有出现这个义项，《论语》表达快速就用"速"②或"疾"③。如果"敏"是快速的意思，怎么解释"敏则有功"呢？快速地为政就能有功吗？孔子被誉为"圣之时者"，一味追求速度，岂不掏空"圣之时者"的意义？何况，孔子不认为快速就一定能够成事。子夏为莒父宰，问政。孔子明确说："无欲速；无见小利。欲速则不达；见小利则大事不成。"④这是明确反对一味追求速度。子曰："如有王者，必世而后仁。"⑤王者尚且"世而后仁"，何况其他？

匏瓜：受教了。我忽然想起《中庸》的一句话——"人道敏政，地道敏树"，看来朱子把"敏"字解为快速是有问题的。

木铎：完全是望文生义的误解。我们没时间去详细讨论《中庸》。"人道敏政，地道敏树"的意思是说，特定的人道会生长出特定的政治，正如特定的地道会生长出特定的树木——这句话是中国古典政治哲学的一个凝练表达。"敏"字只能训为审当、适宜，训为快速与《中庸》的上下文是根本连贯不起来的。

匏瓜：受教了。回归正题：那"复礼"该怎么理解？

木铎：复字的甲骨文上部为居室，下部为止，表示人的出入，

---

① 《说文》："敏，疾也。"
② 《论语·子路》"无欲速……欲速则不达"，《宪问》"非求益者也，欲速成者也"。
③ 《论语·乡党》"车中，不内顾，不疾言"。
④ 语见《论语·子路》。
⑤ 同上。

所以复的本义是从居室中出入，引申为往来。①《论语》"复"字出现九次，本章"复礼"出现两次，另外七次列举如下——

（一）信近于义，言可复也。（《学而》）
（二）如有复我者，则吾必在汶上矣。（《雍也》）
（三）久矣吾不复梦见周公。（《述而》）
（四）举一隅不以三隅反，则不复也。（《述而》）
（五）宾退，必复命曰：宾不顾矣。（《乡党》）
（六）复其位，踧踖如也。（《乡党》）
（七）南容三复白圭，孔子以其兄之子妻之。（《先进》）

以上复字，主要有三个意思。一是复归、复返，如"言可复也""复其位"；由这个意思可以引申出又、再之义，如"不复梦见周公"。二是回复、回答，如"如有复我者"，"必复命"。三是往来践行，如"南容三复白圭"。

鲍瓜：" 南容三复白圭"是往来践行的意思？我看传统解释为南容反复阅读白圭之诗。

木铎：笑话！古人学诗仅仅是反复阅读这么简单吗？诗三百表达的是人情世故，古人学诗可不像今天的书呆子们只是去读那一堆死的文字，而是去践行诗句所包含的真情至理，转化为自己的生命行动，有所鼓舞振兴，这叫"兴于诗"。只去读那一堆文字，怎么"兴"？所谓"学诗"，实际上是"为诗"，孔子对他儿子说"女为《周南》、《召南》矣乎？"②，就用了一个"为"字。如果"南

---

① 《说文》："復，往来也。从彳，复声。"桂馥《义证》："谓往来復重也。"又《说文》："复，行故道也。"参见汤可敬：《说文解字今释》（一），上海古籍出版社2018年版，第247页。
② 语见《论语·阳货》。

容三复白圭"只是反复去读"白圭之玷，尚可磨也；斯言之玷，不可为也"[1]，孔子就把兄长的女儿嫁给南容，这不是太轻巧了吗？如果反复阅读几句诗就可以得到一个老婆，今天的剩男剩女们只要把《诗经》背下几首来，就可以解决单身问题了。

鲍瓜：（笑）可不是嘛。

木铎：怎么能这么浅薄地去读《论语》呢！

鲍瓜：这么说，"复礼"的复应该是往来践行的意思咯？

木铎：没错。"复礼"就是往来践行于礼道之中。这当然不是睁眼说瞎话，礼的取义本身就有往来的意思，礼是对人与人之间往来的一种审美化，一种身体力行的审美化。且看《礼记》的一段话——

　　太上贵德，其次务施报。礼尚往来：往而不来，非礼也；来而不往，非礼也。[2]

"太上"是指三皇五帝之时，那时候民风淳朴，不尚往来之礼，看重的就是德，故曰"贵德"。注意这个"德"不等于我们今天讲的"道德"。德主要以"施"的方式表达，不求回报。"其次"是指三王之世，也就是尧舜禹的时代，这时候开始"务施报"，既讲究"施"，也讲究"报"，崇尚往来之礼。"礼尚往来"就是表达这个意思。"礼尚往来"意味着，尧舜禹已经自觉意识到礼的伟大意义，那就是通过切入人与人的本源关联，而赋予一种身体力行的审美力量，中华民族的文化精神由此而奠定。《尚书》从《尧典》开始写起，绝不是凭空的。

鲍瓜：受教，受教。

---

[1] 白圭之诗见《诗经·大雅·抑》。
[2] 语见《礼记·曲礼上》。

木铎：所以"克己复礼为仁"是说，一个人能够承担起自己的生命主体，自觉地往来践行礼的要求，这样就可以行仁了。有的人仅仅把"复礼"解释为"行礼"，那孔子为何不直接说"克己行礼为仁"呢？这个"复"字与"礼"字是密切关联的，换任何一个别的字都不能表达其中的关联。孔子接下来说："一日克己复礼，天下归仁焉。为仁由己，而由人乎哉？"一个人一旦能够承担自己，往来践行礼的美感力量，天下就能够归向于仁。行仁就是靠这样一个一个自觉承担起自己的"主人"（自己作主的人），难道要指望别人来拖着自己去做吗？我这个解释是临场发挥，加入了不少情绪语气，不违反孔子的大义就行了。

鲍瓜：明白。

木铎：声明一点：我用"主体"这个词，是指能够自我承担的主体意识，不是西方哲学中与"客体"相对立的"主体"。孔子之所以对颜渊说"克己复礼"，是因为颜渊最好学，树立起了自觉向上的主体用功。这种主体性一旦树立起来，为仁于天下就不是遥不可及的事情。孔子这段话还有一层深意：就算天下人都仍然懵懂无知，仍然树立不起自己的主体性，也不妨碍一个自觉的主体去做"克己复礼为仁"的事。期望全天下人都像颜渊那样是不切实际的，孔子岂不明白这一点？"唯上知与下愚不移"[①]，孔子对人明白着呢。但这并不妨碍一个自觉的人"能近取譬"地去为仁。登高必自卑，行远必自迩，一切大事（天下归仁）都是由小事（为仁由己）点滴累积而成，没有点滴之功，就想一步登天，哪有这种事？

鲍瓜：看来子贡问仁那一章与颜渊问仁这一章也是相通的。

木铎：是相通的，这两章都指出，为仁要切近地从自己做起，

---

① 语见《论语·阳货》。

对子贡说"能近取譬",对颜渊说"为仁由己",都是这个意思。二者的区别在于,"能近取譬"侧重于中庸之德,"为仁由己"侧重于主体自觉。另外,孔子向子贡说"己欲立而立人,己欲达而达人",指出了为仁的具体内容和方式,也可以称之为忠恕之道;孔子向颜渊说"克己复礼为仁",则指出了为仁必须通过复礼来达成,而复礼必须以克己为前提。可见,孔子对颜渊说仁,多了"克己复礼"这一层意思。孔子向颜渊阐明,为仁与复礼其实是一体之两面,或者不如说二者就是一回事。所以颜渊继续"请问其目",孔子回答说:"非礼勿视,非礼勿听,非礼勿言,非礼勿动。"这四个"勿",只有能够承担自己的人才能做到;后人也是因为这四个"勿"字,想当然地把"克己"的"克"理解为"克制",其实,克制自己仍然是一种被动的状态,不是主动的状态。只有能够承担自己的人,才能真正地克制自己——准确说,这时候他已不是克制自己,而是积极主动地按礼的要求承担自己,成就自己,不需要特意去克制什么。

鲍瓜:看来"克"字的训义是理解这一章的关键。

木铎:需要注意的是,孔子所说的"视听言动",不能只理解为日常生活中的事情,而应该以"天下"为观照,举凡身、家、国、天下的一切事情,凡是非礼的视听言动,都不要去做——这是"克己""复礼"自然带来的效果。

第16节 仁是对先王之道的哲学提炼

鲍瓜:我们讨论了这么多,可不可以总结一下孔子提出仁到底有什么用意?

木铎:这是一个分量很重的问题,现在可以解答了。我们首先指出，孔子的仁不是一个概念，而是行动的指示。仁作为行动的指示，是从人与人的本源关联获得意义的，其要旨在于成就人类的共在之美。要想为仁于天下，首要的前提是确立人的主体自觉，并通过复礼来达成。这是我们前面讨论的内容。细读《论语》，我们发现仁字的用法很灵活，很难把它归为名词、动词或形容词之类。仁可以指仁人、仁德、仁事、仁功、仁境等意思，具体是什么意思，要结合语境来具体分析。但不管怎样，仁是基于人与人的本源关联而获得意义的，是对这种本源关联的价值指认和行动承担，仁包含行动的根据、行动的目标、行动的方法、行动的过程等含义。根据我们的梳理，后世对仁的各种解说，诸如仁是"爱之理，心之德""心之本体""良知良能""心之全德"之类的说法，都不符合仁的原初命意，不是孔子说仁的意思，而是另创一套学说。这些"后世之见"自以为继承了孔子的学说，把自己的学说认祖归宗于孔子，这叫"非其鬼而祭之，谄也"[①]。

匏瓜：（笑）此可谓一棒子打死乎？

木铎：你说我一棒子打死，大概还是被那些谬见缠绕着，一时无法解脱出来。既然这样，我们再来看一个例子，你就会发现那些解说为什么不通了。请看这句话——

> 子曰：君子而不仁者有矣夫，未有小人而仁者也。（《宪问》）

如果把仁解释为"爱之理，心之德"之类，那么我请问：小人也是人，难道没有"爱之理，心之德"吗？没有"良知良能"吗？没有"心之本体"吗？这一章，朱熹《论语集注》给人的印

---

① 语见《论语·为政》。

象就是无法应对,只引用了"谢氏"的一句话:"君子志于仁矣,然毫忽之间,心不在焉,则未免为不仁也。"这完全是不着边际的理学之谈。

鲍瓜:果然,先生把这一章搬出来,确实很能说明问题呀!小人也是人,怎么可能没有"爱之理,心之德"?怎么可能没有"良知良能"?

木铎:我们解说孔子的仁,必须贯通《论语》全书而畅通无阻,这种解说才能成立;如果有一例解释不通,就说明这种解释是有问题的。按照传统解释,这一章根本解释不通,以至于韩愈怀疑这一章的"仁"字是"备"字之误:"'仁'当为'备'字之误也。岂有君子而不仁者乎?既称小人,又岂求其仁耶?吾谓君子才行或不备者有矣,小人求备,则未之有也。"[①] 韩愈的怀疑,是解释不通后不得不萌生的想法。

鲍瓜:这一章的君子和小人,应该是以位言?

木铎:我们讨论过,《论语》的"君子",有时候侧重于"以德言",有时候侧重于"以位言",但"君子"之命意一定是德位相兼的,二者缺一,就称不上君子。那为什么孔子还说"君子而不仁者有矣夫"呢?请看我的解释——

首先,我之前把君子定位为实然与应然之张力的指示,君子虽然德位相兼,但一个君子能不能基于实然之现实,而达成应然之理想,这是需要各种条件的。实然与应然之张力是亘古存在的,这是一种本体论的张力,旧的张力消除了,又会产生新的张力。这是因为人类总是基于现有的情况而提出新的问题和新的任务,所以即便是君子,也有可能成就不了仁——此之谓"君子而不仁者有矣夫"。

[①] 程树德:《论语集释》(下),中华书局2013年版,第1101页。

其次，这里的仁是动态意义的，是包括行动的根据、行动的目标、行动的方法、行动的过程等意义于一体的指示。因此很显然，除非君子永远处于化解张力的成仁状态中，否则也有可能"不仁"；至于小人，其德其位都不具备成就仁的条件——此之谓"未有小人而仁者也"。

综上所述，此章的"仁"如果解释为"爱之理，心之德""心之本体""良知良能"之类的，一定是解释不通的。一言以蔽之，这些后世之见背离了孔子说仁的要旨，不是仁的本义。这是用"名词时代"的死概念去解释"动词时代"的活指示必然造成的思想后果，也是"德行"堕落为"德性"的思想后果。

鲍瓜： 我感觉被说服了。孔子的仁作为"动词时代"的行动指示，有没有什么更深远的命意？

木铎： 孔子自称"述而不作，信而好古"，他的学说是对先王之道的一种遵循——这是"述"的意思。不过，孔子又说"我非生而知之者，好古，敏以求之者也"，我们之前说过，"敏以求之"就是审当地求之。那么，孔子"求"到了什么？我尝试分析一下。

人类共同存在于世间，是一个共在的整体，或者说命运共同体。什么样的共在才是最可欲的？又如何成就这种共在？围绕这两个根本问题，孔子从尧舜以来的先王之道中获得了重大启发。什么启发呢？那就是，礼乐的共在方式是最可欲的，而且礼乐也是实现这种共在方式的现实途径。换言之，礼乐既是人类共在之美的目标，也是成就人类共在之美的手段。问题在于，到了孔子的时代，礼乐面临着崩坏的局面。怎么办呢？孔子认为不是礼乐本身出了问题，而是礼乐所表达的内容、方式和时代脱节了。如何解决这一问题呢？从理论上说，无非是让礼乐所表达的内容、方式重新符合于时代的要求就行了。但是，这个表述只是一个同义反复。

孔子的思想当然不只是同义反复，他要找到一条出路，这条出路何在？孔子通过"敏以求之"，发现先王之道隐藏着一个未曾言明的主旨，那就是仁。仁暗含在先王之道——礼乐——中，孔子把它明确地提出来，通过反复的指示和点拨，让仁的意义昭彰于天下。《八佾》篇的第三章，孔子的良苦用心暴露无遗——

> 子曰：人而不仁，如礼何？人而不仁，如乐何？（《八佾》）

这句话中的仁，按照传统的解释，无非是自创一套道德哲学的概念，无法切中孔子的良苦用心。孔子提出仁，是一个伟大的哲学突破。这个突破绝不是创造了什么道德哲学的概念，而是对先王之道进行彻底的考察，使之上升为自觉的哲学意识，并付之于行动——这是孔子提出仁的开创性意义。古人云"天不生仲尼，万古如长夜"，只有在这个意义上才能获得恰当的理解。

鲍瓜：也就是说，只有到孔子提出了仁，人们才开始自觉意识到礼乐的伟大意义？

木铎：可以这么说，也必须这么说。如果我们梳理中国上古史，可以发现一条大致的线索。在尧舜之前，礼乐尚未成为人们的生活方式，即便有一些雏形，也仍然停留在自然宗教的状态，那时候人类生活的基本诉求是"利用厚生"。到了尧舜之后，由于礼乐开始形塑人们的生活方式，"利用厚生"加入了新的内容，变成了"正德利用厚生"①，人类生活达到了"钦明文思安安"②的境界，群体的生活不只是满足物质的需求，还获得了精神的安顿，这是礼乐的功劳。到西周创立封建制度，周公损益夏殷之礼乐，与时偕行，制作礼乐，而成就一代礼乐之盛况，所谓"周监于二代，

---

① 语见《尚书·大禹谟》。
② 语见《尚书·尧典》。

郁郁乎文哉"。

在孔子之前，人们对礼乐的认识还停留在知其然而不知其所以然的状态，还处于自发的阶段，人们知道礼乐可以安顿生活、服务政治，至于礼乐何以能如此，尚未见到深刻的哲学反思。只有到了孔子，对礼乐的认识才达到哲学的自觉，礼乐的意义才被充分彰显出来。这集中体现在，孔子把《诗》《书》中偶尔出现的仁字拈出来，首次赋予仁以特别的意义，对仁给出各种指示和点拨。请看孔子的原话——

子曰：礼云礼云，玉帛云乎哉？乐云乐云，钟鼓云乎哉？（《阳货》）

这句话的潜台词是，当时很多人无非是从表象上来理解礼乐，认为礼不过就是玉帛这些东西，乐不过就是钟鼓这些东西。不难想象，孔子这句话正是对这种表面认识的当头棒喝，让人们不要只是执着于表面的东西，而要深入思考礼乐的深刻意义。

鲍瓜：请允许我梳理一下思路。孔子的学说来源于先王之道。先王之道就是礼乐。礼乐能够成就人类的共在之美。可是，到了孔子的时代，礼乐面临崩坏的局面。为了应对这种局面，孔子提出了仁，试图在仁的统率下，让礼乐重新与时代的要求吻合。可是，单凭一个"仁"，又如何做到这一点呢？

木铎：问得好！光凭一个"仁"，很难说清问题，更别说解决问题。仁作为成就人类共在之美的行动指示，内在地包含着长人安民的命意。所谓长人安民，就是要让人群的生活能够不断生长，民众的生活能够获得安顿。《尚书》讲的"生生"[①]和"安安"[②]，

---

① "生生"多次见于《尚书·盘庚》。
② "安安"见于《尚书·尧典》。

就是表达这个意思。《论语》中孔子多次以"安"来指示"仁"[1];至于"生生",孔子没有大加发挥,而是默认为天人一贯的事实,无需多言[2]。

鲍瓜:也就是说,仁包含着长人安民的意义,这一点是孔子赋予的?

木铎:没错,虽然孔子只是给出了一些指示。

鲍瓜:那仁如何才能成就长人安民呢?

木铎:光凭一个"仁",显然是不充分的。所以孔子还特别强调"知",经常把"仁"和"知"并提。事实上,孔子认为"仁"和"知"是相互构义的,我称之为"仁知互涵"——这个论断我们后面再详细讨论。这里我先大致说一下。"知"的一个重要指标是知"义",这从樊迟问知,孔子回答"务民之义"可以看出。所以孔子又特别强调"义",这是为了解决礼乐与时代脱节的问题而提出来的指示性字眼。"义"代表着时代和人民的客观需要,"务民之义""义之与比""君子喻于义"等说法表达了这一意义。"义"需要人的勇力来承担,所以孔子又提出"勇"。"勇"是对"义"的担当,并以"义"为导向,孔子说"见义不为,无勇也","君子有勇而无义为乱,小人有勇而无义为盗"。故而孔子又常把"知""仁""勇"三者并提。"勇"对"义"的承担必须付诸行动,其行动方式是"礼",礼强调在相互往来中的逊让和信任,所以说:"君子义以为质,礼以行之,孙以出之,信以成之。君子哉!"

鲍瓜:经您这么一说,感觉孔子的那些"概念"似乎有一个

---

[1] 如《里仁》"仁者安仁";《宪问》子路问君子,孔子回答"修己以安人""修己以安百姓";又《阳货》宰我问三年之丧,孔子反问"于女安乎",宰我回答"安",孔子斥之"予之不仁也"。
[2] 《阳货》载,孔子自称"予欲无言",子贡追问,孔子曰:"天何言哉!四时行焉,百物生焉,天何言哉!"

特定的结构呀？

木铎：没错，所以我们说《论语》是论道之书，是阐发先王之道的真实记录。孔子的学说有一个相互关联的意义生态和话语体系，服从一个内在的结构。只有把这个结构揭示出来，才能摆正各个"概念"的位置，澄清各自的命意。不过，这是另外一个话题，还是留待下一场来讨论吧。

第六场

孔子如何理解政治的原则高度？

鲍瓜：木铎先生，今天我想接着上次的问题继续请教：孔子学说的内在结构到底是怎样的？

木铎：要解决这个问题，我们得先思考另一个问题，否则，我们不可能真正厘清孔子学说的结构。

鲍瓜：什么问题？

木铎：我这样来表述吧。一种真正的学说一定是有结构的，并且这个结构很大程度上是对生活结构的反映——这种反映越准确，这个学说就越有生命力。当然，孔子的学说不仅仅是对现实生活的机械反映，孔子还力图"撬动"现实生活。

鲍瓜："撬动"这个词很生动呀，可是怎么"撬动"呢？

木铎：任何结构都有主动脉，不管是学说的结构还是现实的结构。孔子的学说与现实生活不是"两张皮"，而是紧密相关的。君子是孔子学说与现实生活的连接点，是"撬动"现实生活的主动脉。君子的"天职"就是要"撬动"现实生活的结构，使之不断趋于完善，成就共在之美。我说这是君子的"天职"，需要善加领会。"天职"不是来自外在的神秘力量，就来自现实生活的内在规定。领悟这个规定，是君子的"天命"。所以孔子说君子"畏天命"，"不知命，无以为君子也"。

鲍瓜：您说"天职"来自现实生活的内在规定，我一时还领悟不了。

木铎：这其实就是"天视自我民视，天听自我民听"[①]的意思。现实生活一定有它的结构，不管这个结构是否被人们把握住，它就在那里。君子作为现实生活的主动脉，其使命就是要实现"人不知而不愠"的共在之美。君子如果对现实生活一无所知，对构成现实生活的主体——民心民意——一无所知，他又如何能做到这一点呢？

鲍瓜："按您的分析，"天命"和"天职"不是来自某个外在的神秘力量，而就是来自人民的现实生活？

木铎：正是此义。

第17节　孔子的工具理性与价值理性

鲍瓜：按您的分析，孔子认为君子"畏天命"，而"天命"并不是来自外在的神秘力量，就来自人民的现实生活。这个观点可以具体解说一下吗？

木铎：我们不会否认这样一个观点：人类的现实生活一定会形成某种结构。如果我们进一步追问：现实生活之所以形成如此这般的结构，是由什么力量造成的呢？

鲍瓜：我想还是由于人的活动。

木铎：只能是人的活动造成的。于是我们要进一步追问：在塑造现实结构的活动中，哪些人的活动具有决定性的意义？

鲍瓜：人民？君子？君王？

木铎：我们问的是，哪些人的活动具有"决定性"的意义？

[①] 语见《尚书·泰誓中》。

就此看来，人民的活动才具有决定性的意义。不过，君王（包括君子）的活动也是十分重要的，因为他们位居上层，掌握着一个社会的主导力量——诸如权力、土地、资源等。但问题在于，这些力量归根到底仍然来自人民的现实生活。你可以设想一下，如果把人民的现实生活取消掉，君王的活动还可能存在吗？

鲍瓜：当然不可能存在。问题是，您说这些力量归根到底来自人民的现实生活，如何理解这个"来自"？其方式是怎样的？

木铎：思考这个问题需要一点抽象思维。简单说吧，之前你曾提到《中庸》的那句话——"人道敏政，地道敏树"，这句话实际上可以回答你的问题。

鲍瓜：……有点明白了。

木铎：一时还想不透彻，也不要紧，我们慢慢来。"人道敏政，地道敏树"这个论断表明，为政者不能不顾人民的现实生活，只按照主观的意愿，凭空设计一套制度出来；如果凭空设计一套制度，它也不可能落地生根，因为它脱离了现实生活。那么，为什么一个社会会出现各种问题呢？比如孔子的时代，原本如此美好的礼乐制度，为什么会崩坏呢？

鲍瓜：问题出在上层？

木铎：没错，人类共在的一切问题，如果我们追根溯源，大多都出自上层。《论语·八佾》篇集中讨论礼乐——讨论礼乐崩坏的各种问题，还记得开篇第一章讲什么吗？

鲍瓜：孔子谓季氏八佾舞于庭："是可忍也，孰不可忍也！"

木铎：编者把这句话放在开篇第一章，用心良苦呀。它隐含着这样一条思路：人类共在的一切问题，大多是出自上层的胡作非为，而不是出自人民的现实生活，也不是来自什么人性的本源之恶。

鲍瓜：可是，上层为什么会出现这些问题呢？

木铎：当我们这样追问，我们仍然要回归人民的现实生活去寻找，但不是归因于人性的本源之恶，也不是像墨子那样认为是人与人之间不相爱——墨子只是在重复问题（同义反复），并没有回答问题，而是要溯源到一种根本的力量，这种力量是历史本身造成的，它不取决于任何一个人，而是所有人的共在活动综合出来的结果。这种力量我们很难命名，但它现实地存在着——孔子那时候概念还不发达，所以称之为"天命"，有时候也单独称之为"天"①或"命"②。

鲍瓜：君子就是要领悟这种力量，并主动承担它？

木铎：不仅如此。一方面，君子确实要领悟这种力量是客观存在的——这是实然的层面；另一方面，君子同时要意识到人的能动力量是很强大的，所以孔子说——

子曰：人能弘道，非道弘人。（《卫灵公》）

这句话表明，孔子坚信，能不能弘道仍然取决于人的努力。如果人放弃努力，自绝于道，那么道是不可能主动找上门来的。也就是说，道是由人之努力来承担并不断弘大的——这是应然的层面。既洞察到实然的客观力量，又承担应然的能动力量，这是君子的天命。"天命"这个词在孔子那里并不神秘，它就是实然与应然之张力的指示，君子应该积极主动地去承担这种张力。

孔子说"君子有三畏"，"畏天命"排在第一位。"畏天命"具体表达为君子"志于道""志于仁""志于学"的活动。正因

---

① 《子罕》："子畏于匡。曰：'文王既没，文不在兹乎？天之将丧斯文也，后死者不得与于斯文也；天之未丧斯文也，匡人其如予何？'"
② 《宪问》："子曰：'道之将行也与？命也。道之将废也与？命也。公伯寮其如命何！'"

为君子是这样的人,故"唯君子为能通天下之志":一方面纠正上层的错误——"以道事君"①,一方面洞察下层的需求——"务民之义"②,把上下沟通起来,实现良性的互动。我们说君子是人类共在的"大动脉",正是这个喻义。

鲍瓜:我发现,您上面的分析,实际上包含两个维度:共时性维度和历时性维度。君子作为"通天下之志"的大动脉,从共时性维度说,就是要打通人类共体的上下层级关系,实现君意与民意的良性互动;从历时性维度说,君子既要洞察现实生活的客观力量——实然层面,又要发挥人能弘道的能动力量——应然层面,主动承担实然与应然之张力,不断成就人类的共在之美。

木铎:总结得非常棒!可见,孔子既是现实主义者,也是理想主义者,是现实主义与理想主义的统一。"现代学术"有所谓工具理性与价值理性的区分。其实,孔子老早就做出这种区分了,只是没用明确的概念表达出来而已。我们看孔子的原话——

> 子曰:君子谋道不谋食。耕也,馁在其中矣;学也,禄在其中矣。君子忧道不忧贫。(《卫灵公》)

鲍瓜:这段话的字面意思背后,如果灵活地理解,确实包含着工具理性和价值理性的区分,也就是谋食和谋道。

木铎:孔子的高明在于,一定要让价值理性来统率工具理性,让"谋道"来统率"谋食"。当然,他不会要求所有人都这样——这是不现实的,他只寄希望于君子。所以,当樊迟想去"学稼""学为圃"的时候,被孔子斥为"小人"。孔子坚定价值追求,哪怕可以不去从政,也不放弃价值追求——"以道事君,不可则止",

---

① 语见《论语·先进》。
② 语见《论语·雍也》。

"笃信好学，守死善道。危邦不入，乱邦不居。天下有道则见，无道则隐"①，这些话充分表明了孔子的志向。真正的志向是不可剥夺的，无论面临什么条件——子曰："三军可夺帅也，匹夫不可夺志也。"②

鲍瓜：到现在，我对君子的"天职"和"天命"理解得更深了。

木铎：我们有必要再解释一下孔子的这段话——

子曰：君子不重则不威；学则不固。主忠信；无友不如己者；过则勿惮改。（《学而》）

这是《学而》篇的第八章。《学而》开篇首章提出："人不知而不愠，不亦君子乎？"正式点出君子的使命就在于实现"人不知而不愠"。到第八章，孔子第一次正式阐明君子的真实命意。把这一章理解透彻，什么是君子，就一清二楚了。

鲍瓜：这一章的争议可不小呀！特别是"君子不重则不威，学则不固"和"无友不如己者"这两句。

木铎：我们先来看"君子不重则不威"到底该怎么理解。这句话的关键是"重"字。你看到的解释是怎样的？

鲍瓜：孔安国把"重"解释为"敦重"，朱熹解释为"厚重"。

木铎：这样解释过于拘泥了。读《论语》这样的书，过于拘泥是很难把书读活的。

鲍瓜："重"该怎么解释呢？

木铎："重"解释为敦重、厚重，原则上是可以的，但显得迂腐，不能尽孔子之义。问题在于，敦重、厚重，描述的是人的性情，

---

① 语见《论语·泰伯》。
② 语见《论语·子罕》。

而性情怎么可以勉强呢?① 解释《论语》,最好的文本依据就是《论语》自身。《论语》"重"字出现了四次,另外三次是——

> 曾子曰:士不可以不弘毅,任重而道远。仁以为己任,不亦重乎?(《泰伯》)
> 所重:民、食、丧、祭。(《尧曰》)

可见,"重"不只是敦重、厚重这种性情上的事,更主要是一个人自己对什么有所重视,自己究竟以什么作为价值追求,自己怎样承担自己所重视的价值允诺。从曾子"仁以为己任,不亦重乎"和"所重:民、食、丧、祭"这两句话来看,"重"的意义很明白:君子的生命必须有所重视,并由此确立一切行动的重心。因而,"君子不重则不威"可以这样解释:在位君子如果不对自己所承担的天职有所重视,就不可能树立与之相匹配的威严。"威"或"不威"明显是从位置而言,一个平民谈不上"威"或"不威"。换句话说,在位君子要真正重视自己的位分职能,主动承担自己的职位所赋予的天命天职,真实而有所"重"地去作为行事。②

匏瓜:通透! 那么"学则不固"呢?

木铎:君子如何才能做到"重"? "学则不固"就是顺着这个话题说下来的——请注意那两个"则"字,两个"则"字表明语义是顺承下来的。"固"是固蔽的意思。君子必有所"重",但"重"不是冥顽不化。一个人不学,最容易固蔽不化。"子绝四","毋固"居其一③。不学的人容易"固"。这正是孔子提醒子路"六

---

① 参见[日]松平赖宽:《论语征集览》(上),上海古籍出版社2017年版,第66页。
② 参见谭家哲:《论语平解》,漫游者文化事业股份有限公司2012年版,第95页。
③ 语见《论语·子罕》。子绝四:毋意,毋必,毋固,毋我。

言六蔽"①所说的内容。去除固蔽，唯有学而已。学的主干，在"主忠信"②。君子"以友辅仁"③，而"同志为友"，为了做到"主忠信"，一定要有志同道合的友，相互勉励提携，所以孔子告诫"无友不如己者"。人非圣贤，孰能无过？有了过失，加以改正，善莫大焉，所以说"过则勿惮改"④。这一章是环环相扣说下来的。

鲍瓜：这样解释非常通顺。

木铎：整段话的重心是"重"字。君子首先要"重"，否则就有可能"君子而不仁者有矣夫"。其实，普通人生活一辈子，如果一无所"重"，那也就庸庸碌碌过一生罢了，与行尸走肉无异，这叫"未有小人而仁者也"。

第18节　人的认知限度与意义的本源

鲍瓜：有了上面的讨论为铺垫，我们接着可以讨论孔子学说的结构了吧？

木铎：现在可以讨论了，不过还需要探讨一个引导性的问题。我们说过，孔子的学说不是那种脱离现实生活的理论构造。孔子自始至终就关注现实生活，力求基于现实生活的客观力量来实现人类的共在之美。如何能够做到这一点呢？解决这个问题，孔子不得不追问另一个更为根本的问题。

---

① 语见《论语·阳货》。子曰："由也，女闻六言六蔽矣乎？"对曰："未也。""居！吾语女。好仁不好学，其蔽也愚；好知不好学，其蔽也荡；好信不好学，其蔽也贼；好直不好学，其蔽也绞；好勇不好学，其蔽也乱；好刚不好学，其蔽也狂。"
② 可参见《论语·述而》。子以四教：文行忠信。
③ 语见《论语·颜渊》。
④ 可参见《论语·公冶长》。子曰："已矣乎！吾未见能见其过而内自讼者也。"另可参《论语·卫灵公》。子曰："过而不改，是谓过矣。"

鲍瓜：一个更为根本的问题？

木铎：这个问题就是：人类现实生活的秩序是怎么形成的？如果这个问题不解决，如何成就共在之美的问题就是无根基的。

鲍瓜：对呀！可是，人类的现实生活一定会有某种秩序吗？——我之所以这样问，是因为人类往往遭遇这样的时候，那就是秩序不立或秩序紊乱，比如礼坏乐崩的情形。

木铎：没错，是有这样的时候，甚至这种时候还是常态呢。问题在于，礼坏乐崩为什么会发生呢？它之所以发生，是不是意味着有另外的某种秩序正在兴起和生成？套用马克思的话"物质力量只能用物质力量来摧毁"，我们也可以说：秩序力量只能用秩序力量来摧毁；一种非秩序的力量是不可能摧毁既成秩序的力量的。如果我们思考得彻底一点，就会认识到：秩序一定是存在的，不管它是处于兴起的状态还是处于崩溃的状态。同时，这意味着我们又必须承认：没有一成不变的秩序，秩序自身也是一个生长的生命体，也有自己的演变历程。甚至，秩序就不是某种单一的东西，它是由各种因缘条件相互促动而不断生成的。于是，问题仍然回到这个起点：秩序是怎么生成的？

鲍瓜：思路严密，完全同意。

木铎：好了，我们现在就探讨这个问题。实际上，《论语》开篇第一句话就隐藏着这个问题的伟大思考。

鲍瓜：您是说"学而时习之，不亦说乎"？

木铎：还记得我们是怎么解释这句话的吗？

鲍瓜：您是这样解释的：学了而适时地反复践行，不也会因开解而愉悦吗？

木铎：好记性。我们现在来阐释一下这句话的道理。我提一个问题，请想想：开解（说）是怎么发生的？

鲍瓜：我想……是因为学了之后反复践行而带来的效果？

木铎：没错。"学而时习之，不亦说乎"是说：学一个对象，适时地反复践行，达到一定的程度，自然会获得开解的效果。开解意味着，这个对象不再是一个外在的对象，而是转化为身体自身的行为——化为人的生命活动。这表明：人的认知（开解）来源于人的践行（学习）。你有什么样的践行，就会有什么样的认知；你的践行达到什么样的程度，你的认知就会达到什么样的程度。这样的例子不胜枚举，比如学习各种技能——开车、书法、绘画、语言等。我们重点说一下礼乐——这是孔子的主题。礼乐不是理论知识，而是人类共在的行事，一种美的行事。学习礼乐因而是一个践行的过程。你践行礼乐达到什么程度，你对礼乐就会获得相应的认知——就算这种认知还不是自觉的，你也会融化在礼乐中——这叫"百姓日用而不知"。相反，如果你从来不去践行礼乐，你对礼乐就一无所知，礼乐对你而言就是"身外之物"。践行礼乐达到一定的程度，转化为自己的行为，礼乐就好像从另外某个地方来到你的身上似的，成为你的"身内之物"。所以《乐记》说："礼乐皆得，谓之有德。德者得也。"这是中国古人对"德"的独特理解。

鲍瓜：妙哉！妙哉！

木铎：明白这一点，我们现在来解释孔子的两句话——

子曰：兴于诗，立于礼，成于乐。（《泰伯》）
子曰：民可使由之，不可使知之。（《泰伯》）

鲍瓜：第二句话争议可大了。

木铎：第一句话我们解说过了，这里又列出来是为了照顾语境。重申一下我的解释原则：首先，这两句话都编在《泰伯》篇，因此，其意义不能脱离这一篇的主旨——这是大语境；其次，这两句话是顺着编排的，是排在一起的，因而它们可能有某种意义关联——

这是小语境。先看大语境。《泰伯》篇的主旨是正道之德行，通过各种层次的人物来探讨达成共在之美的德行到底是什么样的。上一章"兴于诗，立于礼，成于乐"是总论德行生成的三大要目（诗、礼、乐），并指出这三大要目对人类共在的意义（兴、立、成）。下一章是对在位者谈如何以德化民的总原则。孔子认为，在位者以德化民，不能违背"民可使由之，不可使知之"的原则。

鲍瓜：如何理解这个原则？该不会是愚民主义吧？

木铎：不仅不是愚民主义，相反，这是孔子重民主义的总纲领。

鲍瓜：重民主义？怎讲？

木铎：我们先把字面意思梳理通顺，再来讨论这句话的深刻道理。这句话有几个关键字：民、由、知、之。前面说过，"民"是为政对象的总称，是一个集合之辞。"由"是行、用的意思，不过要注意，"由"指行、用，是指那种有所凭借、有所根据的行、用。孔子有一句话最能说明这一点："谁能出不由户？何莫由斯道也！"人走出屋外总要"由"户[1]，总不能从天花板出去。因而"由"是指有所凭借的行、用，往往指"由道"。《论语》的"由"字除了指子路外，都是这个意思。[2] "知"，我们解释过，是指人与外物（包括人）相接而知契的意思。"之"，指代道，也就是上一句"诗礼乐"所指示的先王之道。字义疏通后，我把这句话解释为——

　　孔子说：民可以让他们由道，不可以让他们知道。

---

[1] 门户有别：两扇为门，一扇为户。
[2] 如《学而》"先王之道斯为美，小大由之"；《为政》"观其所由"；《雍也》"谁能出不由户？何莫由斯道也"；《子罕》"虽欲从之，莫由也已"；《颜渊》"为仁由己，而由人乎哉"。

鲍瓜：为什么不可以让民知道？

木铎：我就料到你会这样问（笑）。我稍微展开解说一下。孔子的完整意思，其实是这样的：民可以让他们由道（而知道），不可以让他们（不由道而）知道。《论语》文字简约，所以简记为"民可使由之，不可使知之"。言外之意是，孔子认为先王之道，必须让百姓去用、去行（由之），他们才会感同身受，有真切的体会；如果他们不去用、不去行，光凭一套外在的灌输（知之），他们不会感同身受，不可能有真切的体会。

鲍瓜：原来是这个意思。您说这句话是孔子重民主义的总纲领，怎么讲？

木铎：读《论语》只要足够仔细，就可以清晰地读到孔子对民的重视。《尧曰》明确记载"所重：民、食、丧、祭"，民排在第一位，这是最直白的表达了，说孔子是"重民主义"，没问题吧？关键是，我们要真正理解孔子重民的思路是怎样的。孔子对民的重视不是停留在口号上，不是对民灌输一套外在的理念，而是落实为在位者对自己位分职能的重视，这就是前面我们讲"君子不重则不威"所表达的。真正的重民，一定会落实为在位者的自重，这是由中国人对君民关系——也是天人关系——的理解所决定的。

鲍瓜：此话怎讲？

木铎：中国古人把君民关系理解为天人关系的政治表达，也就是"天视自我民视，天听自我民听"所讲的道理。因此，君事即天事，君职即天职。天事、天职，归根到底就是民事、民职。既然君事即天事，君职即天职，在位者岂能不自重？自重就意味着敬天，敬天就意味着重民。"天—君—民"三者是环环相扣的。

具体来说，在位者的自重有这样两层意思。第一，在位者要清醒认识到自己的天命天职，认识到自己的职位归根到底是来自于人民，也是为了人民。因此，在位者必须把对民的重视落实为对自己位分职能的重视，落实为自重——这是由君民的同构关系决定的。第二，在位者的自重要把修己与治人区分开来，严以律己，宽以待人。这一点十分重要。为什么？因为在位者掌握权力、土地等各种力量，严以律己是天经地义的；对人民则要宽，"宽则得众"①，如果"居上不宽"②，就意味着权力的骄横和滥用。"宽"还有一个命意，就是在位者要谦逊、宽大，礼让为国，不要干预百姓的生活，以便充分释放人民的自主性和创造力。中国古代的政治哲学，除了法家之外，都主张权力尽量收敛，收敛以至于无形，以便让天下人的活力充分释放出来，这叫"藏天下于天下"③。反之，如果权力不收敛，膨胀、骄横、滥用，结果只会是与民争利，限制人民的自主性和创造力。

鲍瓜：这也就是"无为而治"的意思咯？

木铎：没错。我们总结一下上面的讨论。孔子认为，人类共在一定会有某种秩序；这种秩序是在人民的现实生活中形成的。秩序一旦形成，就会表达为特定的力量。秩序力量不能通过强力去推行，只能通过参与到秩序中，通过习行达到与之同化的效果。这些道理，孔子没有明白说出来，而是隐藏在"学而时习之，不亦说乎""民可使由之，不可使知之"这些简朴而深刻的论断中。

鲍瓜：我现在越来越领略到，为什么说《论语》是"最上至极宇宙第一书"了。

木铎：既然秩序是由人类共在的各种行为综合互动而形成的，这也就意味着，没有哪个人可以凭空设计出一套秩序来，是不是这个道理？如果把历史比喻为一个剧本，这个剧本是谁创作的呢？

---

① 《论语》中"宽则得众"出现二次，见于《阳货》《尧曰》。
② 语见《论语·八佾》。
③ 语见《庄子·大宗师》。

马克思讲，人既是"剧作者"，又是"剧中人"[①]，这与"民可使由之，不可使知之"的道理其实是相通的。

鲍瓜：是的，按您的解释，道理是相通的。

木铎：那么，据此，我们可以推出一个结论：人不是全知全能的。你能同意吧？

鲍瓜：人不是神，当然不是全知全能的。

木铎：也就是说，人的认知是有限度的，人不可能知道所有的事物。至少，我们可以指出两点，这两点是人类绝不可能全盘知道的。第一，天的力量，那种生生不息的力量本身，是人类不可能彻底知道的，人类只能顺从这种力量而生活。由此，人必须敬畏天道，敬畏天命。同意吧？

鲍瓜：同意。

木铎：第二，人也不可能知道人类共在的一切细节、一切环节。人类共在的世界不像物理世界那样，可以放入数学公式中被精确地描述出来。人所能知道的，而且仅仅是大致知道的，不过是人类共在的各种行为的结果，也就是"人文化成"而来的秩序。由此，人必须敬畏秩序，敬畏人道。同意吧？

鲍瓜：同意。

木铎：这个意思，其实恩格斯也表达过的——

> 历史是这样创造的：最终的结果总是从许多单个的意志的相互冲突中产生出来的，而其中每一个意志，又是由于许多特殊的生活条件，才成为它所成为的那样。这样就有无数互相交错的力量，有无数个力的平行四边形，由此就产生出一个合力，即历史结果，而这个结果又可以看做一个作为整

---

① 《马克思恩格斯文集》（第1卷），人民出版社2009年版，第608页。

体的、不自觉地和不自主地起着作用的力量的产物。①
・・・・・・・・・・・

鲍瓜：恩格斯讲，由人的各种活动综合而成的历史结果，是一种"不自觉""不自主"的力量造成的？

木铎：对。不过要注意，恩格斯强调这种"不自觉""不自主"的力量，是"作为整体"来说的，不是就每一个个体来说的。每一个个体当然可以规划自己的人生，但是作为整体的历史结果却不是由任何一个个体来决定的。孔子的独特之处就在于，他特别重视个体的力量，不管整体的结果如何，一个君子也要按照仁的要求去弘道，"守死善道"，"知其不可而为之"。

鲍瓜：由此可见，孔子为什么寄厚望于君子这个群体了。

木铎：这正是孔子的伟大之处：一方面，孔子绝不是一个屈服于现实的人，他一定要撬动这个不完美的现实，使它不断趋向美好——能够成就这一点的，他寄希望于君子这个群体；另一方面，孔子又深刻认识到人类的局限性，因而必须重视人类已经形成的秩序——先王之道，这是克服人类局限性的不二法门。不二法门的意思是说，人类只能依靠人类自身的力量来解决人类自身的问题，依靠人类行动所形成的秩序来化解秩序自身的问题，这个意思马克思表达为"物质力量只能用物质力量来摧毁"。所以，孔子认为，人们不应该去攻击"异端"，那样只会带来害处。

鲍瓜：您这是说"攻乎异端，斯害也已"这句话吗？

木铎：正是。这句话很重要，我们现在就来解释这句话，以及这句话的下一句话——

> 子曰：攻乎异端，斯害也已！（《为政》）

---

① 参见《马克思恩格斯文集》（第10卷），人民出版社2009年版，第592页。着重号为引者所加。

子曰：由诲女，知之乎？知之为知之，不知为不知，是知也。（《为政》）

鲍瓜：您的句读和传统不一样，"由诲女，知之乎"，为什么这么断句？

木铎：两点理由：第一，读为"由诲女，知之乎"，才符合语言的节奏，读为"由，诲女知之乎"不合语言节奏，你可以默念体会一下。第二，这个"由"字不是指子路，而就是"民可使由之"的"由"字。如果是指子路，按《论语》的文法，必须记为"由也，诲女知之乎"。

鲍瓜："由"不是指子路？

木铎：我敢拿我的脑袋担保："由"绝不是指子路！

鲍瓜：（笑）我相信您的脑袋可以担保这一点；不过，您说"按《论语》的文法"，有什么根据？

木铎：当然有根据。按《论语》的文法，凡是孔子称呼弟子，都在名字后加一个虚字，最常用的是"也"字，偶尔也用"乎"字，比如"由也""回也""赐也""求也""雍也""赤也""参乎"等。名字后加虚字，主要是起到舒缓语气的作用。①

鲍瓜：没有例外的情况吗？

木铎：《论语》全书只有两处"例外"。一处是《先进》篇的末章，四位弟子陪侍孔子，孔子点名问各自的志向："求！尔何如？""赤！尔何如？""点！尔何如？"另一处是《季氏》篇的首章，"季氏将伐颛臾"，冉求和子路当时是季氏的家臣，向孔子报告这件事，孔子当面训斥："求！无乃尔是过与？"这

---

① 王夫之《说文广义》云："也"之词较缓，微有咏叹之意焉。称人之名而加之"也"者，有言其人而思惟之之意。自称名而加之"也"者，有反自省念之意。皆缓辞也。参见［清］王夫之：《船山遗书》（第八册），中国书店2016年版，第243页。

两处之所以"例外",一是因为点名提问,一是因为当面训斥,其辞激切,所以不加虚字。

鲍瓜:"由诲女,知之乎","由"不是子路,那这句话该怎么解释呢?

木铎:"由"就是"由道"的省略语,可以理解为生命的践行。"由诲女,知之乎"是说:"生命的践行在启发你,知道其中的道理吗?"俗话说"养儿才知父母恩",有一些道理是必须经历与这些道理相关的事情才能真切地明白的。黑格尔讲,同一句话从一个小孩口中说出来,和从一个老人口中说出来,意味是大不一样的。"由诲女,知之乎"表达的就是这个道理。而这个道理正是"知之为知之,不知为不知"的根据,也就是说,"知之"或"不知",取决于"由",有其"由"则有其"知",无其"由"则无其"知"。一言以蔽之:"由"而生"知","知"本于"由"。孔子这是在论述"由"与"知"的本源关联。懂得这个关联,才称得上智慧(是知也)。

鲍瓜:原来如此!

木铎:你想想,为什么孔子在说了"攻乎异端,斯害也已"之后,紧接着说"由诲女,知之乎"这句话呢?他就是要为"攻乎异端,斯害也已"给出一个哲学的阐明。

鲍瓜:"攻乎异端,斯害也已"这句话也有不同的解释。

木铎:你看到的解释是怎样的?

鲍瓜:杨伯峻和钱穆是这样解释的——

孔子说:批判那些不正确的议论,祸害就可以消灭了。[1]
先生说:专向反对的一端用力,那就有害了。[2]

---

[1] 杨伯峻:《论语译注》,中华书局 2012 年版,第 24 页。
[2] 钱穆:《论语新解》,九州出版社 2011 年版,第 27 页。

木铎：（微笑）杨伯峻解错了后半句，钱穆解错了前半句。

鲍瓜：噢？

木铎：杨伯峻错解了"也已"，把"已"字错解为停止、消灭。"也已"是句尾语气词，在《论语》中出现过多次，这点常识杨伯峻居然没注意到，真是令人吃惊！钱穆错解了"攻"字。"攻"字在《论语》中出现了四次[1]，全都是攻击的意思，不是"攻治"（用力）的意思。孔子想表达的意思就是：攻击异端，只会带来害处。

鲍瓜：为什么呢？

木铎：因为异端作为一种"知"，不是凭空来的，一定有其行为上的依凭——"由"。你只去攻击"知"，而不触动它的本源——"由"，这种攻击没有任何意义，只会带来各种无谓的冲突，造成人类共在的内耗。比如一个中国人去攻击基督徒的上帝信仰，或者反过来一个基督徒去攻击中国人的孝道精神，有什么意义呢？中国人并不把上帝信仰作为生活的"由"，基督徒也并不把孝道作为生活的"由"，相互攻击对方的"知"有什么意义呢？一切文化批判，如果不深入文化的深层本源，都是外在批判，毫无意义。所以接下来的一句话，孔子说"由海女，知之乎"，论述"由"而生"知"的道理，并区分"知之"与"不知"，分别对待。如果不分别对待，混为一谈，这不是一个为政者应该有的"智慧"。这两章放在《为政》篇，是大有讲究的。春秋时期虽然诸子百家还没有出现，但异端已经兴起，孔子这话是提醒为政者，"知"者要"抓住事情的根本"（君子务本），不要在那些细枝末节上陷入无谓的争论。根本不同，枝叶如何能够求同？"人道敏政，地道敏树"其实也是这个意思。

鲍瓜：在这个文明冲突的时代，孔子的这句话特别有意义呀。

---

[1] 另三次为：《先进》"小子鸣鼓而攻之可也"；《颜渊》"攻其恶，无攻人之恶"。

木铎：澄清"由"与"知"的本源关联，意义重大——这是孔子的伟大贡献。《论语》有三次把"由"和"知"放在一起讨论，值得注意——

> 子曰：由诲女，知之乎？知之为知之，不知为不知，是知也。（《为政》）
> 子曰：民可使由之，不可使知之。（《泰伯》）
> 子曰：由知德者，鲜矣。（《卫灵公》）

匏瓜："由知德者，鲜矣"的"由"也不是子路吗？

木铎："由"凭什么一定是子路？除非记为"由也，知德者鲜矣"，那才可以确定是子路。

匏瓜：这句话是什么意思呢？

木铎："由"就是"由道"的省略。这句话的意思是说：由道而知德者，鲜矣。《论语》用语简朴，只记为"由知德者，鲜矣"罢了。"由"如果是子路，这句话就是一句没有任何意义的废话——无谓之言。"由"是由道，意义就大为不同了，孔子想表达的是——

> 由先王之道而知先王之德者，生生而日新矣。

匏瓜："鲜"不是少的意思？

木铎：这个"鲜"字不是少的意思。这里插一句：《论语》有些字的用法是一贯的，比如"攻"字；有些字的用法不是一贯的，根据语境而有所不同，比如"鲜"字。所以要具体情况具体分析。"鲜"在《论语》中可以表示稀少的意思，可是《论语》表达这个意思的字有四个：鲜、稀、寡、罕。这四个字又有一些微妙的不同——这里就不详细展开了。"鲜"的本义是一种鱼①。鱼的食用特性是要趁新鲜吃,所以"鲜"有新鲜之义,由此引申出稀少的意思。"由知德者,鲜矣"的"鲜"字就是新鲜的意思,我灵活解为"生生而日新"。

匏瓜:听先生解《论语》,真是脑洞大开呀!

木铎:试问如果这句话的"由"是子路,孔子对子路说"知德的人很少",有什么意义呢?对谁不可以这样说呢?"由诲女知之乎"也一样,"由"如果是子路,孔子对子路说这话又有什么意义呢?对谁不可以这样说呢?读《论语》要综合各种因素来判断,解读才准确,才能读出深意来。当然,我们不是为了求深意而求深意,我们的解读是有根据的——字义、文法、语境等。从语境说,请注意"由知德者,鲜矣"的下一章是孔子谈"无为而治"的话——

子曰:无为而治者,其舜也与?夫何为哉?恭己正南面而已矣。(《卫灵公》)

为什么把这两章排在一起?这样想想,就觉得编者是用过心的——读《论语》要经常想一想编者的用心。舜作为君王,最大的特点是"知人",他之所以能够做到"无为而治",就是因为知人善任,大家都"由道知德":由先王之道,知先王之德,自然收到"无为而治"的效果,舜自己不过是"恭己正南面"罢了。提示一下:"知德"的"知"与"人不知而不愠"的"知"一样,都有知契、匹合的意思。②

匏瓜:受益匪浅!

---

① 《说文》:鲜,鱼名,出貊国。
② 《尔雅》:知,匹也。

木铎： 总结以上的讨论，我们可以明白：第一，人类共在的意义，来源于特定的秩序；特定的秩序，来源于特定的践行。一个群体与另一个群体之所以能够区别开来，就在于各个群体由践行而形成的秩序不同——我们通常称之为"文化"。秩序与特定的意义和价值相匹配，因此，要塑造群体的认同感，必须考究各种不同的秩序，并进而追溯这些秩序的本源——"由"——到底怎么样。这就是孔子"由诲女，知之乎"的深刻意义。第二，孔子"知之为知之，不知为不知"的论断表明，人的认知是有限度的。人不可能周知人类共在的一切细节、一切环节，更不可能把各种因素纳入数学公式中进行精确的计算。正因为人的认知是有限度的，所以人类才天然依赖于秩序。秩序意味着未来是可预期的，这是生活意义的根据。只有把捉到了秩序，人类才能过上一种可预期的安定生活——一切宗教、哲学的终极目标不过如此。

鲍瓜： 但是，秩序本身不是一成不变的。那么，有限的人又如何来把捉秩序？

木铎： 这是一个考验人的问题，我们还是放到下一节来讨论吧。

第19节　德行的自足结构与仁知互涵

鲍瓜： 黑格尔说："未来不是知识的对象，而是希望和恐惧的对象。"我现在想请教这个问题：人类怎样才能把捉到秩序，过上一种可预期的有意义的生活？

木铎： 追问生命的意义是人的本能，也只有人会发出这种追问。"意义"预设了"目的"概念。如果把"目的"取消，"意义"也就被取消了。"目的"意味着价值的指认和承诺，即什么样的未来才是可欲的和美好的，"意义"就体现在"现实如此"与"未

183

来可期"的张力之中。关注"意义"是人之为人的基本规定,任何人都会有关于"意义"的看法,并据此规划自己的行动——不管他们是否自觉到这一点。"秩序"是人们追求"意义"的所有行动综合而成的结果。

鲍瓜:但人与人之间有差异,无论是禀赋、出身、认知、教育等,都各有不同,每个人对"意义"的理解未必都一样吧?

木铎:当然。不同的人对"意义"的理解可以不同,但他们行为的结果总是客观的。而这些客观的结果正是建构秩序的因素。因此,秩序代表了客观性。伟大的思想家,从秩序的客观性去反观人类的行为,会发现有一些行为方式对群体有重要的范导意义,便把这些行为命名下来,称之为"德行"。这之后,德行就会被人们自觉到,以指导自己的行动。于是,秩序也就变得可知了,从而生活也就更加可以预期了。

鲍瓜:也就是说,秩序在很大程度上是被德行建构起来的?

木铎:可以这么说。当然,秩序的形成也容纳了很多非德行的行为,包括各种有意无意的行为。但是,为了成就群体的共在之美,人类一定会凸显德行的价值,通过教育、教化让德行变成人的自觉。

鲍瓜:关于德行,孔子有什么教导可以让我们受益呢?

木铎:孔子对德行有很多真知灼见。不过,我们还是先得界定一下德行的意义。《论语》有很多"德"字,也有很多"行"字,"德行"合用出现了一次。"德行"合用意味着"德"一定要落实为"行",才称得上"德行",这与后来的"德性"不是一回事。

鲍瓜:记得您说从"德行"到"德性"的转变是一种堕落。

木铎:"德""行"的分离表征着"内""外"的分裂,这就是一种堕落。我们有必要区分一下"德"与"行"。这两者有关联,但也有区别。"行"是指那些能够让人类共在的活动得以顺畅进行的行为,"德"则是指进一步提升人类共在趋于美好的行为。比如孝弟忠信,严格说来不是"德",而只是"行";因为孝弟忠信只是基于特定对象而有的真实行为,针对父母兄弟而有的真实行为叫孝弟,针对事情之作为而有的真实行为叫忠信。①《论语》记载"子张问行",我们看看孔子是怎么回答的——

> 子张问行。子曰:"言忠信,行笃敬,虽蛮貊之邦行矣;言不忠信,行不笃敬,虽州里行乎哉?立,则见其参于前也;在舆,则见其倚于衡也。夫然后行。"子张书诸绅。(《卫灵公》)

鲍瓜:从孔子的回答来看,忠信笃敬确实只是"行"。

木铎:子张问行,显然是问怎样做事才能畅行无阻。"行"由事来展现,特别是人类共在的恒常之事。"德"不止于此。"德"是从人的自觉上说,人自觉地努力提升自己,以达成更美好的共在状态,这叫"德"。比如,自觉地按礼乐去行事,"礼乐皆得,谓之有德",这是古人对"德"的独特理解。显然,相对于"行","德"的要求更高,所以孔子常常用"好"字来说"德"——

> 子曰:吾未见好德如好色者也。(《子罕》)
> 子曰:已矣乎!吾未见好德如好色者也。(《卫灵公》)

鲍瓜:孔子这是感叹好德的人很少。

木铎:好德的人其实并不少。孔子真正感叹的是,能够"好德"犹如"好色"那样真切的人很少——"吾未见"表明这样的人几乎没有。很多人"好德",可是做不到像"好色"那样真切。

---

① 参见谭家哲:《论语平解》,漫游者文化事业股份有限公司2012年版,第490页。

孔子认为，要做到"好德如好色"那样真切，是难能可贵的。

鲍瓜：要让人们"好德如好色"，孔子有没有什么指教？

木铎：孔子对德行有不少真知灼见，我们暂且指出两点：首先，人类的德行会形成一种同类相感的效应；其次，德行的养育要有重心，基于这个重心，其他德行会随附而来。关于第一点，表达在这句话中——

子曰：德不孤，必有邻。（《里仁》）

这句话可以从两个层面来理解。第一个层面是说，有德行的人会引起同类相感，譬如"有朋自远方来"，只要是德行，一定会引来同伴。第二个层面是说，德行自身也会引起同类相感，比如能做到孝的人自然会做到弟，能做到忠的人自然会做到信，等等。关于第二点，体现在这句话中——

子曰：回也，其心三月不违仁，其余则日月至焉而已矣。（《雍也》）

鲍瓜：这句话的解读可是大有争议的。

木铎：解读这句话，关键是正确理解"其余"和"日月至焉"是什么意思。从字面上看，"其余"有三种可能的解释：一是指颜回以外的其余弟子——这是通常的解释；二是指"三月"之外的其余时间[①]；三是指"其心三月不违仁"之外的其余德行。这三种解释究竟哪一种可取，要看怎么理解"日月至焉"。

[①] 日本近世学者山本日下以"其余"指三月之后："其余者，三月之余，谓三月之后也。"又论其旨云："此章言凡人终三月之间，其心苟能依先王之仁道以学之，至其余日，则日至月至，仁道自然来集，成仁德而已矣。"（［日］三本日下：《论语私考》，上海古籍出版社 2017 年版，第 133 页。）

鲍瓜：朱熹这样解释："日月至焉者，或日一至焉，或月一至焉，能造其域而不能久也。"

木铎：这种解释可以商榷。孔子经常化用诗句，比如"能近取譬"是化用诗句，"日月至焉"也是化用诗句。《诗·周颂·敬之》说："日就月将，学有缉熙于光明。佛时肩仔，示我显德行。"这首诗勉励人进学修德，与孔子赞叹颜回的话主旨相合。"日月至焉"就是"日就月将"，是日日而至、月月而至的意思，古文从简，所以合言"日月至焉"。①

鲍瓜：如果"日月至焉"是日日而至、月月而至的意思，那"其余"不可能是指其余的弟子，颜回素称好学，尚且"三月不违仁"，怎么可能其余弟子日日而至、月月而至呢？

木铎：对。第二种解释也不符合常理，可以排除。只剩下第三种解释，"其余"是指"其心三月不违仁"以外的其余德行②。"三月"形容较长的时间，"不违仁"就是"依于仁"。

鲍瓜：这样看来，这句话的字面意思是说：颜回的心思三月不违仁，其余的德行自然日日而至、月月而至了。

木铎：就是这个意思。我再补充两个文字用法上的理由。第一，"日月至焉"的"至"表明，"其余"只能是德，不能是人。为什么？因为德可以言"至"，而人不可以言"至"。为什么德可以言"至"？这与古人对德的理解有关。"德者得也"是古时候的通训。《乐记》云："礼乐皆得，谓之有德。德者得也。"《乡饮酒义》云："德也者，

---

① ［日］松平赖宽：《论语征集览》（上），上海古籍出版社2017年版，第443页。
② 日本学者多持此说。仁斋曰："其余盖指文学政事之类而言。"徂徕驳之曰："文学政事，岂容言'至'乎？且如孔子之意，则文学政事皆依于仁，岂容析而二之乎？"（［日］松平赖宽：《论语征集览》（上），上海古籍出版社2017年版，第441、444页。）田中履堂曰："其余者，谓仁德之余德也。言颜渊果能其所言，则如其余诸德，皆不必思求费力，而或日或月，自然来至。"（［日］田中履堂：《论语讲义并辨正》，上海古籍出版社2017年版，第81页。）

得于身也。"礼乐得于身，就好像有一种德从彼处来到我的身上。比如孔子说："我欲仁，斯仁至矣。"这是德可言"至"的明证。第二，《论语》中"其余"出现过几次，都不是指人，而是指德行与行事。比如孔子谈周公之德："如有周公之才之美，使骄且吝，其余不足观也已。"① 又子张学干禄。子曰："多闻阙疑，慎言其余，则寡尤；多见阙殆，慎行其余，则寡悔。"② "其余"也不是指人。

鲍瓜：这样理由就更充分了。按照我们的解释，需要探讨的问题是：为什么"其心三月不违仁"，其余的德行就会"日月至焉"呢？

木铎：解答这个问题，有助于我们深化对仁的理解。仁作为德行，取义更为本源，旨归更为宏大，因而可以蓄养众德。为什么？因为仁的取义来自人与人的本源关联，不局限在某部分人的身上，而且，仁的旨归是长人安民，成就共在之美。仁的取义的本源性，仁的旨归的终极性，意味着它关涉所有的人，因而具有一种统摄力。一个人能够按照人与人的本源关联去行事，按照长人安民的要求去行事，其他德行——比如孝弟忠信之类——自然会围绕这个中心而得到蓄养。

鲍瓜：这么说，我们能不能说仁是"心之全德"？

木铎：不能。仁之为德也大，但"大"不是"全"。如果仁是全德，何必还要其他德行？孔子说："好仁不好学，其蔽也愚。"③ 如果仁是全德，怎么还会"愚"呢？而且，请注意：仁也不是"心"之德——把仁归为心性的东西，这是后世的歪解，根本不是孔子的意思。请仔细玩味"其心三月不违仁"这句话，心与仁不违，可见心与仁究竟不是一回事。如果仁就是"本心之德"，仁与心

---

① 语见《论语·泰伯》。
② 语见《论语·为政》。
③ 语见《论语·阳货》。

就是浑然一物，怎么还谈得上"违"呢？① 《论语》用字是极为讲究的，仔细琢磨这些字法，我们不难发现真相。如果仁是本心之德，我们就不能有意义地说"不违仁"或"依于仁"——这是孔子的"哲学语法"。可见，仁不是心性之物，而是对心性提出的要求。至于心性到底是怎么回事，孔子不讨论。

鲍瓜：为什么不讨论？

木铎：不必要，也不值得讨论——"如人饮水，冷暖自知"。过多的讨论只会适得其反。后世儒学大谈心性，这是对孔子思想的背离——尽管他们不愿承认这一点。《论语》白纸黑字摆在这里，我们的讲解已经不可辩驳地证明了这一点。

鲍瓜：这样看来，孔子是以仁为德行的中心，建构自己的学说结构？

木铎：如果一定要为孔子的学说结构寻找一个中心，可以这样说。不过，在孔子看来，仁与知是密不可分的，缺少一个就没有另一个——我称之为"仁知互涵"。

鲍瓜：怎么讲？

木铎：仁知互涵包含两个方面的意义：第一，知必知仁；第二，仁必备知。第一点"知必知仁"，孔子表达为这句话——

子曰：里仁为美。择不处仁，焉得知？（《里仁》）

请注意：这是《里仁》篇的第一章，有提纲挈领之义。这一章明确人类共在之美的根本条件，就是仁。"里"字有两层含义：一是指人群共在的处境、境域。"里"是人生存于世间最基本的因缘处境。"里"向上扩展是"天下"，向下追溯是"家庭"，"里"介于两者之间，是最现实的生活境域。"里"的另一层含义是动

---

① 参见〔清〕阮元：《揅经室集》（上），中华书局1993年版，第193页。

态义的居处、栖居,与后面"择不处仁"的"处"字同义。孔子以"里"来谈共在之美,而不是以"天下"或"家庭"来谈共在之美,体现了孔子思考问题的现实性原则:"里"是联结天下与家庭的中介,"里仁"向上可以达于"天下归仁",向下可以达于"一家之亲"。

鲍瓜:这就是说,孔子选择"里"来谈共在之美,是抓住了最现实的一种处境来谈。

木铎:是的。"里"字一定要灵活理解。比如在今天,"里"可以是村落、社区、街道、单位等生活境域,"里"作为动词意味着,人类应该让自己的生活境域栖居于"仁",才可能成就共在之"美"。

鲍瓜:"择"字又如何理解呢?

木铎:人生存于世间,一定会面临"择"的问题,举凡择业、择事、择友、择偶、择师、择君、择居,等等,都是"择"。在"择"的问题上,最能体现一个人的"知"。所以孔子说:"择不处仁,焉得知?"这句话表明,"择"一定要以"仁"为归依,否则就称不上"知"。这是"知必知仁"的道理。

鲍瓜:传统解释大多把"择"解为择居。

木铎:太狭隘了。这种狭隘是由于把"里"字仅仅理解为居所,没注意到"里"字的动词义。《论语》用字灵活,解读不能那么僵硬。须知,这一章是《里仁》的开篇,孔子是在谈仁与知的本源关联,是要阐明"知必知仁"的道理。以为孔子仅仅谈择居的问题,未免太小看孔子了。何况,古代社会聚族而居,安土重迁,择居也不是常有的事情,孔子没必要拿出来大谈特谈。

鲍瓜:赞同。那么"仁必备知"呢,根据何在?

木铎:见于下面这段对话——

> 子张问曰:"令尹子文三仕为令尹,无喜色;三已之,

无愠色。旧令尹之政，必以告新令尹。何如？"子曰："忠矣。"曰："仁矣乎？"曰："未知，焉得仁？""崔子弑齐君，陈文子有马十乘，弃而违之。至于他邦，则曰：'犹吾大夫崔子也。'违之。之一邦，则又曰：'犹吾大夫崔子也。'违之。何如？"子曰："清矣。"曰："仁矣乎？"曰："未知，焉得仁？"（《公冶长》）

鲍瓜：这段对话中，孔子说了两次"未知，焉得仁？"有人认为，"未知"是"不知道"的意思。

木铎：大错特错！"未知"就是"未知"（未智），不是"不知道"。《论语》表达"不知道"就用"不知"，不用"未知"。况且，如果"未知"是"不知道"，孔子既然说"不知道"了，紧跟着又说"焉得仁？"——这是以反问的方式明确指出不能"得仁"。这样一来，刚说"不知道"，又说不能"得仁"，岂不是前后矛盾？孔子说话，从来不会这样前言不搭后语。

鲍瓜：确实。孔子的意思是，令尹子文足以称为"忠"，陈文子足以称为"清"，但因为都缺乏"知"（智慧），所以不能"得仁"。

木铎：对的。请注意："焉得仁"这个说法又一次表明，"仁"不是什么"本心之德"，只要是人，谁会没有"本心之德"呢？令尹子文被称为"忠"，陈文子被称为"清"，怎么可能没有"本心之德"呢？所以，"仁"是动词义，相当于成就仁事的意思。《论语》中孔子凡是说"不知其仁也""仁则吾不知也"，"仁"都不是"本心之德"，而是成就仁事的意思。把"仁"理解为"本心之德"这类心性之物，会使《论语》完全读不通，这类解释把《论语》变成了一个自相矛盾的荒谬文本。

鲍瓜：多谢指点！这解答了我心中一个长久的困惑。我一直搞不明白为什么孔子对自己那么熟悉的弟子也说"不知其仁也"。如果把"仁"理解为"本心之德",这种迷惑是无法消除的,把"仁"理解为动词义的成就仁事,迷惑就迎刃而解了。

木铎:我们现在把两个句子放在一起,孔子的意思就昭然若揭了——

(一)择不处仁,焉得知?(《里仁》)
(二)未知,焉得仁?(《公冶长》)

两个句子句式完全一样,都以反诘的方式表达思想。第一句指出"知必知仁"的道理,第二句指出"仁必备知"的道理——综合起来就是"仁知互涵"的道理。

鲍瓜:简直太清晰了。

木铎:可见,孔子的学说确实有一个内在的结构。这集中表现在孔子通过一系列的核心德行来搭建思想的平台,以便让人们懂得,只有基于这些相互配合的德行,才能成就人类的共在之美。这些德行构成一个自圆其说的结构,或者说自足的结构。

鲍瓜:先生可不可以大致梳理一下孔子学说的结构?

木铎:没问题。首先,孔子学说的旨归是塑造一批能够成就共在之美的君子。如何成就共在之美?孔子提出的总纲领是——

子曰:志于道,据于德,依于仁,游于艺。(《述而》)

鲍瓜:这句话还请稍作解释。

木铎:"志于道"是谈立志的问题,这是成就共在之美的前提。"道"是先王之道,因为先王之道可以成就共在之美——"先王之道斯为美"。有了志向,落实下来就是"据于德",依据各种德行来成就先王之道，具体方式是由先王之道而知先王之德——"由知德者，鲜矣"。在各种德行中，仁是统率性的，也是先王之道的旨归，所以要"依于仁"，这是抓住"据于德"的重点是"依于仁"。"游于艺"我们解释过，每个人都要凭借某种技艺才能生存，但正确的态度是"游"，不要执迷于生存技能中，而应该"谋道不谋食"，"忧道不忧贫"，这是对"志于道"的回应。

鲍瓜：“道”和“德”是有区别的，具体来说，区别是怎样的？

木铎：请仔细琢磨孔子的用字。"志于道"表明，"道"主要是心向往之的对象。而要心向往之，主要靠学习而"知道"，所以"道"涉及明白与否的问题，是心智（心志）之事，与学习有关。冉求说"非不说子之道"，我们说过，"说"是明白、理解的意思。"据于德"表明，"德"主要是从行为言，不只是心智（心志）之事，所以德行用"据"字，与行为有关。[①] 可见，"志于道"与"据于德"，实际上代表了理想（道）与现实（德）的张力关系。解决这一张力关系的唯一正道就是"依于仁"。

鲍瓜：道（理想）可"志"，德（现实）可"据"。

木铎：上面是谈孔子学说——成就共在之美——的总纲领。接下来的问题是，怎样塑造一批君子来成就共在之美呢？孔子提出的立人原则是——

子曰：兴于诗，立于礼，成于乐。（《泰伯》）

鲍瓜：这句话我们讲解过了。

木铎：讲过多次了，这里不再赘述。现在我把孔子的德行体系大致梳理一下。《论语》提到的德行，可以从行事态度与行事

[①] 参见谭家哲：《论语平解》，漫游者文化事业股份有限公司2012年版，第607页。

方式两个方面分析如下——

与行事态度相关的德行：
（一）一般的德行：温、良、恭、俭、让、和、敬、安泰、友、孙、愿。
（二）为仕的德行：重、矜、厉、威、敏、慎、讱、简、清。
（三）为政的德行（上对下）：恭、宽、信、敏、惠、庄。

与行事方式相关的德行：
（一）对人：孝弟、忠信、恕谅、爱人、爱众、圣（博施济众）。
（二）对事：习、谨、笃、恒、节、约、谋、明、聪、公、正、贞、周。
（三）德行的体现：勇、刚、毅。[①]

鲍瓜：竟然没有"仁""知"？
木铎：别急。仁、知是大德，而且二者相互包涵，我把它们作为共在之美的德行，单独列出来——

成就共在之美的大德：仁知、礼义。
共在德行的总体描述：中庸。

鲍瓜：您把"中庸"列为"共在德行的总体描述"，是什么意思？
木铎：孔子用中庸来描述民德，"民鲜久矣"，这个"鲜"

---

① 参见谭家哲：《论语平解》，漫游者文化事业股份有限公司2012年版，第618～620页。

字可不是稀少的意思。"民"是集合之辞，因而民德可以理解为共在德行的总体，其特征是中庸。中庸是孔子对所有德行的一个结构性指示，也就是说，所有的德行都要符合中庸的要求，并且围绕中庸而形成一个自足的结构；违反中庸，这个结构就会崩溃——关于中庸，我们后面再详细讨论。

匏瓜：期待之至！我想问一下：德行是依靠什么养成的？

木铎：这个问题涉及德行的先天基础和后天条件——

（一）德行的先天基础：直。①
（二）德行的后天条件：学。

匏瓜："直"是德行的先天基础，"学"是德行的后天条件。也就是说，光有"直"，没有"学"，是不可能养成德行的？

木铎：是的，"直"是人的天性——"人之生也直"，本身还称不上德行。请看孔子对子路谈"六言六蔽"的内容——

子曰："由也，女闻六言六蔽矣乎？"对曰："未也。""居！吾语女。好仁不好学，其蔽也愚；好知不好学，其蔽也荡；好信不好学，其蔽也贼；好直不好学，其蔽也绞；好勇不好学，其蔽也乱；好刚不好学，其蔽也狂。"（《阳货》）

匏瓜：这是说，"仁、知、信、直、勇、刚"这六种德行，仍然需要"学"来滋养，具体学什么呢？

木铎：以学礼为中心。礼（乐）是孔子学说的核心。你看孔子说了六种"好某不好学"，可没说"好礼不好学"，是吧？在

---

① 《论语·雍也》："子曰：人之生也直，罔之生也幸而免。"

孔子那里，好礼就是好学了，学就以学礼为中心。一切德行，即便是仁、知这些大德，都要以礼来行。所以严格说来，礼（义）不应该作为德行来领会，它是对一切德行的要求——这一点是孔子学说最核心的地方，不把握这一点再多的解释都是白搭，只会遮蔽孔子的学说！可是很多人都忽视了礼，只注意孔子的仁。问题是，没有礼，哪有仁？反过来说也一样：没有仁，哪有礼？仁和礼不应该视为两个不同的东西，而应该视为同一个东西的两种描述：仁是从行动的原则和方向上说，礼是从行动的内容和方式上说。一个人有德行，如果不懂礼，在孔子看来终究不完善，甚至连"人"都称不上[1]。请看孔子的这两段话——

　　子曰：恭而无礼则劳，慎而无礼则葸，勇而无礼则乱，直而无礼则绞。（《泰伯》）

　　子曰：知及之，仁不能守之，虽得之，必失之。知及之，仁能守之，不庄以莅之，则民不敬。知及之，仁能守之，庄以莅之，动之不以礼，未善也。（《卫灵公》）

　　鲍瓜：梳理得太清晰了。关于德行，我还有不少的问题想请教呢。

　　木铎：时间关系，请挑一个你最关注的问题。

　　鲍瓜："爱人"作为一种德行，是否可以视为"仁"的定义——噢不——视为"仁"的指示，一个关键的指示？

　　木铎：这个问题非常棒！（欣然而笑）听到这么有质量的问题，我真是开心呀。你能提出这个问题，说明你已经用心读书了。要想精微地解读《论语》，而不是望文生义，很有必要探讨一下这

[1] 参见《论语·宪问》："子路问成人，子曰：'……文之以礼乐，亦可以为成人矣。'"

个问题。用"爱人"来解释"仁",这是通行的做法,但严格说来,这是不正确的。孟子说"仁者爱人"①,有他特定的语境。"爱人"在《论语》中也有语境限定,是从上位者对下位者或对人民百姓而言,不是用于一般人与人之间。"道千乘之国……节用而爱人"②,"君子学道则爱人"③,这些都是从上对下而言的,不是指一般人与人之间。④因此,用"爱人"来解释"仁",并不能精确地澄清"仁"的命意。

鲍瓜:可是,樊迟问仁,孔子明确回答说"爱人"呀——

樊迟问仁。子曰:"爱人。"问知。子曰:"知人。"樊迟未达。子曰:"举直错诸枉,能使枉者直。"樊迟退,见子夏。曰:"乡也吾见于夫子而问知,子曰,'举直错诸枉,能使枉者直',何谓也?"子夏曰:"富哉言乎!舜有天下,选于众,举皋陶,不仁者远矣。汤有天下,选于众,举伊尹,不仁者远矣。"(《颜渊》)

木铎:你不要只看孔子怎么回答,你还要看问答的语境,看孔子回答的是谁。请注意:《论语》里凡是某人提出一个问题,都是要去做某事才提问的,不像我们今天这样,坐在书斋里讨论一本书这种事情。樊迟"问仁",是要请教孔子:我怎样去做才能行仁,不是问"仁的定义是什么"之类的。樊迟当时是为仕者,不是一般人。所以樊迟两次"问仁",孔子一次回答说"爱人",

---

① 《孟子·离娄下》:"君子所以异于人者,以其存心也。君子以仁存心,以礼存心。仁者爱人,有礼者敬人。爱人者,人恒爱之;敬人者,人恒敬之。"孟子是谈"君子"之爱人,也是对在位者而言。
② 语出《论语·学而》。
③ 语出《论语·阳货》。
④ 参见谭家哲:《论语平解》,漫游者文化事业股份有限公司2012年版,第278页。

另一次说"仁者先难而后获"[①],都是行动的指示,不是概念的界定。你看孔子说"举直错诸枉,能使枉者直"这些话,都是针对在位为仕者说的,一个普通人没有条件去做这些事情。

鲍瓜:也就是说,"爱人"是对在位者如何行仁的要求,不是"仁"的一般含义?

木铎:"仁"的一般含义只能从人与人的本源关联来说,不能从某种特定的群体来说。当然,如果你只针对在位者如何为政来说,那么"仁者爱人"是没有问题的。但是,对一个平民提出"爱人"的要求,这是不切实际的,没有注意到孔子为什么要把修己与治人区别开来:严以律己,宽以待人。《论语》是君子之书,是对君子说话,我们不能忘记这一点。

鲍瓜:但这不妨碍所有人都可以去读。

木铎:当然不妨碍,我还巴不得全宇宙的人都去读呢。我的意思是,我们不要忘记孔子的初衷。只有把握孔子的初衷,那些话的意义才会精微而准确地呈现出来。

第 20 节 "为政以德"作为最高正当性

鲍瓜:经过前面的梳理,我对德行的体系和孔子学说的结构有了更完整的理解。特别是先生对仁的解读,消除了我长久以来的困惑。把仁视为"本心之德""心之全德"之类的解读方式,可以说被彻底摧毁了。

木铎:现在你恐怕只是在观念上摧毁了那些说教,要想真正地摧毁,必须像孔子指示的那样,用行动来说话。

[①] 语出《论语·雍也》。

鲍瓜：仁主要是一个行动的指示，并且与礼是不可分离的。孔子赋予仁这样的意义，一定有很深的命意吧？

木铎：当然。孔子把这个"仁"字从古籍中拈出来，赋予如此这般的意义，就是为了应对春秋时代的挑战，拯救礼坏乐崩的局面——这样说当然有点大而无当了。具体来讲，孔子是想通过塑造一批君子，来改造当时天下大乱的局面。怎样塑造君子呢？要领是什么呢？孔子认为先王之道——礼乐——就蕴藏着"仁"的要求。可惜到了春秋的时候，人们遗忘了这个要求，或者说人们一直就没有自觉到这个要求。现在孔子把礼乐的这个要求明确指出来，以便让君子获得自觉，明确行动的方向。怎么行动呢？从什么地方入手呢？这个入手之处，就是政治。因为政治的力量在当时——即便在今天——都是主导性的力量。

鲍瓜：那么孔子是如何来思考政治问题的呢？

木铎：这个问题包含着这样三个子问题：第一，孔子所理解的政治是怎样的？第二，什么样的政治才是最好的政治？第三，如何实现最好的政治？

鲍瓜：愿听先生逐一解答。

木铎：第一个问题，孔子给出了最一般的回答。这个回答，据我看，恐怕是人类有史以来对政治最彻底、最终极的思考——

（一）子曰：君子成人之美，不成人之恶。小人反是。（《颜渊》）

（二）季康子问政于孔子。孔子对曰："政者正也。子帅以正，孰敢不正？"（《颜渊》）

鲍瓜：这两句话在《论语》中是并列在一起的。

木铎：是的。之所以并列在一起，是因为这两句话都围绕着一个共同的主题,即"什么是最好的政治"这个问题。具体来讲,第一句话阐明了"最好的政治"应该达成什么样的目标,这是孔子从目标层面来反观政治;第二句话表明了"最好的政治"一定是最彻底的政治,同时这句话还表明了,实现"最好的政治"只能通过最彻底的方式。

鲍瓜:这些话我还没发觉有这么深刻的蕴意呢。请稍作解说?

木铎:孔子说话都是包含着特定的问题意识的,我们读《论语》要善于发现这一点,这样才能把握孔子的初衷。

先看第一句。"君子成人之美",这句话表明,人类共在的终极目标就是"成人之美",而做到这一点的主体力量是"君子"。"小人反是"这句话非常警醒,每次读到这句话我都觉得触目惊心。"小人反是"是说什么?那就是"小人成人之恶"呀!这是一个令人震惊的论断。请回想一下孔子的那句话:"君子而不仁者有矣夫,未有小人而仁者也。"小人受限于自身的格局,是不可能做到"成人之美"的,却完全可能"成人之恶"。因此,孔子这句话同时表明了两个论断:第一,"成人之美"是人类共在的终极目标;第二,要做到这一点必须塑造一批"君子"出来。如果人类共体中全都是"小人",那结局注定是"成人之恶",没有别的可能性。孔子对人类共在的命运看得如此透彻、如此悲悯,每次读到这句话都让我胆战心惊!

再看第二句。孔子以"政者正也"回答季康子问政,用"正"来指示"政",表面看来像是一个同义反复,可是你深入想一想,这其实是确立了一个最彻底、最终极、最根本的原则。顺便说一下,《论语》下部的主旨是"用"。其中《颜渊》篇是论述为政的总原则,接下来的《子路》篇是论述为政的具体方法——对总原则的具体说明。作为总原则,政治就是要澄明人道之正,实现人道之正,这是政治的最高正当性。还有比这更高的正当性吗?很多人只是把政治理解为权力的分配、利益的博弈、阶级的较量等，这类观点固然指出了政治的某种面相，可惜只是非常肤浅的面相，没有真正认识到政治的最高使命。"子帅以正，孰敢不正？"这句话表明，政治一定是某种统帅的活动，但这种统帅不是权力和阶级的压制，而是德位匹配的"正"，以此带动天下之"正"。这同时又默认了一种上下的层级关系——例如天人关系、君民关系等，这是人类共在的宿命，到目前为止人类都不能超越这一点。所以，"帅"是政治的行动本质，"正"是政治的内容本质，而"帅以正"的目标就是"成人之美"，除此之外，岂有他哉？

鲍瓜：那么，怎么才能做到"帅以正"呢？

木铎：《子路》篇对此展开了具体说明，请看——

> 子曰：其身正，不令而行；其身不正，虽令不从。（《子路》）
>
> 子曰：苟正其身矣，于从政乎何有？不能正其身，如正人何？（《子路》）

鲍瓜：这样看来，"正"的具体对象就是"正身"？

木铎：没错。关键是要正确理解这个"身"字。

鲍瓜："身"不只是身体咯？

木铎："身"如果只是身体，孔子就成了一个笑话制造者。没错，每个人都有一个身体，这是一个物理事实。"正身"可不是端正这个身体，"修身"也不是修养这个身体。这样说吧，"身"指代每个人立身处世的那个特定的位分，以及由这个位分所规定出来的一切关系与责任。"君君臣臣父父子子"这八个字就是"正身"的最好注脚。

鲍瓜：您说"身"是指代每个人立身处世的那个特定的位分，

这样解释有根据吗？

木铎：（笑）你的提问有点像法官审问被告。

鲍瓜：（笑）请原谅我的提问方式，我毕竟还是初学者，问题有些幼稚。

木铎：不要紧，我只是开玩笑。如何理解"身"，请看曾子的一句话——

曾子曰：吾日三省吾身：为人谋而不忠乎？与朋友交而不信乎？传不习乎？（《学而》）

看到没有？曾子每天多次反省他的"身"，他反省的内容是什么？是反省他的身体吗？曾子可不是自恋狂，每天几次三番拿镜子来照自己的身体。

鲍瓜：（笑）果然。这样说来，政治就是澄明人道之正，实现人道之正，以成就共在之美。那么，怎样才能做到呢？

木铎：回答这个问题，我们需要回到《为政》篇，去解读这篇的第一句话——

子曰：为政以德，譬如北辰，居其所而众星共之。（《为政》）

这句话，孔子给出了为政的大经大法，就是"为政以德"。

鲍瓜：怎么理解？

木铎：此章有两个重点：第一是"为政以德"，关键是理解"德"字；第二是"譬如北辰"这个比喻，孔子究竟是想说明什么。

鲍瓜："德"字我们之前提到过多次了。

木铎：现在我要对"德"字来算一个总账。"德"字在《诗》

《书》《易》中已经频繁出现，在这几个古老的文本中，"德"的意思比较宽泛，包括历史传承下来的一切有重大范导意义的行为方式，比如政教传统、统治方法、习惯法规、具体规范等意义。到了孔子的时代，"德"字仍然保留这些用法，当然也有一些扩展。我现在要对"德"字给出一个周全的解释，并结合孔子时代的用法，确定"德"字的意义。之前我经常引用《乐记》"礼乐皆得，谓之有德；德者得也"这句话。现在我想进一步追问"德"的根据和来源。

鲍瓜：也就是，"德"到底来自哪里？"德"是怎么可能的？

木铎：可以这样问。追问德的根据，实际上就是在追问天人的本源关联。我们可以确定两点，第一，德的终极根源是天之命，直接来源是人之行，天之命而行于人，行久而成德。[①] 这就是说，德是行而成德，但并不是所有的行都能成德，只有对人类共在具有范导意义的行才可能成德。所以第二，人承受天命而行之成德，德必定包含着正当性，必定有其所以成德的根据——这个根据建立在天人一贯的意义上。提示一下：我这样追究"德"的含义，与现代讲的"道德"决不是一回事。

鲍瓜：确实，与西方讲的"道德"也完全不同。

木铎：按照上面的分析，"德"有变和不变的两个层面。变的层面，是"德"的历史内容，也就是人之行的具体内容可以随时代而变。不变的层面，是"德"的天人一贯的本源关联，无论历史如何发展，这种本源关联不可能改变。我们可以把变的层面称为"德"的时代意义——这是"正德""正名"的根据；把不变的层面称为"德"的本质含义——这是"德"的正当性的终极根据。

鲍瓜：这样探究，感觉对德的理解深入多了。问题是，这种探究能不能把古籍对"德"字的训义和用法统贯起来呢？

---

① 参见《集韵》："德，行之得也。"

木铎：可以的。我们来看孔子的时代——以春秋战国为限——"德"字的经典用法，然后尝试给出一个圆融的说明。

《周易·系辞》：天地之大德曰生。

《庄子·天地》：物得以生谓之德。／通于天地者，德也。

《韩非子·解老》：德也者，人之所以建生也。

《管子·心术上》：德者，道之舍，物得以生。／化育万物谓之德。

《管子·正》：爱之生之，养之成之，利民不德，天下亲之，曰德。

《尸子·处道》：德者，天地万物得也。

《左传·成公十年》：民生厚而德正。

鲍瓜：这些例子，主要是从生命的养护来说德，可以这样理解吧？

木铎：好眼力！生命的养护，这就是"德"字在当时最主要的含义。

鲍瓜："德"字在古籍中的用法，能够与"德"字的训诂统贯起来吗？我想引用《说文解字》的训诂，请先生解答一下这个问题。

《说文》："德，升也。从彳，惪声。"段玉裁注："'升'当作'登'。"[1]

《说文》又有"惪"字："惪，外得于人，内得于己也。从直心。"段玉裁注："内得于己，谓身心自得也。外得于人，

---

[1] ［清］段玉裁：《说文解字注》（上），凤凰出版社 2015 年版，第 135 页。

谓惠泽使人得之也。俗字假'德'为之,德者升也。故字或假'得'为之。"①

木铎:段玉裁说"'升'当作'登'",是有根据的。古代的升、登、陟、得、德五个字,意思相通。"德"字在古代写作"悳",后来加"彳",王筠的解释是:"行道而有得也。"② 这也是有根据的。

匏瓜:《说文》的解释和"德"字表示生养的含义,好像有些距离,可以贯通吗?

木铎:完全可以贯通。为了讲清楚这个道理,我引用章太炎的一个观点。他认为语言的缘起,有三种因素——"实德业三,各不相离"。实是表实之语,近于名词,即针对某一事实给出名称。德是表德之语,近于形容词,即描述事物的性状分量。业是表业之语,近于动词,即描述事物的动作功用。上古时代的文字,凡是立一名,都是依据实、德、业三者而来。比如,章太炎说:

何以言马?马者,武也。何以言牛?牛者,事也。何以言羊?羊者,祥也。何以言狗?狗者,叩也。何以言人?人者,仁也。何以言鬼?鬼者,归也。何以言神?神者,引出万物者也。何以言祇?祇者,提出万物者也。③

语言的缘起,要么是从德取义,要么是从业取义,要么是兼取二者。德是指性质、形状、分量等属性,业是指动静、因果、功用等属性,究竟取哪一种特性来代表某一事物,没有一个定准。

---

① [清]段玉裁:《说文解字注》(下),凤凰出版社2015年版,第876页。
② 汤可敬:《说文解字今释》(一),上海古籍出版社2018年版,第247页。
③ 章太炎:《国故论衡》,上海古籍出版社2019年版,第32页。

世界上之所以有各种各样的语言，这是一个重要原因。^①另外，按照语言发展的一般规则，在上古的时候，语言先是表实，而后才有德、业之名。比如，先有"牛"这个表实之语，而后才有"事"的表德之语。随着时代发展，则出现了另一种可能，德、业之语先出现，而后才用某一个名来表实。比如先有"引出万物"这种观念，然后才称之为"神"；先有"提出万物"这种观念，然后才称之为"祇"。^②这方面最经典的例子，莫过于孔子用"仁"来总结和衡定先王之道。先王之道以礼乐为主，礼乐的主旨在于长人安民，成就共在之美。先王之道早就存在了，孔子所做的是从哲学上提炼，并以"仁"来指示。

鲍瓜：这样一说，我对仁的理解更深了。

木铎：我们现在来看德的训义。按照"实德业三，各不相离"，"德"字在性质上表德——就是生养的意思，在功能上表业——就是上升的意思，在名称上表实——就称之为"德"。《说文》说"德者，升也"，是从表业方面来训义，古籍中以生养来解德，则是从表德来训义。

鲍瓜：原来如此。

木铎：我们来考察一下"德者升也"这个训义。升与登通，是从作物生长之象来取义的。《尔雅》把"登"解为"成"，郝懿行《尔雅义疏》说——

> 登者，年谷之成也。古人重农贵谷，谷熟曰"登"，登者，成也。《曲礼》云"年谷不登"、《月令》云"蚕事既登"……"登"皆训"成"……"登"与"升"古字通。"升"亦成也，故《乐记》云"男女无辨则乱升"，《史记·乐书》作"男

---

① 杨树达：《高等国文法》，湖南教育出版社2008年版，第5页。
② 章太炎：《国故论衡》，上海古籍出版社2019年版，第32～33页。

女无别则乱登"。①

可见，升与登都是从作物生长而取义。"德者升也"从作物生长来解"德"字，这是以表业来训诂。后人只知其一，不知其二，因而有很多争论，其实都是不明白语言缘起"实德业三，各不相离"的道理罢了。

鲍瓜：这样看来，"德"字训为生长的"生"和训为上升的"升"，都是可以的，一个是以表德来训义，一个是以表业来训义。

木铎：是的。"升"字的意义，我们也可以在《周易》中找到根据。《周易》有升卦，帛书《周易》记为登卦，可见古代升与登通用。升卦的大象辞这样说——

象曰：地中生木，升。君子以顺德，积小以高大。

鲍瓜："地中生木"这个卦象很妙呀，把生长的"生"与上升的"升"融为一体了。

木铎：弄明白了"德"字，"为政以德"想表达什么，几乎不用再解释了。

鲍瓜：我大概明白孔子想表达什么了，不过还是请解说一下吧。

木铎："为政以德"是说，为了实现人道之正，必须抓住人类共在的根本来为政。那个根本就是来自天道并贯彻于人道的生生之德。由于"德"这个字贯通天人，所以"为政以德"就确立了政治的最高正当性。"以德"的"以"字要灵活理解，它可以同时包含根据、手段、目的等义项，因而"为政以德"是说：要根据德来为政，运用德来为政，为了德来为政。德是天地人一体共在的本源力量，人根据这种力量"行道而有得"，会形成某种"人

---

① ［清］郝懿行：《尔雅义疏》，中华书局2019年版，第169～170页。

文化成"的成果，比如礼乐就是"行道而有得"的成果。所以"为政以德"，具体落实下来，就是孔子说的"为国以礼"①。礼的精神主让，所以经常"礼让"合言。

　　子曰：能以礼让为国乎，何有？不能以礼让为国，如礼何？（《里仁》）

　　鲍瓜：看来"为政以德"并不是说用道德来为政。

　　木铎：今天讲的"道德"与孔子讲的"德"差别太大，不能混为一谈；否则我们不能把握孔子学说的精义。

　　鲍瓜：那我们可以说孔子是主张德治主义吗？

　　木铎：当然可以，但前提是要正确理解"德"字。孔子"为政以德"的"德"，不是今天讲的"道德"。如果一定要找一个今天的词来对应"德"，那更近于"文化"。不过要强调一下，"文化"应该取其本义，也就是"观乎人文，以化成天下"的意思。"为政以德"，实际上就是"为政以文化"：根据文化来为政，运用文化来为政，为了文化来为政。这是政治实现人道之正的根本规定。为政如果把文化铲除了，政治就彻底失去正当性了——说得干脆点，人类就不存在了。

　　鲍瓜："譬如北辰，居其所而众星共之"这个喻象又有什么深意呢？

　　木铎："北辰"是北极天之枢，"居其所"是说它总是处在自己的位置，即便微有移动也不偏离"其所"，"众星"自然环绕它而运动。这个比喻有几个深意：第一，为政一定要确立一个中心主轴，为天下树立"正"道，而这个"正"道的根据就是生生不息之"德"——这是"北辰"的喻义。第二，为政一定要释

---

① 语出《论语·先进》。

放人民的生命力，养护人民的生命力，让人民的生命有所依傍，有所归向——这是"众星共之"的喻义。第三，如果做到"为政以德"，就能够把政治与万民同化为一个相互共生、和谐共处的生命整体，或者说命运整体，从而以无为的方式成就共在之美——这是"北辰"与"众星"相互关联的喻义。

鲍瓜：朱子《论语集注》引了范氏的一句话："为政以德，则不动而化，不言而信，无为而成，所守者至简而能御烦，所处者至静而能制动，所务者至寡而能服众。"这个解释没问题吧？

木铎：这个解释点出了孔子"无为而治"的隐喻，我认为是到位的。

鲍瓜：您说过，《论语》每一篇的开篇第一句话，都有提纲挈领的意义。孔子"为政以德"这句话应该也有这种意义？

木铎：当然。孔子这句话放在《为政》篇第一章，就具有提纲挈领的伟大意义。这个意义伟大到什么程度呢？至少我可以指出三点来。第一，孔子指出了一切政治的根本，乃是那种亘古恒常的生命力本身（德），因而政治的最高正当性也无非就是养护这种生命力，使之能够生生不息，岂有他哉？第二，孔子指出了人类共在天然构成一个系统，这个系统的两极是君与民（北辰与众星），他们在根本上是同构的，是一个共生、互生、化生的命运共同体。因而最高明的政治，一定要把这个系统全部纳入自己的视野，如果有所遗漏，政治就会陷入偏执。第三，孔子指出了政治的最高境界，就是运用天地人一体共在的那种本源力量——德——来实现无为而治的化境，"藏天下于天下"。

鲍瓜：老天爷！孔子短短的一句话，竟然包含着这么深刻的道理！

木铎：就凭这一句话，足以让《论语》跻身"最上至极宇宙第一书"了！

第七场

孔子如何思考历史的演进逻辑？

鲍瓜：木铎先生，有人认为《论语》的"德"字有恩惠的意思，因而"为政以德"就是以恩惠来为政，这种说法可取吗？

木铎：不可取；这种说法没有考究字义。《论语》的"德"字并没有恩惠的意思。《论语》表达恩惠的意思，用的是"圣"字和"惠"字。表达君王对人民的恩惠，《论语》用的是"圣"字——子贡问曰："如有博施于民而能济众，何如？可谓仁乎？"子曰："何事于仁？必也圣乎！"[①] 表达一般上级对下级的恩惠，《论语》就用"惠"字——"因民之所利而利之，斯不亦惠而不费乎？"[②]

鲍瓜：证据充分。

木铎：《论语》的"德"字只用在人自己身上，是指人自己是怎样的人，人自己怎样作为，这种作为是不是顺应天地人一体共在的那种生命力本身。

鲍瓜：明白了。"为政以德"是成就共在之美的根本途径，也是政治的根本原则。那么，在具体的历史条件下，我们又该如何来做呢？

木铎：任何一个伟大的思想家，都会有自己的根本原则，也会有如何落实原则的具体方式。孔子并不只是提出一个大而无当

---

① 语见《论语·雍也》。
② 语见《论语·尧曰》。

的根本原则，而是同时指出了在具体的历史条件下，我们该怎么去做。

第 21 节　成就共在之美的时间性张力

鲍瓜：先生说，孔子不仅提出了实现人类共在之美的根本原则，而且指出了落实这一原则的具体方式。针对这个问题，我想请先生进一步开示。

木铎：解答这个问题，我们首先需要思考：到底什么是历史？

鲍瓜：按我的粗浅理解，历史就是人的活动。

木铎：历史就是人的活动，不是鸭的活动，狗的活动。说历史就是人的活动并不错，但这只是同义反复，没说出历史的本质来。

鲍瓜：依您之见，历史的本质是什么？

木铎：我们应该进一步规定"人的活动"的意义。人的活动与动物的活动，在保证生存之需这个层面上是一样的，但人在保证生存的同时，还要追问意义和价值，这是人区别于动物的根本规定。因此，人一定是在"谋道"的视域下来"谋食"的；如果单纯地"谋食"，陷入弱肉强食的丛林法则，那是动物的状态。遗憾的是，并不是每个人都能够自觉地做到这一点。孔子提出"君子谋道不谋食""君子忧道不忧贫"，也是把希望寄托于人群中的一部分人——君子，孔子不奢望也不要求每个人都能做到"谋道不谋食""忧道不忧贫"。

鲍瓜：您是想说，历史的本质就体现在"谋道"与"谋食"的张力之中？

木铎：是的。这种张力势必造成"道"的或显或隐——历史的本质就体现在"道"的显隐之中。

鲍瓜："道"还有显隐？

木铎：这个说法可能有点晦涩。我想表达的是，人类共在的历史一定会——或迟或早——行成一条特定的道。"道行之而成，物谓之而然。"就中国而言，这条道行成之后，我们把它指称为"先王之道"，也就是礼乐之道。这条道一旦行成，就意味着一个文明真正地开端了。所谓文明，说得简单点，无非就是人类形成了一套能够"自圆其说"的整合之道，由此人类便从动物的自然状态中解放出来。文明的开端是一个天命般的事件。荷尔德林有句诗说："怎样开端，便怎样持留。"文明的开端对一个文明具有某种"决定性"的意义。"决定性"有两层含义：一是定性，一是定向。比如，当礼乐文明出现之后，中华文明的性质和方向就确定下来了。

鲍瓜：这就是说，咱们中华文明的历史，其实就是礼乐之道的显隐的历史？

木铎：就是这样。

鲍瓜：礼乐为什么还会有显隐？这一点我还理解不透。

木铎：这样说吧，礼乐的"显"表达为礼乐在特定时代的显现形态，礼乐的"隐"表达为礼乐所具有的一以贯之的精神内涵。为了更好地领会这一点，我们来看子张与孔子的一段对话——

> 子张问："十世可知也？"子曰："殷因于夏礼，所损益，可知也；周因于殷礼，所损益，可知也；其或继周者，虽百世可知也。"（《为政》）

鲍瓜：子张问"十世可知也？"，这个问题是想问什么呢？

木铎：这是问未来之事是否可以提前预知。

鲍瓜："十世"的"世"，《说文》说："三十年为一世。"

朱熹说:"王者易姓受命为一世。"是这样吗?

木铎:不然。王者易姓受命为一代,父子相受为一世。[1]一代可以包含多世。古书"世""代"通用的情况是有的,但这一章不是这种情况。子张要问的是:一代之中的十世是否可以提前预知?

鲍瓜:可是孔子举了三代之礼来回答,又是何故?

木铎:你要想明白子张这个问题的命意。子张不是凭空来探讨"十世可知也"这样的历史哲学问题,他是要去付诸行动才来问的。孔门弟子所提的问题,都是为了行动才问的,这叫"切问而近思"。如果问一些不着边际的问题,孔子是不会回答的。比如樊迟请"学稼",孔子说"我不如老农",还斥之为"小人"。子张志向远大,以至于曾子说他"堂堂乎张也,难与并为仁矣"。子张有志于制作一代之礼法,但不知道该如何制作,因为这需要提前预知将来的事情,所以向孔子请教这个问题。

鲍瓜:孔子以三代之礼来回答,是大有深意的咯?

木铎:当然。孔子为什么自信满满地说"虽百世可知也"?因为他抓住了中华文明的核心——礼。这叫厉害!只有抓住了一个文明的核心,才能洞知它的过去和未来,并由此建立起本质的关联来。

鲍瓜:"因"和"损益"是继承和发展的关系吧?

木铎:没错。

鲍瓜:那怎么继承和发展呢?马融说:"所因,谓三纲五常。所损益,谓文质三统。"朱熹的《集注》也引用这话。是这样吗?

木铎:这是"后世之见",孔子那时候没什么"三纲五常""文质三统"。这一套说法是秦汉之际才出现的。汉儒把"父为子纲,

---

[1] [日]松平赖宽:《论语征集览》(上),上海古籍出版社2017年版,第167~168页。

君为臣纲,夫为妻纲"称为"三纲",把"仁义礼智信"称为"五常"。你想想,这些东西有天命的意义在,怎么能够说"因"呢?怎么能够说"损益"呢?^①"因"和"损益"只能在事上来说,父子君臣这些关系是天命之伦理,谈什么"因"和"损益"? 孔子说得很明白,所谓"因"和"损益",都是针对礼来说的。礼之大体,万世不改——这叫"因";礼之时义,与时推移——这叫"损益"。明其大体,得其时义,故曰"虽百世可知也"。礼之大体何在? 在天人之际。礼之时义何在? 在古今之变。孔子之所以自信"虽百世可知也",因为他能够做到"究天人之际,通古今之变"。

鲍瓜:通透! 这就是说,礼之大体是不变的,礼之时义是可变的。

木铎:就是这个道理。

鲍瓜:到了孔子的时代,礼坏乐崩,说明时义变了。那么,面对时代的变局,孔子又有什么指示?

木铎:为了解决这个问题,孔子提出了"义"。这个字我们之前讲解过,它的基本意思是需要——客观的需要,《中庸》说"义者宜也"也是这个意思。"义"表征着特定时代的客观需要,它的内容是因时代而变的,所以《论语》中孔子有"徙义""闻义不能徙"^②的说法。

鲍瓜:"义"既可以言"徙",看来把"义"当成心性来理解是错的了。

木铎:(竖起大拇指)有长进了! 我们只要仔细玩味《论语》的用字,就可以看出很多"后世之见"是经不起推敲的。后人喜欢把"仁义礼知"并提,归为德性之类的东西。如果"义"是德性,可以言"徙"吗? 后人把孔子的"知"理解为逻辑、理性之类的东西,

---

① 参见[日]竹添光鸿:《论语会笺》(壹),凤凰出版社2012年版,第142页。
② 分见《论语·颜渊》《论语·述而》。

也是望文生义的门外之谈。樊迟两次"问知",孔子一次回答"知人",一次回答"务民之义",可见"知"根本就不是逻辑、理性之类的东西。

饱瓜:"后世之见"害人不浅呀!那么,怎么才能把捉到"义"呢?

木铎:我们来看孔子的这句话——

> 子曰:君子之于天下也,无适也,无莫也,义之与比。(《里仁》)

饱瓜:今天的人很容易从道德上去解读这句话。

木铎:这种解读是肤浅的,是丑陋的,甚至是恶劣的。他们没注意到"君子之于天下也"的"天下"这个词,一门心思只从内在心性去理解孔子的话。"适"是到某处去,"莫"是否定之义。君子对于天下的事情,采取"无适无莫"的方式——既不凭空设定一个僵硬的去处,也不刻意去否定什么,而是以"义"作为一切行动的准绳。"比"是亲近的意思,"义之与比",就是以"义"作为行动的切近处,作为行动的导向。

饱瓜:这句话放在《里仁》篇,估计也别有深意?

木铎:《里仁》篇集中谈仁和君子。君子该怎么行仁?行仁的总原则是什么?这句话就是回答这个问题。

饱瓜:君子行仁的总原则是"无适无莫,义之与比",那么,具体落实到现实条件中,又该怎么做呢?

木铎:孔子还有一句非常深刻的话,我们来解读一下——

> 子张问善人之道。子曰:"不践迹,亦不入于室。"(《先进》)

匏瓜：这一章也是争论多多。

木铎：这一章到目前为止我还没看到任何一个说到点子上的解释。

匏瓜：有这么严重？

木铎：两千多年的解释都没说到点子上——干脆说，全都解错了。之所以解错，根源在于所有的解释都没有注意到"亦"字的语法功能。"亦"字的甲骨文，像人的两腋之下各加一点，表示人体两腋部位。①《说文》云："亦，人之臂亦也。"②可见"亦"有"又，再"的意思。在"不……，亦不……"这个句式中，"亦"的语法功能是并列关系，表示"既不……，又不……"的意思。"不践迹，亦不入于室"是说：既不践迹，又不入于室。

匏瓜："践迹"和"入于室"看来是相反的两种情况。

木铎：对。孔子是用比喻来讲道理。"践迹"是比喻重蹈旧路，"入于室"比喻很高明的境界。《先进》篇孔子评论子路鼓瑟"由也升堂矣，未入于室也"，就是说子路鼓瑟的水平还没达到"入于室"的高明境界。

匏瓜："子张问善人之道"是问什么呢？

---

① 徐中舒谓"亦"字甲骨文由人形与两点构成，下部的两点"示人之两腋之所在"，并释"亦"之义为"又也，再也"。（徐中舒：《甲骨文字典》，四川辞书出版社2014年版，第1163页。）

② 段玉裁注：人臂两垂，臂与身之间则谓之臂亦；臂与身有重叠之意，故引申为重累之词。《公羊传》："大火为大辰，伐为大辰，北辰亦为大辰。"何注云："亦者，两相须之意。"按经传之"亦"，有上有所蒙者，有上无所蒙者。《论语》"不亦说乎""亦可宗也""亦可以弗畔""亦可以为成人矣"，皆上无所蒙。此等皆申重赞美之词，亦之言犹大也，甚也。（[清]段玉裁：《说文解字注》，凤凰出版社2015年版，第862页。）按段氏指出"亦"的两个基本用法：其一，当承接上文而用时（上有所蒙），"亦"表示"重累之词"，即"又也，再也"之义；其二，当不承接上文而用时（上无所蒙），"亦"乃"赞美之词"。两种用法《论语》皆不乏其例。显然，"不践迹，亦不入于室"之"亦"属于"上有所蒙"的用法，表示并列关系（重累之词），无可置疑。

木铎："善人"可以理解为一个名词，也可以把"善"理解为动词，与"穷则独善其身"的"善"同义。如果理解为动词，"善人之道"是指：使人向善之道。子张问的是：使人向善之道应该是怎样的？孔子回答"不践迹，亦不入于室"是说：既不要重复过去的旧路，也不要提出过高的要求。言外之意是，一切按照客观的需要——义——来行动。

匏瓜：这与"无适无莫"那一章是同一个意思呀。

木铎：大义一致。两章之所以不放在同一篇，是因为《里仁》篇主要谈君子如何行仁的问题，"无适无莫，义之与比"是针对这个问题而言；《先进》篇主要探讨礼乐之本源的问题，这个本源集中表达在现实与理想的张力之中。也就是说，使人向善之道——以礼乐为中心——既不能固执于已然的情形（践迹），也不能脱离实际提出过高的应然要求（入于室），否则，一定会导致礼坏乐崩。

匏瓜：太深刻了。

木铎：现实与理想的张力，是一种时间性的张力。这种张力通过人的活动呈现出来，而人的活动不是单纯的物理活动，因而不可能通过知识的方式精确地测算出来。既然如此，我们如何领会这种张力呢？孔子也没办法，他只能给出一种点拨性的指示。对于这种张力，人类只能说它不是什么，但不能确切地说它就是什么。你注意到没有，孔子"无适也，无莫也"用了双重否定的句式，"不践迹，亦不入于室"也用了双重否定的句式。

匏瓜：是呀，我还没注意到呢。

匏瓜：这种双重的否定，就是为了逼出"义"和"时"所包含的张力意义。"义"是从客观原则上说，"时"是从历史内容上说。《论语》上部以"时"开篇，以"时"结束，是大有深意的。开篇（"学而时习之"）我们讲过了，现在我们来看上部的结束——《乡党》

篇的最后一章：

> 色斯举矣，翔而后集。曰："山梁雌雉，时哉时哉？"子路共之，三嗅而作。（《乡党》）

饱瓜：这一章也是争论了两千多年，愿闻正解。

木铎：其实，我们只要把字义、常识搞清楚，正解自然呈现，争论自然消除。我问你："色斯举矣，翔而后集"这句话是说雌雉吗？

饱瓜：应该是吧？

木铎：看来你还没有搞清楚字义和常识。"翔"是指回旋而飞[1]，而雌雉不善飞，不可能"翔"。"集"是指群鸟落在树枝上[2]。"色斯举矣，翔而后集"是说，鸟看到颜色不善（色），就会（斯）飞起来（举），在空中盘旋一阵（翔），而后落到树上（集）。这八个字可能是一句古代的逸诗，用在这里是什么意思呢？我认为是以鸟之举集，来比喻人之出处。这是泛说群鸟，不是指雌雉。[3]也就是先泛说一般的情况，而后再聚焦某种具体的事象——雌雉。这叫先经起义法。

饱瓜：那孔子说"山梁雌雉，时哉时哉"又是什么意思？

木铎：你认为孔子是在赞叹雌雉知时呢？还是在警示雌雉不知时呢？

饱瓜：大多数解读者都认为孔子是赞叹雌雉知时。

木铎：王夫之持相反的看法。我们看一下他的理由——

> "时哉"云者，非赞雉也，以警雉也。鸟之知时者，"色

---

[1] 《说文》：翔，回飞也。
[2] 《说文》：集，群鸟在木上也。
[3] ［日］竹添光鸿：《论语会笺》（壹），凤凰出版社2012年版，第704页。

斯举矣，翔而后集"。今两人至乎其前，而犹立乎山梁，时已迫矣，过此则成禽矣。古称雉为耿介之禽，守死不移，知常不知变，故夫子以翔鸟之义警之，徒然介立而不知几，难乎免矣。人之拱己而始三嗅而作，何其钝也！①

鲍瓜：王夫之说雌雉是一种迟钝耿介的鸟，我觉得有道理呀！

木铎：问题没那么简单。我们认为雌雉是一种"迟钝耿介"之鸟，这是不是一种"拟人症"呢？你说雌雉"迟钝耿介"，可那是鸟的天性呀。人怎么能够以人为中心，用人的充满意向性的语言去形容鸟的天性呢？

鲍瓜：如果说这是一种"拟人症"，那前面"色斯举矣，翔而后集"这句话又有什么必要呢？这句话不正是为了以群鸟来衬托雌雉吗？

木铎：是这个理路。我们还是回到《论语》的原文来探究。"时哉时哉"这个句式，《论语》还出现过一次类似的句例，我们来玩味一下——

子曰：觚不觚，觚哉觚哉？（《雍也》）

鲍瓜："觚哉觚哉"怎么理解？是否定觚已不是觚，还是肯定觚还是觚？

木铎：妙处就在这里。一方面，孔子感叹当时的觚和古代的觚不一样了（觚不觚），可是这不同于古代的觚仍然还在扮演觚的角色，仍然还是觚，所以孔子用"觚哉觚哉"来表达觚已经不同于过去的觚又仍然还是觚的微妙意义。

---

① ［清］王夫之：《读四书大全说》卷五，《船山遗书》（第七册），中国书店2016年版，第242页。

鲍瓜：为什么您能肯定孔子是表达这个意义？

木铎：我从上下文的语境来判断：因为这一章的上一句是"齐一变至于鲁，鲁一变至于道"，注意到没有？这是在谈"变"的问题。由"觚哉觚哉"表达"变"与"不变"的张力关系。我认为"时哉时哉"也是在表达这种"时"与"不时"的张力关系。

鲍瓜：也就是说，孔子认为雌雉既知时又不知时？

木铎：严格说来，孔子并不特意肯定雌雉或否定雌雉，"时哉时哉"作为一个问句来领会也许更好些。事实上，"山梁雌雉"我们不应该按今天的语感把它理解为一个偏正结构——"山梁的雌雉"。"山梁"不是指山脊或山涧的桥梁，这种用法在先秦的时候还没有出现。"山梁"指山脊应该是很晚的事，大概在唐代以后。先秦文献中，"山梁"唯独就出现这一次。[①] 按当时的语言规则，"山梁雌雉"应该理解为三样事物：山、梁、雌雉。梁通粱，也就是粟。山生长出粱，粱喂养雌雉，这是一个生态结构。"山梁雌雉，时哉时哉"想表达的是：青山、粱粟、母野鸡，得其时乎？得其时乎？孔子的意思是：由青山、粱粟、雌雉这些生命之物所结成的因缘整体，彰显了天时造化的伟大力量——礼乐不过就是这种力量的人文呈现，岂有他哉？

鲍瓜：妙哉妙哉！何晏说："山梁雌雉得其时，而人不得其时，故叹之。"似乎也表达了某种张力关系。

木铎："山梁雌雉得其时"，这就是天时。"山梁雌雉"原本也可以断句为"山、梁、雌雉"，这更符合古汉语的用法。整个《乡党》篇呈现的就是孔子恭行礼乐的化境，一言以蔽之：时也。所以这一章是画龙点睛之笔：既是总结《乡党》全篇的主旨，又通过呼应"学而时习之"，作为上部《论语》的收束。

---

① 杨逢彬：《论语新注新译》（简体版），北京大学出版社2018年版，第189～190页。

鲍瓜：真可谓余音绕梁，三日不绝呀！

第22节 人类共在秩序的生成与扩展

鲍瓜：前面的讨论得出结论：共在秩序是在时间性张力中生成的。孔子用"时"和"义"来指示这种张力；而君子是承担共在张力的主体。接下来我想请教：君子为政而行仁，又该怎么做呢？需要注意什么问题？

木铎：这个问题，《子路》篇有很多指示。我们选一些章句来解读。比如下面这几章，是连着编排在一起的。

（一）子谓卫公子荆："善居室。始有，曰：'苟合矣。'少有，曰：'苟完矣。'富有，曰：'苟美矣。'"

（二）子适卫，冉有仆。子曰："庶矣哉！"冉有曰："既庶矣，又何加焉？"曰："富之。"曰："既富矣，又何加焉？"曰："教之。"

（三）子曰："苟有用我者。期月而已可也，三年有成。"

（四）子曰："'善人为邦百年，亦可以胜残去杀矣。'诚哉是言也！"

（五）子曰："如有王者，必世而后仁。"

鲍瓜：这几章编排在一起，是因为主题相近吗？

木铎：你看出什么线索来没有？

鲍瓜：一、二两章好像都在谈某种先后的次序；三、四、五三章都与时间相关。

木铎：好眼力。有了这种眼力，读《论语》才能读出深意，读出趣味。这就是我们之前讲的,《论语》篇内的小结构。我来分析一下这五章的意义结构。第一章是讲为政的次序问题,第二章是讲为政的步骤问题。这两章从不同侧面来谈政治秩序形成的一般原则,因而构成一个意义小组。第三章讲"我"为政达到"有成"所需的时间,第四章讲"善人"为政达到"胜残去杀"所需的时间,第五章讲"王者"为政达到"仁"所需的时间。三章分别从不同的为政主体来谈为政的效果及各自所需的时间,因而构成另一个意义小组。注意,这三章有一种递进的关系:从主体看是从"我"到"善人"再到"王者",从效果看是从"有成"到"胜残去杀"再到"仁"。总观这五章,前一个小组与后一个小组又构成一种递进的关系:一、二两章先谈为政的客观原则、基本次序——这是"义"的问题,三、四、五三章谈为政的历史内容、时效演进——这是"时"的问题。

鲍瓜:想不到《论语》还有这么缜密的意义结构!又学到了。

木铎:关于为政的次序,第一章孔子给出了"合→完→美"的原则次序,第二章孔子给出了"庶→富→教"的原则次序。有什么问题吗?

鲍瓜:请解释一下"合→完→美"这个次序到底是什么意思?

木铎:孔子认为,任何事情都内含着客观的原则次序(时义),不能随便乱来,也不能跨越次序——否则就"欲速则不达"。为政当然不例外,也有着客观的时序与节奏。第一章主要是从财政问题上立论——相当于我们今天讲的"经济"问题。"善居室"的居与"居货"的居同义,室与"夺其室"的室同义,在这里是指家财、家产——注意:不要认为"家"是私人单位,"家"在古代是政治单位,古代的"家"对应的是卿大夫的身份,所以才有"家国同构"的说法。我们今天的"家"在古代顶多只能叫"室"或"房"。"善居室",相当于说善于处理财政问题。"有"是贮有、保有的意思。"始有",有之始基也;"少有",有之稍备也;"富有",有之富完也。合,聚也。完,备也。"始有"是政之始基,未足以聚人(未合),故曰"苟合"。"少有"是聚而未备(合而未完),故曰"苟完"。"富有"是备而未美(完而未美),故曰"苟美"。"美"是共在秩序的最高境界——是指礼乐之文采。①

鲍瓜:怎么才能做到礼乐之"美"呢?这就是第二章讲的内容?

木铎:没错。第二章提出了"庶→富→教"的为政原则,"教"就是指以礼乐为主的先王之道的普化——"郁郁乎文哉"。

鲍瓜:这与管子讲的"仓廪实而知礼节,衣食足而知荣辱"是一致的。

木铎:是的,这与唯物史观的精神也是相通的。孔子认为,为政的主要内容就是保障民生(庶)、发展经济(富)、实现教化(教),这是"庶→富→教"这个原则所表达的。如果做到这样,美好的秩序会在时间中自然生成,并且在空间上不断扩展。

鲍瓜:在空间上不断扩展,孔子有谈到吗?

木铎:《子路》篇最后两章就在谈这个问题,我们来看看——

(一)子曰:善人教民七年,亦可以即戎矣。

(二)子曰:以不教民战,是谓弃之。

鲍瓜:这两章,先生又要有不同的解释咯?

木铎:我以我对孔子的尊敬之心担保,他老人家的话被误解了两千多年,今天应该得到正确的解释了。请把你看到的传统解释展示出来,我逐一批驳。

鲍瓜:传统解释都大同小异。就看朱熹的解释吧。第一章,

---

① 参见[日]松平赖宽:《论语征集览》(下),上海古籍出版社2017年版,第998~999页。

朱熹说:"教民者,教之孝悌忠信之行,务农讲武之法。即,就也。戎,兵也。民知亲其上,死其长,故可以即戎。"第二章——

木铎:且慢!一章一章来,先批驳这一章。首先,朱子误解了"民"字的语义功能。"民"在《论语》中是总称为政的对象。具体来讲,对民为政无非三个方面:一个是"养"——养护民众,保障民生,这是"养民";一个是"教"——教化民众,安顿民心,这是"教民";一个是"使"——役使民众,为公出力,这是"使民"。"养民"是为了保障民众的生产、生活,"教民"是为了树立民众的意义感和归宿感,实现生生不息的传承。只有这样,政治的基础才能确立;有了这个基础,才具备资格"使民"。"教民"的内容是什么?就是以礼乐为中心的先王之道,"孝悌忠信"包含在其中,但"讲武"绝不是"教民"的内容,那是"使民"的内容。军事活动,是由"民"中的特定群体来承担的,不是"民"本身的任务。如果"教民"是军事活动,那等于把孔子解释成一个全民皆兵的军国主义者。孔子怎么会是这样的人呢?《卫灵公》篇第一章记载:"卫灵公问陈于孔子。孔子对曰:'俎豆之事,则尝闻之矣;军旅之事,未之学也。'明日遂行。"这不是很明白吗?

鲍瓜:孔子并不是无原则地反对战争吧?

木铎:当然。子贡问政,孔子就说过:"足食,足兵,民信之矣。"[①]但"足兵"的目的无非是为了保障人民生活的安定,旨归仍然是"长人安民"。

鲍瓜:这么说,"可以即戎"的"戎"不是指军事?

木铎:绝对不是——我敢拿我的脑袋担保。"戎"是指西戎,泛指边远地带。春秋时期,受益于礼乐文明,华夏民族逐渐融合

---

① 语见《论语·颜渊》。

为文明中心。孔子的时候，诸夏（中国）已经成为文明的中心，由此辐射到边远地带，东曰夷，南曰蛮，西曰戎，北曰狄。孔子在鲁，偏东，所以"戎"指西戎，泛指一切未化之地。

鲍瓜：这样解释，意义完全不同了。

木铎：孔子这是在谈教化的力量，自然会波及边远地带。这是谈"文化"的力量，不是谈"武功"的力量。如果是谈"武功"，为什么一定要说"七年"呢？又为什么一定要说"善人"呢？而且，注意孔子原话的"亦可以"这几个字的语气。如果孔子谈武功，不需要加一个"亦"字，也不需要专门提"善人"，甚至也不需要"七年"。训练打仗的技术，何需"七年"？

鲍瓜：我被说服了。再看第二章吧——朱熹说："以，用也。言用不教之民以战，必有败亡之祸，是弃其民也。"

木铎：（愤怒）这种解释完全是门外之谈，连孔子的门都没入。这句话的"以"不是"用也"，而是表原因。"战"也不是战争，而是战栗，就是宰我讲"使民战栗"的战栗。"战"指代惶惑不安、蒙昧未化的生存状态，与"安"相反。孔子讲"仁者安仁""修己以安人"，都是"教"带来的效果。"以不教民战，是谓弃之"是说：为政者如果不对民众施行教化，人民就会像动物一样，停留在本能的阶段，整日处于惶惑不安的蒙昧状态，这等于是抛弃民众。孔子讲"不教而杀谓之虐"[①]，没有对民众施行教化，民众犯什么过错就杀之，这和对待动物有什么区别呢？这叫"虐"——"虐"是"弃"的一种类型。

鲍瓜：这样说，君的天职就是"教民"，而后才谈得上"使民"。

木铎：这是当然之理。为什么要有"君"？"君"的天职就是"安民"，安民的途径就是"教民"。古人云："君者，群也，

---

① 语见《论语·尧曰》。

群下之归心也。"① "君者，仪也；民者，影也。仪正则影正。君者，盘也；民者，水也。盘圆则水圆。"② 君如果不教民，不履行天职，让人民过得像动物，要君干什么？

鲍瓜：古人讲"天生民而立之君"，"夫君，神之主而民之望也"③，就是这个意思了。

木铎：总体来看，第一章是从正面立论，谈教民的风化效应，第二章是从反面立论，谈不教民的严重失职。正反结合，孔子主张教民的大义昭然若揭，这也是"有教无类"所表达的意思。请注意：《论语》的"教"字不等于我们今天讲的"教育"，"教"是更广泛的"教化"，而且侧重从为政的角度来讲。今天讲的"教育"，更接近于《论语》的"诲"字。

鲍瓜：我又被说服了。

第23节　上层秩序与下层秩序的互动

鲍瓜：君的天职是教民。教民的内容是以礼乐为中心的先王之道。问题是，在孔子那个时代，礼乐开始崩坏，拿什么样的礼乐来教民呢？

木铎：这就涉及礼乐的本源问题了。我们讲过，上部《论语》主要谈"学"，下部《论语》主要谈"用"，"学"和"用"的主体内容都是礼乐。《先进》篇是下部《论语》的开篇。《先进》篇的首章就在谈礼乐的本源问题，这是下部《论语》的总纲领。

---

① 语出《白虎通》。
② 语出《荀子·君道》。
③ 语出《左传·襄公十四年》。

子曰：先进于礼乐，野人也；后进于礼乐，君子也。如用之，则吾从先进。

鲍瓜：这一章是在谈礼乐的本源吗？

木铎：领会这一点极端重要，而历代的注解都读不出这一层意义，殊堪痛惜！此章关键在"先进""后进"到底是什么意思。

鲍瓜：孔安国说："先进后进，谓仕先后辈也。"朱熹说："先进后进，犹言前辈后辈。"

木铎：这是睁眼说瞎话！原文明明用"进"字，这是一个动作之词。如果"先进后进"是前辈后辈，你带入原文中，"先辈于礼乐""后辈于礼乐"，说得通吗？"进"是动词，"先进于礼乐"是说先进入礼乐之中，"后进于礼乐"是说后进入礼乐之中。"先""后"是指礼乐秩序发生的先后，不是指先辈后辈。

鲍瓜：孔子把野人和君子相对而言，又是什么意思？

木铎：野人与君子相对而言，是当时国野制度的反映。野人是在野[①]之人，君子是在位之人。这个区分大致相当于今天讲的乡下人和城里人。孔子认为，先进入礼乐的是野人，后进入礼乐的是君子。这是在讨论礼乐秩序发生的先后。

鲍瓜："如用之，则吾从先进"，有人解释为："如果要选用人才，我主张选用先学习礼乐的人。"[②]有问题吗？

木铎：大错特错！这种解释把"之"字的指代理解错了。"如用之"的"之"是指代礼乐，不是指人才。而且，这种解释混淆了"如用之"的"用"与"从先进"的"从"，一概解为"用"，那为什么孔子不说"如用之，则吾用先进"？用是用，从是从，

---

① 参见《说文》："野，郊外也。"段注："邑外谓之郊，郊外谓之野，野外谓之林，林外谓之门。"
② 杨伯峻：《论语译注》，中华书局2012年版，第154页。

岂可混为一谈?

鲍瓜：为什么野人会"先进于礼乐"呢？

木铎：因为野人的生活扎根于天地之间，在天地人一体共在中生产生活，会自然而自发地形成礼乐。这样的礼乐是最本源的礼乐，更接地气，更加自然，所以更有生命力。君子的礼乐是制作出来的——是通过采集民间的礼乐，加以斟酌损益而制作出来的。君子制作的礼乐远离了最本源的生活，抽象了天地人一体共在的生机，容易流于形式化的繁文缛节，所以缺少生命力。孔子讲"礼失而求诸野"①，就是要回归本源的意思。

鲍瓜：孔子这段话如果是谈礼乐发生的时序，这也就明确了礼乐的本源到底何在？

木铎：就是这样。我把孔子这段话解释如下——

孔子说：[由生活自然兴发而]先行形成礼乐习俗的，是在野之人。而后[采集民间礼乐而]制礼作乐的，是在位之君子。如果采用礼乐[来为政教民]，那么我遵从[由生活自然兴发的]先进类型[因为那种礼乐更有生命力，不会崩坏]。

鲍瓜：这样解释清晰透彻！

木铎：可见，孔子这段话不是谈用人的问题，也不是谈先辈后辈的问题，而是谈礼乐的本源问题，以便为上层用礼乐教化天下提供最深刻的根据。这是孔子关于如何采用礼乐的根本纲领，也是挽救礼坏乐崩的根本出路。

鲍瓜：野人的礼乐更为本源，因而更有生命力。可是，我仍然有一个问题：为什么野人的生活就能够自发地形成礼乐？"自发"

---

① 语出《汉书·艺文志》。

这个词总让我觉得还有进一步深究的必要。

木铎：这一章确实隐含着这个问题。《先进》篇的末章就是回答这个问题的。开篇隐含着提出问题，末尾则隐含着解答问题——《论语》就是这样精妙，就看你能不能读懂罢了。

匏瓜：真的？

木铎：焉能有假！我们来解读一下《先进》篇末章的深远意义。这一章是《论语》最长的一章，我们引用其中一部分就行了——

> ［孔子问：］"点！尔何如？"鼓瑟希，铿尔，舍瑟而作。对曰："异乎三子者之撰。"子曰："何伤乎？亦各言其志也。"曰："莫春者，春服既成。冠者五六人，童子六七人，浴乎沂，风乎舞雩，咏而归。"夫子喟然叹曰："吾与点也！"

匏瓜：何以见得这一章是在回答野人的生活能够自发地形成礼乐？

木铎：请你想想：孔子问四个弟子的志向，为什么孔子唯独赞赏曾点的志向？

匏瓜：我觉得朱子《论语集注》的解释很妙呀——

> 曾点之学，盖有以见夫人欲尽处，天理流行，随处充满，无少欠阙。故其动静之际，从容如此。而其言志，则又不过即其所居之位，乐其日用之常，初无舍己为人之意。而其胸次悠然，直与天地万物上下同流，各得其所之妙，隐然自见于言外。视三子之规规于事为之末者，其气象不侔矣。故夫子叹息而深许之。

木铎：（笑）这叫空谈性理，不着边际。单看这段话，确实很妙，可是"天理人欲"之说,却离题万里,与《论语》的本义不相干。

鲍瓜:怎么说?

木铎:请思考这几个问题:第一,曾点的身份与其他三个人有什么不同?第二,曾点的回答与其他三个人有什么根本的不同?第三,孔子喟然而叹的深意何在?我来分析一下。第一,曾点的身份与其他三位都不同,其他三位——子路、冉有、公西华——都是在位为仕者,相当于"君子";曾点不是在位者,而是一个在野之人,相当于"野人"。第二,曾点的回答,完全是一幅野人生活的天然景象,"浴乎沂,风乎舞雩,咏而归",是一种从生活中自然兴发出来的礼乐活动,这是最本然、最真实的礼乐活动。第三,孔子既然赞许曾点的志向,按常情应该是莞尔而笑,为什么要喟然而叹呢?这明显触及了孔子内心深处的共情,孔子在叹赏曾点的同时,也包含了对世人遗忘礼乐之本源的慨叹。

鲍瓜:看来孔子喟然而叹,是大有深意的。

木铎:我们不妨来分析一下。请注意,子路、冉有、公西华的志向都与治国相关,而且或直接或间接都提到了礼乐:子路说"且知方也"当然包括知礼乐,冉有说"如其礼乐,以俟君子",公西华说"如会同,端章甫"也是礼乐。曾点却不谈治国也不谈礼乐,而是直接描绘一幅野人生活的天然景象,无言胜有言——这就是礼乐的本源呀。这幅景象切中了孔子思想的深处,所以喟然叹曰:"我与点也!"这是孔子喟然而叹的第一层意思。孔子的喟叹还有一层深意。这一层深意是不便明白说出来的,所以只能用微言,"吾与点也"就是一句微言。按照《孔子家语》的记载,曾点有志于礼乐之治[①],但由于不得其位,不能施行。《孟子》把曾点当

---

① 参见《孔子家语·弟子解》:"曾点疾时礼教不行,欲修之,孔子善焉。"

成"狂者","其志嘐嘐然",喜言"古之人,古之人"。①"嘐嘐然",志大言大也。喜言"古之人",信而好古也。综观《家语》和《孟子》,曾点有志于制作礼乐以陶冶天下,而无位以行其志——这与孔子是类似的,所以孔子才会喟然而叹说:"吾与点也!"请注意这个"与"字,不仅仅是赞许的意思,还包括一起参与的意思。《说文》云:"与,党与也。从舁,从与。"双手共同举起一个曰,是舁字的象形。所以"吾与点也"等于在说:"我愿意和曾点一起去做那样的事情呀!"具体是什么事情,就不方便明说了。孔子说的是微言,曾点说的也是微言。

铇瓜：先生的解读真是淋漓尽致。

木铎：《先进》篇首章提出"吾从先进",末章提出"吾与点也",这叫首尾呼应——所谓"吾与点也",就是"吾从先进"的具体案例。

铇瓜：《先进》篇集中探讨礼乐的本源,这个"本源"是指发生的意义?

木铎："本源"既指礼乐秩序发生的本源,也指礼乐活动所包含的本来用心。礼乐的本来用心体现在礼乐借以表达出来的器物上。这个问题,《八佾》篇也讨论过,就是"林放问礼之本"那一章。我们把紧邻的两章一起讨论——

（一）子曰：人而不仁,如礼何?人而不仁,如乐何?

（二）林放问礼之本。子曰："大哉问!礼与其奢也,宁俭；丧与其易也,宁戚。"

---

① 《孟子·尽心下》：（万章问曰）"敢问何如斯可谓狂矣？"（孟子）曰："如琴张、曾晳、牧皮者,孔子之所谓狂矣。""何以谓之狂也？"曰："其志嘐嘐然,曰：'古之人,古之人。'夷考其行,而不掩焉者也。"

鲍瓜：林放问"礼之本"，孔子为什么要赞叹"大哉问"？

木铎：这说明林放注意到当时的礼，只追求物质外观的奢靡，已经背离礼的精神了。礼的精神是什么？无非是为了长人安民，成就共在之美，这就是上一章"人而不仁，如礼何？"所表达的。"人而不仁，如礼何"是说，如果礼不是为了长人安民，成就共在之美，要礼干什么？林放看出当时的礼已经"不仁"，所以向孔子请教"礼之本"，孔子当然赞赏"大哉问"。

鲍瓜：礼之本可以说是仁吗？

木铎：可以这样说；但要注意：如果说礼之本是仁，这个"本"字是从旨归上说，不要像宋儒那样理解为"本体"。"本体"不是孔子那时候的思想方式。

鲍瓜：孔子回答"礼之本"，主要是从礼的用心和器物层面来说吗？

木铎：是的。从用心上来说，礼之本是仁，也就是为了长人安民；从器物上来说，礼之本是中。中就是合度——包括人之用心与器物上的合度。礼的表达一定有一个合适的度。《礼器》说："先王之制礼也，因其财物而致其义焉。"注意孔子的句式"与其……宁……"，这个结构表明，"奢"与"俭"，"易"与"戚"，都不是礼的最佳状态，但如果不得已而必须二选一，那孔子宁可选"俭"和"戚"。如果行礼是为了表达奢易的心态，这已经背离礼的精神。所以这一章所谓"礼之本"，是从行礼的用心与物质条件综合而言，这些都是礼的根本条件，故称之为"礼之本"。

鲍瓜：从上面的讨论来看，孔子认为礼乐的最佳状态就是要回到本源去，不断汲取鲜活的生命力。

木铎：只有回到本源，礼乐才可能重获生机，这是建构人类共在之美的根本出路。一种美好的秩序要想建立起来，一方面要回到下层去汲取本源的生命力，另一方面也要彰显上层的教化功能。

鲍瓜：怎么彰显上层的教化功能？

木铎：主要是通过"为政以德"来实现。请看这一章——

　　季康子问政于孔子曰："如杀无道，以就有道，何如？"孔子对曰："子为政，焉用杀？子欲善，而民善矣。君子之德风，小人之德草。草上之风，必偃。"（《颜渊》）

鲍瓜：这一章表明，孔子认为上层之德可以感化下层之德。

木铎：在礼乐的层级秩序中，以上帅下是一种正常现象。孔子认为，共在之美的实现，既要重视回归本源的力量，又要重视以上帅下的力量，实现下层秩序与上层秩序的良性互动，这样才能达成"人不知而不愠"的美好状态。能够成就这种互动的枢纽就是君子——这叫"唯君子为能通天下之志"。

鲍瓜：这里面有一个问题：一方面，上层君子的礼乐是来源于下层野人的礼乐，也就是说"君子之德风"是来源于"小人之德草"的；可是另一方面，孔子又主张以上帅下，风吹草偃，通过礼乐教化来为政教民？

木铎：请注意"君子之德风""小人之德草"，这里的君子、小人都是为政者，小人并不等于野人。不管是君子之德，还是小人之德，最终的本源还是野人的礼乐。孔子谈礼乐发生的本源，是把君子和野人对谈，不是像通常那样把君子和小人对谈——这是应该引起高度注意的。

鲍瓜：学到了。读《论语》看来必须辨别字义，不能放过任何一个字呀。

第三部　入室

鲍瓜：木铎先生，今天我想继续深入探讨如何成就共在之美的问题。

木铎：欢迎继续探讨。

鲍瓜：前面我们谈到，一方面，孔子认为，为了挽救礼坏乐崩的局面，成就人类的共在之美，必须追问礼乐的本源问题。礼乐的本源，孔子认为就在野人的生活之中。另一方面，孔子又主张君子为政教民，应当以上帅下，通过风吹草偃的感化来实现共在之美。之前我请教过，这里面似乎存在着一个矛盾。如何化解这个矛盾，我仍然还有疑问。

木铎：这里面确实有一个矛盾——有矛盾才好嘛，有矛盾才有张力，有张力才有化解张力的驱动，没有张力人类怎么能够不断进步呢？更一般地说，这个张力体现在"天—君—民"的循环结构之中：君意代表天意，天意来自民意，民意构成君意。"天—君—民"三者是一体贯通的，这是中国古人特有的思想图式。中国古人认为，"天生民而立之君"，君与民是一种天然的同构关系——你可以理解为命运共同体。我用"天然"这个词，是想强调这种同构关系不是偶然的，而是必然的，不是主观的，而是客观的。顺便指出一点：很多人站在现代的立场去批判古代的君主制，这种批判实际上是非批判的，因为他们没有认识到君主制在当时的历史条件下的必然性和客观性。我想说明的是：君民的同构关系，是必然的、客观的，可以视为天意。与西方思想不同，中国人不认为天意是某种来自彼岸的意志，它就来自人民的现实生活，天意是对人民意志的拟象化表达。因此，成就共在之美的根本原则，就是要回溯到民意去寻找终极根据。

匏瓜：那么，如何才能把握民意呢？

木铎：为了讲清楚这个问题，我们需要探讨孔子的"中庸"和"正名"学说。

第八场

何以中庸是对治无知的根本出路?

鲍瓜：先生认为，回溯民意需要把握孔子的中庸学说，此话怎讲？

木铎：请你想想：孔子为什么要提出中庸？《论语》为什么要花一整篇的内容——也就是《雍也》篇——来谈中庸问题？

鲍瓜：我还真的没想明白。

木铎：事实上，中庸是孔子为了把握民意、民德，不得不提出来的一个抽象化的指示。之所以说中庸是抽象的指示，是因为中庸是对民德之总体的概括。我们说过，"民"是一个集合之辞，因而民德必须视为一个总体描述。对于民德，人类是不可能把握到全部的细节和所有的环节的，但是人类可以通过观察民德所生成的秩序，对它做一个总体化的描述——这就是中庸。我先亮出结论：中庸是对人民之德行的总体抽象；而这种总体抽象，正是为了对治人类的限制性无知——这是一种根本性无知——的唯一途径。

第24节　中庸是民之德行的总体抽象

鲍瓜：先生说中庸是对民德的总体抽象，这个说法的根据是什么？

木铎：根据就在《论语》里面。我们还是回归孔子的原话来解析。虽然整个《雍也》篇都是在谈中庸问题，不过孔子明确提到"中庸"这个词只有一次。

子曰：中庸之为德也，其至矣乎！民鲜久矣！（《雍也》）

鲍瓜：据先生看，这句话的传统解释也有问题？

木铎：说到这里，我就感到莫大的悲哀、莫名的痛惜！这句话被误解了两千多年，直到今天这种误解仍在继续。

鲍瓜：愿听先生的正解。

木铎：请你大声朗读孔子的这句话，你体会到的是一种什么语气和情绪？

鲍瓜：（大声朗读一遍）一种感叹的语气？

木铎：是感叹的语气。我们要考究的是，这是一种什么性质的感叹？是赞叹还是悲叹？

鲍瓜：我觉得前面一句是赞叹，后面"民鲜久矣"一句是悲叹。

木铎：全都是赞叹——孔子这是在赞叹中庸之德的伟大创生力量。

鲍瓜："民鲜久矣"也是赞叹？不是悲叹？

木铎：也是赞叹，不是悲叹。我们还是从批判传统解释的谬误开始吧。你看到的典型解释是怎样的？

鲍瓜：何晏说："庸，常也，中和可常行之德。世乱，先王之道废，民鲜能行此道久矣。"朱子说："中者，无过不及之名也。庸，平常也。至，极也。鲜，少也。言民少此德，今已久矣。"

木铎：这类解释实在是悖谬不通。我只反问一句：既然中庸是"中和可常行之德"，为什么民又少此德久矣呢？这难道不是一个巨大的悖谬吗？

鲍瓜：按何晏的说法，"世乱，先王之道废"，这是"民鲜久矣"的根源。

木铎：那我再反问一句：如果在"世乱"的情况下，中庸之德就不能实行，它还能叫作"中和可常行之德"吗？况且，如何界定"世乱"？人类的历史又有几时不是"世乱"的状态？

鲍瓜：确实是。那问题出在"民鲜久矣"一句？

木铎：这四个字我们决不能浮皮潦草地对待。古来对"民鲜久矣"的解释都错了，"鲜"字不是稀少的意思，而是鲜活的意思，与之前我们讲"由知德者，鲜矣"的"鲜"是一个意思。①

鲍瓜：这样解有什么根据呢？

木铎：当然有根据，根据就在《论语》——这是坚不可摧的"内证"。我从分析句子结构入手。孔子的原话"中庸之为德也其至矣乎民鲜久矣"，从语法结构和句意关系看，可以分解为两句话：第一句是"中庸之为德也其至矣乎"，第二句是"民鲜久矣"。没问题吧？

鲍瓜：没问题，是两句话。

木铎：这两句话都是感叹句，前一句以"乎"结尾，后一句以"矣"结尾，都是陈述性的感叹语气。第一句感叹，又可以分析为两层意思：一层是"中庸之为德也"，即"中庸"是一种"德"，一层是"其至矣乎"，即"中庸"是一种"至德"。第二句感叹"民

---

① 《说文》："鲜，鱼名，出貉国。"徐灏曰："鱼与羊皆味之最鲜美者，貉国之鱼，盖亦以味得名，窃恐鱼名非其本义也。"或云："鱼为味之美者，羊为物之善者；羹羞之美而善者曰鲜，其本义作'新鲜'解。"（高树藩：《中文形音义综合大字典》，中华书局1989年版，第2167页。）按《论语》"鲜"字可训二义。一曰新也，明也，善也，好也。此义可灵活理解为新鲜、鲜活等相近之义。《尔雅·释诂上》曰："鲜，善也。"《广雅·释诂》曰："鲜，好也。"《易·说卦》曰："为蕃鲜。"孔颖达疏："鲜，明也。"其二，由生鲜之物引申为稀少、罕见之义。

鲜久矣"紧承前句，是阐发"民"与"中庸"之德的关联。现在的问题是："民鲜久矣"作为一个独立的句子，其结构是如何成立的？

庖瓜：它必须有独立的句子结构才能成立。

木铎：从古文句式看，"……久矣"句式的前面部分或者是一个主谓结构，或者是"主语+之+谓语"的结构，二者必居其一，总之均表示某一动作事态，"久矣"是对这一动作事态的描述，表示这一事态由来已久。①这种"……久矣"句型，《论语》中出现过多次，我们来看它的语法结构——

《八佾》：天下之无道也久矣。
《述而》：丘之祷久矣。
《子张》：上失其道，民散久矣。

不难看出，"天下之无道也""丘之祷"是"主语+之+谓语"结构，"民散"是主谓结构，总之都表示某一动作事态。《论语》中绝对没有单用一个"久"字来表示"长久进行某种行为或动作"的情形。②

庖瓜："民散久矣"和"民鲜久矣"句法完全一样啊。

木铎：你注意到这一点，非常棒！"民散久矣"是我们理解"民鲜久矣"的突破口。正如"民散久矣"的"散"是一个动作，"民鲜久矣"的"鲜"也是一个动作——这是两个完全相同的句子结构。

庖瓜：从这些句例来看，结论只能是："久矣"之前必须是

---

① 蒋绍愚：《论语研读》，中西书局2018年版，第149～150页。
② 《论语》还有使用倒装之情形。《述而》：久矣吾不复梦见周公（＝吾不复梦见周公久矣）；《子罕》：久矣哉由之行诈也（＝由之行诈也久矣哉）。"……久矣"结构《左传》亦不乏其例：尔求之久矣（文公十四年）；天之弃商久矣（僖公廿二年）。

一个动作事态。

木铎：可以确定，"……久矣"句型的前面部分要么是主谓结构，要么是"主语＋之＋谓语"结构，二者必居其一。古文句子经常省略一些成分，但句子中的谓语不能省略，否则句子就无法成立。揪住这一文法知识至关重要。

鲍瓜：这就是说，"民鲜久矣"的"民鲜"必须是一个动作事态，这句话在文法上才能成立。

木铎：正是如此。如若不然，就必须增加表示动作的字眼。所以，后人把"鲜"字错解为"稀少"，为了自圆其谬说，除了增加某些字眼外，实在别无他法。这就不难解释，为什么《礼记·中庸》在其中添加了一个表示动作的"能"字。① 这一改动维护了文法的通达，却从根本上改变了文义的指向。这是一个颠覆性的思想史事件。

鲍瓜：我发现，把"鲜"字解释为创生、鲜活，与前面的"德"字好像也有某种意义关联——因为"德"字原本就有生养、创生的意思。

木铎：正是这样。我们要深入追问的是：第一，为什么孔子赞叹中庸之德"其至矣乎"？第二，为什么中庸这种"至德"能够带来"民鲜久矣"的效果？

鲍瓜："至德"该怎么理解呢？是极致之德吗？

木铎：把"至"训为"极致"是笼统的，不确切。"至"有恳至、

---

① 《中庸》："中庸其至矣乎，民鲜能久矣。"与《论语》相比，删去了"之为德也"几个字，而增加了"能"字。程石泉参照《论语》与《中庸》，也认为按文理应如《中庸》加"能"字。（程石泉：《论语读训》，上海古籍出版社 2005 年版，第 101 页。）

通达的意思①，"至德"应该理解为恳至、通达之德。《论语》还有两次谈到"至德"，一次是孔子赞美泰伯，一次是孔子赞美周之德。②泰伯的"至德"主要是"让"（三以天下让），周的"至德"主要是"恭"（三分天下有其二，以服事殷）。"让""恭"都是情意恳至、通达的表现。《周礼·师氏》有"三德"之说，其中之一就是"至德"："一曰至德，以为道本。"郑玄注云："至德，中和之德，覆焘持载含容者也。"后面是引孔子谈"中庸"的话。③郑玄用"覆焘持载含容"来解释"至德"，是一个重要的提示。"覆焘"是覆盖之义，"持载"是载物之义，"含容"是包容之义。可见，"至德"之"至"应该训为恳至、通达，与"覆焘持载含容"的解释才吻合。

匏瓜：为什么"中庸"可以称得上是恳至、通达之德呢？

木铎：这要对"中庸"这两个字进一步解释。"庸"字《说文》训为"用"④，《尔雅》训为"常"⑤。这两种训义都正确，但对理解"中庸"还不够完备，把这两个意思综合起来才完备："庸，

---

① 《说文》："至，鸟飞从高下至地也。从一，一犹地也。象形。不上去，而至下来也。"段玉裁注："凡云'来至'者，皆于此义引申假借。引申之，为恳至，为极至。"（［清］段玉裁：《说文解字注》，凤凰出版社2015年版，第1016页。）又段注《说文》"亲，至也"云："到其地曰至，情意恳到曰至。父母者，情之最至者也，故谓之亲。"（［清］段玉裁：《说文解字注》，凤凰出版社2015年版，第716～717页。）可知"至"由本义"鸟飞从高下至地"引申为到、来之义，又引申为恳至之义。由到来、恳至之义，生发出通、达之义。《玉篇·至部》："至，通也。""至，达也。"《国语·楚语上》"至于神明"，韦昭注："至，通也。"《礼记·乐记》"礼至则无怨"，郑玄注："至，犹达也，行也。"（宗福邦、陈世铙、肖海波：《故训汇纂》，商务印书馆2003年版，第1882页。）
② 两次"至德"均见《泰伯》篇。
③ 参见［汉］郑玄注，［唐］贾公彦疏：《周礼注疏》（上），上海古籍出版社2010年版，第493页。
④ 《说文》："庸，用也。从用，从庚。庚，更事也。"朱骏声："庚有继续一义。事可施行谓之用，行而继之以常谓之庸。"（高树藩：《中文形音义综合大字典》，中华书局1989年版，第408页。）
⑤ 《尔雅》："典、彝、法、则、刑、范、矩、庸、恒、律、戛、职、秩，常也。"

243

用之常也。"① 用而不能常称不上"庸",常而不能用也称不上"庸"。"庸"字由"用之常",又引申出"和""善"等意思。②

鲍瓜："庸"的意思很完备了,孔子为什么还要用一个"中"字呢?

木铎：这就是大思想家的高明之处了。解读者往往把"中"解为不偏不倚、无过不及之名。问题是,"不偏不倚、无过不及"的根据何在?人道之所以"不偏不倚、无过不及",本源于何处?这个问题事关重大,必须进一步追问。"中"字的甲骨文有十几个,大多为独体字,字形虽然略有差异,但核心构字部件是不变的,都有一竖（"丨"）,表示上下贯通。③ 在汉字的意义体系里,"上""下"大多与天人关系相关。比如《左传·成公十三年》说："民受天地之中以生。"《左传·文公元年》说："举正于中,民则不惑。"

鲍瓜：这就是说,孔子试图为"庸"——用之常——寻找一种天道的根据,并用"中"来命名它?

木铎：严格说来,孔子不需要"寻找"根据,因为根据就在这里,如此这般的在这里,孔子所做的不过是为这种根据"命名"罢了。

鲍瓜：真是一个了不起的"命名"!

木铎：从"中""庸"的训义来看,二者各有所重,缺一不可。孔子把"中"和"庸"搭配成"中庸",是想用来描述一种贯通天人的具有普遍妥当性的德行。只谈"中"不谈"庸","中"不过是一个悬空不能落实的观念;只谈"庸"不谈"中","庸"作为用之常的普遍妥当性就难以彰显。也就是说,"中庸"一词,实际上是贯通天人的表达："中"是天命的表达,"庸"是人道的彰显,二者落实为"民"的创生活动,共同建构生生而日新的

---

① ［清］郝懿行：《尔雅义疏》,中华书局 2019 年版,第 32 页。
② 《广雅·释诂》："庸,和也。"《小尔雅·广言》："庸,善也。"
③ 《说文》：中,内也。从口、丨,上下通。

生活运动。可见，"中庸"是孔子对人民之德行的一个总体抽象。

鲍瓜：孔子想问题真是太深刻了。

木铎：好了，我把孔子的原话解释如下——

孔子说：中庸作为德行，真是恳至通达呀！人民[靠着它]生生而日新很久了！

鲍瓜：这句话被误解了两千多年，直到今天才重见天日！夫子九泉有知，一定大感欣慰！

第25节 "以人民为中心"的古典本源

鲍瓜：经先生解释，我觉得孔子的"中庸"与《礼记·中庸》篇讲的"中庸"有很大的区别，先生可否开示一二？

木铎：区别很大。简而言之，孔子用"中庸"来描述民之德行，并且是一种总体性的描述，所以叫"中庸之德"；而《礼记》讲的"中庸"不再是描述民之德行，而是围绕"圣人之道""君子之道"展开，成了"中庸之道"。

鲍瓜：从"中庸之德"到"中庸之道"的演进，主旨不同了？

木铎：大不相同了。后世学者解释孔子的"中庸"，往往与《礼记》混为一谈，结果孔子的大义被遮蔽了。比如朱熹的《论语集注》，引用程颐的话："不偏之谓中，不易之谓庸。中者天下之正道，庸者天下之定理。"这些解说都是"后世之见"，加入了理学的套路。

鲍瓜：程颐的解释，问题出在哪里呢？

木铎：如果你光停留在文字表面，你会觉得程颐的话很精妙，诸如"中者天下之正道，庸者天下之定理"这些表述。但请你仔细琢磨，这到底说出了什么呢？据我看，就是一些精妙的废话——实质上是一种恶劣的同义反复。我倒要问问程子：什么叫"天下之正道"？什么叫"天下之定理"？这些话有什么意义呢？说了等于没说；非但无益，反而有害。这样解释孔子，会造成一种很坏的风气，就是大家都喜欢玩弄一些精妙的词句，而对人民的生活没有任何的洞察和触动。孔子的"中庸"，恰恰是在人民之日用德行中生成的，不脱离人民的现实生活，并且这种生活本身是生生而日新的。可是，程颐却说"不易之谓庸"，这又大失字义，实际上背叛了孔子的精神。"庸"是"用之常"，而不是"不易"，"用之常"是可以生生而日新的——这就是"民鲜久矣"的意思，怎么能用"不易"来解呢？牛顿定律也"不易"，但那是"中庸"吗？

鲍瓜：程颐把"庸"解为"不易"，是想强调一种不变的东西？

木铎：那请问：什么东西不变？德行会不变吗？还是德性会不变？

鲍瓜：也许德性才会不变？

木铎：这正是从"德行"到"德性"的堕落——这可以视为中华文明、礼乐文明的整体堕落。从此之后，人们大谈德性，却把德行——礼乐——忘得一干二净！孔子谈的是德行，是礼乐，而不是什么德性。并且，孔子的"中庸"是谈总体的德行——人民之德行，不是谈某些人——君子、圣人——的德行。孔子是用"中庸"来提炼先王之道。先王之道，治天下之道也。治天下之道，如果脱离人民之德行，如何能治？没有恳至、周遍、通达的中庸之德，如何能够治天下？

鲍瓜：先生认为孔子的"中庸"是对先王之道的提炼？

木铎：《论语》是论道之书，"中庸"就是孔子论道——提炼先王之道——的一个例子。孔子用"中庸"来描述人民之德行，体现了一种伟大的思想努力。我们说过，人的认知是有限度的，特别是对人类历史活动的把握,我们不可能把握这个活动整体的所有细节、所有环节。怎么办呢?孔子认为,一方面,人是由天所创生的,人类的一切行为都不能超出一些天然的限度——比如你不能不立在地面上,不能不喝水,不能不呼吸空气,等等,这些天然的限度划定了一个行动的边际范围——这个范围孔子称之为"中";另一方面,在这个天然的边际范围内,人类的行为在长久的互动中会凝结而成一些特定的样式——比如礼乐之文、孝悌忠信等,它们能够让人类安身立命,获得意义感和归宿感,孔子把这些在生活中互动而形成的生活样式称为"庸"。由此看来,"中庸"是对人民生活之德行的总体抽象。作为一种总体抽象,中庸与那些具体的德行——比如孝悌——不同,孝悌针对特定的事项,中庸却没有具体的所指,只是给出一个原则,这个原则却无所不包。可以说,一切德行,只要称得上德行,一定包含着"中庸"的内涵。违背"中庸"内涵的德行,也称不上德行,根本不可能周遍、恳至、通达于天下。

鲍瓜:"中庸"作为民德的一种总体抽象,可不可以理解为孔子对人民生活的"事后观察"?

木铎:可以这样理解,"中庸"确实是孔子"事后观察"人民之德行的哲学提炼。不过,一旦"中庸"成为人们的思想指示,它就可以帮助人们获得一种前知的能力,所谓"至诚之道,可以前知"[①],所谓"究天人之际,通古今之变",都是这个道理。如果追问起来,这里面有一种伟大的直观——对人民生活的总体直观。而人之所以能够获得这种直观,是因为人自始至终就生活在人民生活的特定节律之中。区别在于,有些人能够自觉到这种节律,而多数人却自觉不到。

---

① 语出《礼记·中庸》。

匏瓜：人民生活的节律，怎么讲？

木铎：要理解这一点，我们应该明白，中庸在本质上是"乐德"。《周礼·大司乐》有云："以乐德教国子：中、和、祗、庸、孝、友。"这六种德行中，孝友一类，祗庸一类，中和一类。其中，"中和""孝友"又见于《周礼·大司徒》，"中和"属于"乡三物"中的"六德"，"孝友"属于"乡三物"中的"六行"。[1]可见，"祗庸"是描述"乐德"特别增加的。[2]"祗"用于鬼神，以敬为主；"庸"见于人民，可以常用——可以常用的德行必然包含天的力量，故而也有敬义。《尚书·康诰》有"庸庸祗祗"的说法，可见"祗庸"是一类。[3]孔子从乐之"六德"中选取二者，合言为"中庸"，有非常深刻的命意。

匏瓜：孔子的命意何在？

木铎：正如乐是"诗歌舞"的统一，"诗"是乐语，"歌"是乐歌，"舞"是乐舞。请你想想：为什么"诗歌舞"三者能够统一为彼此配合的一个整体？

匏瓜：因为它们都包含着某种共同的节律？

木铎：就是这个道理。诗是语言的旋律，歌是声音的旋律，舞是动作的旋律——三者都包含着节律，服从节律的安排。孔子用"中庸"来提炼民德的总体特征，我认为他想表达——至少是隐含着——这样一种深邃的思考：人民生活作为一个整体，包含着特定的内在节律。这个结论很重要，由此我们可以引申出一些

---

[1] 《周礼·大司徒》：以乡三物教万民而宾兴之。一曰六德：知、仁、圣、义、忠、和；二曰六行：孝、友、睦、姻、任、恤；三曰六艺：礼、乐、射、御、书、数。
[2] 郑玄曰：中，犹忠也。和，刚柔适也。祗，敬。庸，有常也。善父母曰孝，善兄弟曰友。（［汉］郑玄注，［唐］贾公彦疏：《周礼注疏》（中），上海古籍出版社2010年版，第833页。）
[3] ［日］松平赖宽：《论语征集览》（上），上海古籍出版社2017年版，第495～496页。

思想。第一，人民生活虽然在种种细节和环节上我们无法尽知，但作为一个总体是服从特定的节律的——你也可以把"节律"理解为秩序的内在运动。第二，人民生活的内在节律不是任何人设计出来的，因为没有任何人能够把握其中的所有细节和环节，而正是这些细节和环节构成了节律。那这种内在节律或者说秩序是怎么来的呢？答案只能是：它是所有人在现实生活中通过各种互动而慢慢形成的，这正如一首旋律是由不同的音符互动而成的一样。所以第三，人民生活的节律是由它自身的内在逻辑规定的，不是任意的。正如旋律的运行也服从旋律自身走向的固有逻辑，它的下一个乐句怎么走，是由上一个乐句规定的，作曲家的创作也不能违背这种规定——诸如上一句的调式、节奏、色彩、旋律走向，等等，作曲家的创造性是在遵循这些规定的基础上实现的。于是，这里面就包含了一种特有的张力，即现实与理想、实然与应然的张力。前面我们说过，这种张力是一种时间性张力——不管是人民生活的运动还是音乐的运行，都包含着这种张力。能够承担这一张力的群体，是君子。把握这几个论断，对于我们理解人民生活的运动特别重要。我认为，孔子"民鲜久矣"的"鲜"字包含着——至少是隐含着——这种思想识度。

鲍瓜："鲜"字包含着这样深刻的意义呀？

木铎："鲜"字可以灵活理解为鲜活、创新，《系辞》讲"日新之谓盛德，生生之谓易"，戴震说"仁者，生生之德也"，也是这个意思。"民鲜久矣"，"鲜"是"久"的前提，不能"鲜"的人民生活是不可能"久"的。

鲍瓜：微妙之处就在于，这种不断"日新"的"盛德"恰恰是由人民生活本身创造出来的。

木铎：由人民之德行建构起来的社会生活，它服从自身运动的内在节律，也就是说，它是自我创生、自我批判、自我革命的，没有任何一种外在的力量可以规定它的方向，也没有任何一个人可以提前设计它的未来。据我看，孔子提出"义"，就是想表达这一微妙的思想。"义"不是心性的东西，也不是主观的理念，而是由人民生活建构起来的。能不能洞察这一点，考验着一个人的智慧。所以樊迟"问知"，孔子有一次就回答"务民之义"。

鲍瓜："务民之义"与《大学》讲的"亲民"有没有关联？

木铎：我认为《大学》的"亲民"就是对孔子"务民之义"的提炼。"亲民"意味着，为政者要亲近人民的现实生活，尊重人民的中庸德行，一切制度、政策都要以人民为中心，"从群众中来，到群众中去"——这是"为政以德"的根本原则。"为政以德"的"德"，就是要以人民的中庸之德为中心。既不重复过去的旧路——这实际上是不可能的，因为时间不可逆，历史不可能开倒车；也不能脱离现实提出过高的要求——即便提出过高的要求，最终也会被现实的必然性否定掉。总之，只有服从"以人民为中心"这个根本原则，按照它的要求去做，才可能成就人类的共在之美。

鲍瓜：这么说，"以人民为中心"不仅仅是一个价值指认，同时也是一个事实指认？

木铎：准确地说，"以人民为中心"是把事实和价值统一为一个整体，既是现实逻辑——中庸之德的自我创生，也是价值原则——坚持人民至上。

第26节　人的认知限度必然承诺中庸

鲍瓜：先生指出，孔子的"中庸"是对人民之德行的总体描述，并且是一种"乐德"。先生把音乐的演进与人类社会的演进做类比，令人茅塞顿开。读《论语》，我发现孔子对乐有极深的体悟。我想继续请教：孔子为什么那么重视乐？他的道理何在？

木铎：孔子说："兴于诗，立于礼，成于乐。"我们讲过，这是孔子立德树人的总纲领。"成于乐"表明：只有达到"乐"的状态，才能"成"人。

> 子曰：知之者不如好之者，好之者不如乐之者。（《雍也》）

匏瓜：这句话有什么深意？

木铎：这句话的"乐"字，不要仅仅理解为"快乐"的"乐"，它还包含着"礼乐"的"乐"的意义。这句话也表明，孔子认为"知之"不如"好之"，"好之"不如"乐之"，"乐"是最高的状态。

匏瓜："乐之"的状态，也就是孔子"三月不知肉味"的状态吧？

> 子在齐闻《韶》，三月不知肉味。曰："不图为乐之至于斯也！"（《述而》）

木铎："不知肉味"表明，孔子已经完全沉浸于乐的陶冶，物质的欲望已经完全被这种乐感的陶冶融化了。孔子相信，如果按照礼乐去做，人类的共在是可以达到这种境界的。

匏瓜：在这方面孔子有什么指示吗？

木铎：有的。我们来解读孔子的一句话——这句话非常重要，是孔子专门对鲁大师谈乐的，可惜过去的解读没有表现出其中的全部意味。

> 子语鲁大师乐，曰：乐其可知也：始作，翕如也；从之，纯如也，皦如也，绎如也，以成。（《八佾》）

鲍瓜：这句话有什么深意？

木铎：一般解读者认为孔子这句话只是谈乐本身，殊不知，孔子是通过谈乐来展示人类共在之美是如何达成的。孔子认为，这种共在之美只有在乐中才能达到极致，除此之外没有第二条道路。请注意，这句话是有语境指示的——"子语鲁大师乐"——这是孔子专门对鲁大师谈乐的。大师在古代是司乐的专业官职，如果只是谈乐本身，显然大师比孔子更专业，不需要孔子来谈。孔子讲"乐其可知也"，这个"知"是彻知乐之为乐的道理，不只是谈乐本身。

鲍瓜：也就是说，孔子是由谈乐引申到乐对人类共在的大义上？

木铎：从语境来看，我们应该这样解读，这句话的意义才完备。孔子用了四个字——翕、纯、皦、绎——来描述乐的展开进程，他同时在暗示，这是人类共在之美的成就过程。

鲍瓜：这四个字该怎么理解呢？

木铎：这四个字都是设譬之辞，不能只从字面意思去理解。一方面，孔子是描画乐曲从"始作"到"从之"再到"以成"的运行状态；另一方面，孔子也隐射人与乐曲同频共振的心境变化，并暗示人类共在也像乐的演进一样。我们解释一下这四个字。

翕[1]，是鸟初飞而羽毛合举的样子。"始作，翕如也"，表示乐曲开始时的运行状态，即确定一个势态，如同鸟初飞的合翅而举，如同草木的初生而不断向荣，物性的乐音与存在的心境同时开启。

纯[2]，本义是丝，这里有纯一不杂之义。"从之"的"从"，有人训为"纵"，其实不必，按本字去理解即可。"从之，纯如也"

---

[1] 《说文》："翕，起也。从羽，合声。"《玉篇》："翕，合也。"
[2] 《说文》："纯，丝也。"《论语·子罕》："今也纯，俭，吾从众。"何晏注："纯，丝也。丝易成，故从俭。"

是说，随着"始作，翕如也"所确定的势态演进下来，众音彼此交会互动，达成和谐如一的状态，这是《尚书》所谓"八音克谐，无相夺伦"的境界。此时，众音的互动和心灵的感应同时达到纯一不杂的存在境界。

皦①，本义是玉石之白，这里是指音节清澈明亮。"皦如也"是说，乐曲的清亮打动了心灵，让心境同时清澈明亮起来。到这个阶段，心灵就像玉石一样明亮皎洁，每一个音调都浸透着情绪，每一个意象都充实着心灵，扫荡一切晦暗不明，达到光明不惑的存在境界。

绎②，本义是抽丝，引申为梳理、绎解的意思。"绎如也，以成"是描画乐曲的成就状态。这个"绎"字的理解非常关键。"绎"，朱子解释为"相续不绝"，这还停留于物理层面，解不出这个字的深意。"绎"在这里是指志意通达、无所不贯的状态。③ "绎如也，以成"是说，人在乐曲的成就中与万事万物融为一体，达成一体共融的存在境界。"绎"字的解释很关键，幸好这个字在《论语》还出现过一次——

> 子曰：法语之言，能无从乎？改之为贵。巽与之言，能无说乎？绎之为贵。说而不绎，从而不改，吾末如之何也已矣。（《子罕》）

匏瓜：这段话怎么理解？
木铎：大义是说：符合法度的言辞，能不依从吗？只有真正

---

① 《说文》："皦，玉石之白也。"
② 《说文》："绎，抽丝也。"段玉裁注："绎，引申为凡骆驿、温寻之称。"《方言》："绎，理也。丝曰绎之。"郭璞注："绎，言解绎也。"
③ ［唐］陆德明《经典释文》："绎，志意条达之貌。"

按照它去改过才可贵。赞美恭顺的言辞，能不高兴吗？只有按照它如实地做出来，在身体力行中去成就才可贵。如果听到美言只是一时高兴而不真实地做出来（说而不绎），只是表面逢迎顺从而不真正改正过失（从而不改），这种人我实在是没有什么办法了。①

饱瓜：这句话的"绎"字意思很精妙呀！

木铎：从这个语境来看，"绎"这个字表达的是一种贯彻始终、心志落实于行动、事物相互通达、人与人无所对逆地融合在一起的共在状态。"绎如也，以成"，描述的就是乐的成就状态，这不仅仅是复归人性之美，更是实现人与人、人与天地一体共在的和融境界。②"以成"的"成"，就是"成于乐""文之以礼乐，亦可以为成人矣"的"成"。

饱瓜：这种境界就是孔子"语鲁大师乐"想指出的深意？

木铎：是的，如果只是谈乐本身，鲁大师难道不懂得声音节奏这些东西？孔子何必多此一举？子曰："吾自卫反鲁，然后乐正，雅颂各得其所。"③孔子晚年回到鲁国，订诗正乐，"子语鲁大师乐"应该是这时候说的话。这段话，言简而意深，也只有对专业人士——鲁大师——说才有意义。

饱瓜：这样看来，孔子用"中庸"来总括民德，而且视之为一种"乐德"，包含着深刻的命意。我整理一下我所学到的东西：第一，人类要想把握社会历史的演进，必须把握人民生活的运动，毕竟社会历史就是由人民生活建构起来的；第二，把握人民生活的运动必须具有一种总体的视野，具体说就是把握人民的中庸之德；第三，人民的中庸之德是生生而日新的，这种不断自我创化、自我革新的进程，服从某种内在的节律，它与乐曲的演进具有相

---

① 参见谭家哲：《论语平解》，漫游者文化事业股份有限公司2012年版，第262页。
② 同上书，第263页。
③ 语出《论语·子罕》。

似性：都承载着现实与理想的时间性张力。

木铎：总结得很好。我想再强调一点：孔子之所以提出中庸，用它来描述民德的总体，实际上默认了人类认知的有限性。这种有限性是一种大限——天然的限度，是不可突破的，因而必然承诺——指认——这样一种中庸之德。同时，由于中庸之德是不断自我创化的，因而人必须不断学习，因时而生义，做到"学则不固"。学习不是为了突破那种天然的限度（这是不可能的），而是为了与人民生活保持亲近，获得与时俱进的动力和能力。因此，归根到底，承诺了中庸的绝对重要性，也就承诺了学习的绝对重要性。当我们领会了孔子思想的脉络，再回头来看孔子对自己一生的自述，就会觉得特别意味深长了——

> 子曰：吾十有五而志于学，三十而立，四十而不惑，五十而知天命，六十而耳顺，七十而从心所欲不逾矩。（《为政》）

匏瓜：这段话有什么深长的意味呢？

木铎：至少体现在两个方面：第一，这段话孔子所自述的生命进程——从十五岁立志于学，三十岁而立于礼，四十岁对自己的欲望不再有任何迷惑[①]，五十岁而彻知天命的大义，六十岁耳顺而不逆，七十岁而达到从心所欲不逾矩的化境——本身反映了个人生命的中庸之德，正如一首乐曲的演进一样，是一步一步不断自我批判，一步一步不断自我提升的过程。第二，从主题来说，表面看来，这段话如果放在《述而》篇似乎更合适些，可是放在《为

[①] 《论语》中的"惑"字都是针对心志欲望而言，不是针对外在事物而言。心志欲望不再有任何迷惑，这叫"不惑"，或"知者不惑"。表达对外在事物的不知，《论语》不用"惑"，而用"疑"字。

政》篇，你认为编者是什么用意？

鲍瓜：我只能说这种编排肯定不是随意的，但一时还琢磨不透是什么用意。

木铎：我分享一下我的理解。我认为编者的用意是：为政的终极目标无非是澄明人道之正，澄明人道之正的过程就像乐曲的演进一样，展开为生命活动的节律，遵循着自我批判的法则，所以为政应当遵循这种节律，服从这种法则，就像孔子的一生所展现的一样。

第九场

为什么说正名是一种革命性思想？

鲍瓜：先生说过，人民生活的秩序是自我创生出来的，没有任何人可以提前设计人类的未来。果真如此，我想请问：对于历史，人的主动性是不是没有意义了？

木铎：怎么会没有意义？当我们真正弄明白历史是怎么运动的，我们才能够彻底弄明白：我们的主动性应该怎么施展？或者说得更彻底一点：什么才是真正意义上的历史主动性？历史是由人的活动建构起来的，因而人怎么活动，历史就将被怎么建构。这里的微妙就在于：人总是带着理想而生活的，但生活又总是在现实中生活，所以人的活动实际上承载着理想与现实的张力——一切时间性的存在都包含着这种张力。

鲍瓜：那人的主动性体现在哪里呢？

木铎：总体上说，人的主动性就体现在弘道的努力上。一方面，人能弘道，道总是人走出来的；另一方面，人的弘道又不是任意的，总得在特定的历史条件下展开。这里的微妙就在于：人是在既定的条件下展开活动的，而人的活动又能够不断突破这些既定条件的限制，探索出新的可能性。这是一种历史辩证法，孔子讲的"时""义"实际上就是试图把捉这种历史辩证法。人的主动性也就体现为这种历史辩证法。

鲍瓜：孔子讲"人能弘道"，到底弘的是什么道？又是怎弘的？

木铎：弘道的道就是人类共在之正道——我们以"先王之道"来指称。这个道并不是什么虚无缥缈的东西，就贯彻在人民的现实生活中。所以，人怎么弘道呢？就是通过与时俱进的学习，亲近人民的现实生活，不断"务民之义"，洞察生生而日新的中庸之德。章学诚有一段话说得好——

> 圣人求道，道无可见，即众人之不知其然而然，圣人所藉以见道者也。故不知其然而然，一阴一阳之迹也。学于圣人，斯为贤人。学于贤人，斯为君子。学于众人，斯为圣人。非众可学也，求道必于一阴一阳之迹也。①

匏瓜："求道必于一阴一阳之迹"，这话怎么理解？

木铎："一阴一阳"是恒常之道，"一阴一阳之迹"是恒常之道的显现。怎么显现？就显现在人民生活中，这就是中庸之德。所以，求道就是从中庸之德去求。

匏瓜：问题是，中庸之德只是对人民生活的一个总体描述，只是给出了一个原则性的指示，具体该怎么做？

木铎：通过"命名—正名"之间的张力来做。你可不要小瞧命名这件事。命名本身就是一种施行的力量，是能够对行动产生效应的力量。孔子提炼先王之道的旨归，命名为"仁"，这对于中华文明是开天辟地的大事。其他的命名行为，诸如"孝弟""忠恕"等，都是中华文明史上的大事。圣人"学于众人"，通过观察人民生活，发现中庸之德的具体内容，而后命名这些具体内容，或者改正不当的命名，这叫"正名"。据我看，"正名"是孔子

---

① ［清］章学诚：《文史通义校注》（上），中华书局2014年版，第112页。

最具有革命性的思想。

鲍瓜："正名"是一种革命性的思想？

木铎：是的，而且是最彻底的革命性思想。

第 27 节　正名的主旨在于复兴礼乐

鲍瓜：先生说"正名"是孔子最彻底的革命性思想，这让我感到惊讶。我之前看到的解读，大多认为孔子的"正名"是一种保守的思想，是逆历史潮流而动。

木铎：这是对孔子严重的误读，一种"革命性"的误读——"革"掉了孔子思想之"命"。今天我们要对这种"革命性"的误读开展革命性的批判。

鲍瓜：怎么批判？

木铎：从原文入手，我们看孔子谈及"正名"的章句。

> 子路曰："卫君待子而为政，子将奚先？"子曰："必也正名乎！"子路曰："有是哉，子之迂也！奚其正？"子曰："野哉由也！君子于其所不知，盖阙如也。名不正，则言不顺；言不顺，则事不成；事不成，则礼乐不兴；礼乐不兴，则刑罚不中；刑罚不中，则民无所措手足。故君子名之必可言也，言之必可行也。君子于其言，无所苟而已矣。"（《子路》）

鲍瓜：这应该是孔子周游到卫国的时候，发生的一段对话？

木铎：是的。解读这段对话，需要考虑到这个背景，但又不能局限于这个背景。

鲍瓜：怎么讲？

木铎：这段对话是孔子回答子路的提问而发生的。子路问的是"子将奚先？"，也就是从什么地方开始下手？请注意孔子"必也正名乎"这个表达。我们讲过"必也……乎"这个结构的意义。"必也正名乎"表达的是一种假设的语气，相当于说："如果一定要让我来为政，那么我一定会从正名入手。"这显然是一种假设的语气。因而，孔子既是针对卫国当时的情况来谈正名，也是从为政的一般道理来谈正名，二者不可偏废；我们的解读要呈现这两个方面的意义。事实上，"名不正"不只是卫国的个案，在当时的诸侯国多多少少都存在。更一般地讲，"名不正"是对一切政治问题的根源性追溯。

鲍瓜：孔子并不真的想在卫国为政，"必也正名乎"是谈一种假设的情形，在史实上有依据吗？

木铎：《论语》记载了这方面的实情——

> 冉有曰："夫子为卫君乎？"子贡曰："诺。吾将问之。"入，曰："伯夷、叔齐，何人也？"曰："古之贤人也。"曰："怨乎？"曰："求仁而得仁，又何怨？"出，曰："夫子不为也。"（《述而》）

鲍瓜：子贡厉害呀，不直接问夫子的打算，而是问"伯夷叔齐何人也"。

木铎：所以我说子贡是最善于提问的弟子。看这段问答，子贡英气勃发的姿态，跃然纸上。

鲍瓜：孔子当时并不想在卫国为政，那么他谈正名是针对卫国的情况来一般性地谈政治问题了？

木铎：是这样的。卫国当时的情况确实是"名不正"的典型，这集中体现在祖孙三代的混乱关系上。卫灵公（姬元）的太子是蒯聩。蒯聩与灵公夫人南子有恶，想暗杀南子，被南子发觉，告知灵公。事发后，蒯聩出逃到宋国，后来又投奔晋国的赵氏。晋国与卫国当时是敌对之国。这事发生后，灵公想立少子郢为太子，郢推辞不受。当年灵公去世，灵公夫人让公子郢继位，公子郢却让蒯聩之子辄继位，辄就是卫出公。同年六月，晋国的赵简子送太子蒯聩回国，想让蒯聩即位，卫人发兵攻击蒯聩，蒯聩不得入国。这是大致的历史背景。

鲍瓜：这就演变成蒯聩与辄之间的父子相争了。

木铎：这叫"父不父，子不子"。我们不去详究历史细节了，我们主要来探讨这段对话的主旨。据你看，主旨是什么？

鲍瓜：就是"正名"咯。

木铎：正名是手段，不是主旨，主旨在礼乐。正名是孔子为了复兴礼乐的下手处。

鲍瓜：孔子的原话确实提到了礼乐。

木铎：卫国和鲁国，都是周王室后裔的封国。卫国的开国君主是周武王的弟弟康叔，鲁国的开国君主是周武王的弟弟周公旦之子伯禽。所以孔子讲过一句话——

> 子曰：鲁卫之政，兄弟也。（《论语·子路》）

鲍瓜：这是说，鲁国和卫国的政治非常类似？

木铎：两国都保存着周礼的遗风，当时礼乐尚在，只是废墜不举，假如让孔子来为政，他肯定要复兴礼乐，而复兴礼乐一定从正名开始。

鲍瓜：复兴礼乐的方法是正名，正名也就是要摆正这些混乱的关系？

木铎：摆正混乱的关系是当时的急务，不过正名的深意不止于此。卫出公是卫灵公的孙子，取代父亲而即位，这本身就是混乱。这叫"名不正"。这种混乱会造成诸多关系的尴尬难行。告庙以子自称，把昭穆①置于何地？与邻国相处以什么名义？以子的名义，人家怎么识别？以孙的名义，又导致内外各行一套，如何说话？拒绝父亲入国，命令国中兴师攻打父亲，以什么来号令？这叫"言不顺"。于是祭祀、宾旅、朝聘、军旅，一切事情都废弛难行。这叫"事不成"。②王道不外乎彝伦，大仁不离于礼乐。先王之道，礼乐为主。礼乐之兴，以孝为本。卫出公（辄）拒斥父亲（蒯聩）入国，蒯聩要杀母亲（尽管不是生母），这些都违反了孝道。孝道不立，礼乐如何能兴？礼乐之兴，必在事成之后，事成而后作礼乐。现在诸事不成，礼乐如何能兴？这一切的根源都在"名不正"，孔子这是在追根溯源呀。

匏瓜：子路反倒说孔子"迂"！

木铎：子路说"子之迂也"，"迂"有绕远路的意思。子路的性情比较急躁，希望找到快刀斩乱麻的方式来解决卫国的问题。孔子说子路"野哉由也"，"野"是说子路不明礼乐之道。③孔子认为，礼乐之道才是从根源解决问题的方式。

匏瓜："礼乐不兴，则刑罚不中"，礼乐与刑罚又有什么关联呢？朱子《集注》引范氏的话说："事得其序之谓礼，物得其和之谓乐。事不成则无序而不和，故礼乐不兴。礼乐不兴，则施之政事皆失其道，故刑罚不中。"这个解释怎样？

木铎：废话连篇！

匏瓜：废话？为什么？

---

① 昭穆指父子之伦：昭为父，昭者明也；穆为子，穆者敬也。
② 参见［日］松平赖宽：《论语征集览》（下），上海古籍出版社2017年版，第985～986页。
③ 《论语·雍也》："质胜文则野，文胜质则史。"按此句文指礼乐而言。

木铎：谁不知道"事得其序之谓礼，物得其和之谓乐"呢？这叫同义反复，废话一堆。孔子要探究的不是什么叫礼乐，而是礼乐不兴的根源——名不正——是怎么发生的？

鲍瓜：经您这么一说，范氏的话确实是同义反复。

木铎：你要练就一副火眼金睛，要识破一切同义反复，不要纠缠于这些废话。孔子想表达的是：礼乐一方面可以为人们提供安身立命的归宿感，一方面还可以培养人们的羞耻心。生活没有归宿感，行事没有羞耻心，刑罚也就彻底失去意义。

> 子曰：道之以政，齐之以刑，民免而无耻；道之以德，齐之以礼，有耻且格。（《为政》）

鲍瓜：在孔子看来，没有羞耻心作为基础，刑罚只会沦为一种外在的强制。

木铎：孔子这是从根源上谈问题，他并不是否认刑罚的必要性，而是想指出刑罚的必要性仅仅是"补礼乐之不逮"，并不是解决问题的根本出路。请想象一下，如果一个国家的人民毫无归宿感，毫无羞耻心，过着一种无耻苟且的生活，情况会怎么样呢？与"有耻且格"相反，那一定是"无耻且滥"的状态，到处戾气弥漫，怨气熏天。这时候即便刑罚再多，也无济于事，反而会雪上加霜。

鲍瓜："有耻且格"的"格"字怎么理解？

木铎："格"字非常关键，必须融会贯通地理解。"格"的本义是树木枝条长的样子[1]，引申出"法式"[2]"匡正"[3]"达

---

[1] 《说文》："格，木长貌。"徐锴《系传》："亦谓树高长枝为格。"
[2] 《礼记·缁衣》："言有物而行有格。"此义如"格言""格式"之格。
[3] 《孟子·离娄上》：惟大人为能格君心之非。

263

至"①"感通"②等含义。"有耻且格"是指这样一种存在状态：人们过着一种有羞耻之心，遵循特定仪范，不断自生其正，相互感通融洽的共情生活。这是"道之以德，齐之以礼"带来的效果。相反，"礼乐不兴，则刑罚不中"是说，如果礼乐不兴，人民就没有归宿感和羞耻心，刑罚势必沦为一种冷冰冰的外在强制。外在的强制不等于自觉的遵守。外在的强制无异于一种无形的暴力。人民生活在这种无形的暴力下，随时随地都惶惑不安，怎么安放手足都成问题，所以说"刑罚不中，则民无所措手足"。这绝不是危言耸听，而是势所必至。

匏瓜：看来正名是一种问病穷源的方法。

第 28 节　正名必须探究意义的本源

匏瓜：先生说正名是一种革命性的思想，请再解说一下。

木铎：解答这个问题，需要理解"名"的丰富意义，以及由此而来"正名"的"正"是一种什么样的活动。"名"这个字，从口从夕，本义是人们在夜间彼此看不见，就称呼自己的名字告知对方。③ 据此，"名"有一种应对黑暗的力量。所以《释名》解释为："名者，明也。"这是说，通过名，人们能够把混沌的世界在语言中敞亮。在孔子的时代，"名"发展出很丰富的意义。《尹文子》有一段话——

---

① 《尚书·尧典》：光被四表，格于上下。
② 《尚书·说命》：格于皇天。
③ 《说文》："名，自命也。从口，从夕。夕者，冥也。冥不相见，故以口自名。"张舜徽《约注》："许君云自命者，谓自呼其名也……冥行则必自呼其名，使人知之，所以厚别远嫌也。"（汤可敬：《说文解字今释》（一），上海古籍出版社2018年版，第164～165页。）

> 名有三科，法有四呈。一曰命物之名，方圆白黑是也；二曰毁誉之名，善恶贵贱是也；三曰况谓之名，贤愚爱憎是也。一曰不变之法，君臣上下是也；二曰齐俗之法，能鄙同异是也；三曰治众之法，庆赏刑罚是也；四曰平准之法，律度权量是也。[①]

鲍瓜：这里讲的"方圆白黑"这些"命物之名"显然是不可变的，"君臣上下"这些"不变之法"显然也是不可变的。孔子要"正"的"名"显然不是这些吧？

木铎：《尹文子》对名的区分可以帮助我们理解名的多层含义。"君臣上下"是"不变之法"，这没错；问题是"君""臣"之"名"是怎么建构起来的？这并不只是一句"君臣上下"就能打发掉的。孔子的追问更根本：名是怎么来的？只有搞清楚名是怎么来的，才可能搞清楚如何来正名。"正"并不是一种想当然的主观行为，它必须有现实的根据。这个根据是什么呢？就是人类共在不断兴起的现实生活。正名的终极根据只能回到现实生活去探寻。

鲍瓜：怎么探寻？

木铎：我们首先要明白，中国古人讲的名，与西方哲学的唯名论讲的名不是一回事。名不等于概念；正名也不是讲一般意义的名实相副，而是要让名在特定的情境下可以被接受，从而可以被实行——这叫"名之必可言也，言之必可行也"。所谓"特定的情境"，是一种活生生的创造力量。还是举例子来说明吧，比如《论语》有一段著名的对话——

> 叶公语孔子曰："吾党有直躬者：其父攘羊，而子证之。"

---

① 语出《尹文子·大道上》。

孔子曰："吾党之直者异于是：父为子隐，子为父隐，直在其中矣。"（《子路》）

鲍瓜：这段对话争议可大了，它涉及"正名"的问题吗？

木铎：这段对话与"正名"章都出现在《子路》篇，显然主题是有关联的，这是编者把它们编在同一篇的用意。这一章是从父子关系来讨论"直"的问题，本身就包含着正名的意义。

鲍瓜：直是正直的意思吗？正直和正名应该有关系吧？

木铎：准确理解这一章的大义，"直"字的训义十分关键。直有正直的意思，不过这是引申义，不是本义。《说文》这样解释："直，正见也。从乚，从十，从目。"段玉裁说："谓以十目视乚，乚者无所逃也。"王筠《句读》说："十目所视，无微不见，爰得我直矣。"[①] 可惜这些解释都遗失了"直"的初义。"直"的甲骨文，像种子发芽的样子——这个象形和"德"字的甲骨文有关联。徐中舒《甲骨文字典》估计是受《说文》的影响，把那个种子的象形理解成眼睛，发芽的象形理解成悬锤，于是他解释为："从目上一竖，会以目视悬（悬锤），测得直立之意。"[②] 这显然不是初义了。

鲍瓜：先生认为这些解释不是"直"的初义，有什么根据吗？

木铎：我不说没有根据的话。训诂学有一种同源字分析方法，也就是通过同根字相互参证来确定一个字的意义。与"直"同根的字，比如"值""殖""置""埴""稙"这些字，都有同一个意象，都与生根、立基、潜能有关。孔子主张父子相隐，这是强调父子之间"主孝不主直"[③]，应当把孝道作为父子恩情的根

---

① 汤可敬：《说文解字今释》（四），上海古籍出版社2018年版，第1858页。
② 同上。
③ [日]松平赖宽：《论语征集览》（下），上海古籍出版社2017年版，第1016页。

基，养护这种潜能，其他德行自然会得到生长①，所以说："父为子隐，子为父隐，直在其中矣。"请注意，《论语》经常出现"某在其中矣"句式，它的语义功能是通过行彼事而成此事。例如："言寡尤，行寡悔，禄在其中矣"是说，通过"言寡尤，行寡悔"，自然能够成就"禄"，不是说"言寡尤，行寡悔"就是"禄"；"博学而笃志，切问而近思，仁在其中矣"是说，通过"博学而笃志，切问而近思"，自然能够成就"仁"，不是说"博学而笃志，切问而近思"就是"仁"；等等。

鲍瓜：按照先生对这个句式的分析，"父为子隐，子为父隐，直在其中矣"是说，通过"父为子隐，子为父隐"，自然能够成就"直"，而不是说"父为子隐，子为父隐"就是"直"？

木铎：没错。"直在其中矣"这个句式表明，孔子不认为"父为子隐，子为父隐"就是"直"，而是成就的"直"的根基。显然，这里的"直"字，一方面可以解释为引申义——直行、正直，其实也包含"直"的本义——立基、生根的意思。"直"的本义，在《论语》中出现过，比如这句话——

子曰："人之生也直，罔之生也幸而免。"（《雍也》）

鲍瓜："人之生也直"的"直"是本义？

木铎：应该解释为本义。"人之生也直"是说，人本来就有一种生长向上的天性。所以前面我们梳理德行的结构时指出，"直"本身还称不上德行，只是德行的天然基础。

鲍瓜："父为子隐，子为父隐"这句话，有一种新的解释，把"隐"解释为"檃栝"的檃，檃栝是"正曲木之木"，也就是《荀子·性

---

① 倪培民：《孔子：人能弘道》，李子华译，世界图书出版公司2021年版，第140页。

恶》篇讲的："枸木必将待檃栝烝矫然后直。"由此，檃就是矫正的意思。①这种解释如何？

木铎：这种解释在训诂学上是有根据的，但这样解释实际上把孔子思考的问题肤浅化了。其实，"隐"就是"事亲有隐而无犯"的意思，"隐"是指不称扬亲人的过失。②为什么不称扬亲人的过失？当然是为了矫正亲人的过失，这还要多说吗？因此，"隐"字已经包含矫正的意思在内，没必要另外解释为"檃栝"的檃，这是多此一举。当然，"隐"也不能直接说成"隐瞒"，这样解释太僵硬了。这一章后人有很多争论，其实大多是望文生义，没有准确理解"隐"字和"直"字，也没有注意到"直在其中矣"这个句式的语义功能。

匏瓜：那这一章如何体现了"正名"呢？

木铎：还需要解释吗？明白了"隐"和"直"的本源关联，这其实就是一种"正名"嘛。关键是我们要充分领会，孔子是怎样思考问题的。他是要把一切的名（父父子子）还原到本然的真实性去建立根基。他之所以反对"其父攘羊，而子证之"，是因为这种做法已经违背了父子关系（名）的真实内容。攘羊和偷羊不同。攘羊是说，别人家的羊来到自己家，顺手把它藏起来。③这种行为当然不对，但与故意去偷羊，性质是有所不同的。父亲的这种过失，作为儿子不应该去称扬它，更不应该去法庭上举证它。刑法都有"容隐"的权利，一个人可以谢绝去为亲人的罪责作证，

---

① 王弘治：《〈论语〉"亲亲相隐"章重读——兼论刘清平、郭齐勇诸先生之失》，《浙江学刊》2007年第1期；廖名春：《孔子真精神：〈论语〉疑惑解读》，孔学堂书局2014年版，第19～54页。
② 《礼记·檀弓》："事亲有隐而无犯。"郑玄注："谓不称扬其过失也。"
③ 《尚书·微子》："今殷民乃攘窃神祇之牺牷牲用以容。"传云："自来而取曰攘。"《淮南子·氾论》："直躬，其父攘羊，而子证之。"高诱注："凡六畜自来而取之曰攘也。"

就是要照顾到亲情的天然性。如若不然，只知道以"正义"的名义，不管什么关系，哪怕是亲子之间，都相互举报揭发，人伦关系都不能维系，生活将会失去安全感的最后根基，又如何指望一个社会稳定？父子关系尚且不能摆正，结果必然是礼乐崩坏，诸事难行。孔子是要找到一切秩序得以形成的根基，并维护这个根基。

鲍瓜：父子相隐是否违背"正义""公正"的要求？

木铎：这要看你怎么思考"正义""公正"。如果你像柏拉图那样思考问题，从一个关于"正义"的理念出发，认为现实就是对理念的不够完美的摹仿和分有，那么，你一定会赞同"其父攘羊，而子证之"这种做法。

鲍瓜：孔子反对这种做法，说明他思考问题的方式不一样？

木铎：孔子不是从一个抽象的理念出发，而是从具体的实情出发。这个具体的实情是活生生的，它无法切割、整合到一个绝对的理念中。相反，只有维护好这些活生生的实情，一种真正有生命力的"正义"才可能实现。孔子与柏拉图是两种完全不同的思路。如果说柏拉图是理念先行、逻辑挂帅，那么孔子就是生活第一、真实至上。父子关系是天伦，也是天命，如果这种关系都被破坏了，"正义"是不可能达成的。孔子要追问的是：什么是秩序？一种真正有生命力的秩序是如何成为可能的？

鲍瓜：父子关系是天伦，有某种恒常不变的意义在。如果是一般的社会关系，会随时代而变，情况肯定要复杂一些。这时候又如何来"正名"呢？

木铎：我们之前讨论过"时"与"义"，这两个字眼是孔子为了把握现实生活的运动而提出来的。这意味着，如何"正名"，取决于我们如何把握"时""义"。

鲍瓜：如何把握？

木铎：这种把握可不像我们去抓住一根木棍那么简单。人类共在的活动是生生创化的，不是一根静止的木棍。"时"表达的是生活之流的时机化的展开过程，"义"表达的是生活之流衍生出来的共在需要。生活的时机不是静止的，共在的需要也不是凝固的。

匏瓜：有人把"义"理解为"正当"或"道理"[①]，可以吗？

木铎：这样理解没错，但和同义反复有什么区别呢？你当然可以用"正当"来转述"义"，可是问题仍然没有解决：请问"正当"又该如何理解？它的根据何在？

匏瓜：确实是哦。

木铎："义"字在《论语》中有多个意思，但孔子用这个字的主要意思，是与"时"相关的。我把"义"理解为由"时"的演化所规定出来的客观需要。"客观需要"的"客观"是说，这种需要不是某一个人的需要，而是群体生活建构起来的需要，因而是客观的、必然的需要。没有需要就没有人类社会，需要恰恰反映了最本源的社会力量或社会权力（social power）的生成。[②] 不同的"时"会有不同的需要，因而会有不同的"义"。所以孔子有"徙义"的说法——

> 子曰：德之不修，学之不讲，闻义不能徙，不善不能改，是吾忧也。（《述而》）
> 子张问崇德、辨惑。子曰：主忠信，徙义，崇德也……（《颜渊》）

[①] 劳思光：《新编中国哲学史》（一卷），广西师范大学出版社2005年版，第83页。
[②] 参见王德峰：《社会权力的性质与起源——一个历史唯物主义的分析》，《哲学研究》2008年第7期。

匏瓜：孔子用"徙义"来界定"崇德"，看来"德"也要与时俱进呀！

木铎："义"而能够"徙"，这说明了什么？说明"义"不是一成不变的。"闻义不能徙""不善不能改"，这里的"义"和"善"都是与"时"俱兴的，并不是什么心性之物。这叫"日新之谓盛德，生生之谓易"。孔子说过"仁者不忧"，可是他老人家也有"忧"啊，看看他"忧"的是什么。他所忧的几个内容，一言以蔽之，都是"固"。人一旦"固"下来，那就危险了。

匏瓜：先生说"善"不是心性之物，请解释一下。

木铎：孔子所说的"善"不与"恶"相对，而与"不善"相对。善不是善恶之善，不是心性之物。如果善是心性之物，请问：你能有意义地说"不善不能改"吗？能有意义地说"择其善者而从之，其不善者而改之"吗？你能改变人性的善恶吗？

匏瓜：那孔子所说的"善"是什么意思？

木铎：读书要仔细！从孔子用"善"字的方式来看，"善"指称一种恰当的共在关系，包括人与天、人与人、人与事、人与其他一切事物的关系状态。①比如"举善而教不能"，"尽善尽美"，"择其善者而从之"，"子与人歌而善，必使反之"②，"如其善而莫之违也，不亦善乎？如不善而莫之违也，不几乎一言而丧邦乎？"③，"见善如不及，见不善如探汤"④，等等，都是描述共在关系的状态，而不是指心性。除非你无视孔子怎么用"善"字，

---

① 《论语》中"善"字主要有三义，另两个义项为：一为擅长，如《公冶长》"晏平仲善与人交"，《子罕》"夫子循循然善诱人"。二为良好，如"善人"，《泰伯》"守死善道"，《子罕》"求善贾而沽诸"，《颜渊》"善哉问"，《卫灵公》"工欲善其事"。
② 语出《论语·述而》。
③ 语出《论语·卫灵公》。
④ 语出《论语·季氏》。

一厢情愿地把孔子讲话的方式——不妨称之为"哲学语法"——篡改得面目全非,你才能得出"善"是心性之物的结论。可惜呀,这样的孔子已经不是本来的孔子了,而今天的很多人就爱这样来篡改孔子,悲哉!

鲍瓜:孔子不把"善"与"恶"相对,而与"不善"相对,看来别有用意?

木铎:意味深长!孔子不把"善""恶"相对,而是把"美""恶"相对。①顺便提一下,孔子运用"美"这个字眼,也主要是从人类共在的关系状态来说的。这表明,孔子的用意不是去讨论人性的善恶问题,而是把重心落在人类的共在问题上。人类共在的"善"与"不善",不取决于人性的善恶,而取决于共在关系的正不正,这主要是社会政治问题,不是人性问题。所谓正名,无非就是要改进"不善"的共在关系,而不是妄图去改变人性,孔子不会那么荒唐。

鲍瓜:通过正名来改变这种不善的共在关系,根据就在于"时""义"?

木铎:具体说,正名的根据就在于人民生活不断创生的"兴"的活动,它表征着特定的社会力量或社会权力的兴起,并表达为客观需要,也就是"义"。我们说过,"兴于诗"是孔子学说的绝对支点。之所以说是"绝对支点",是因为在这个支点之外,我们找不到任何其他的支点——凡是到心性中去寻找支点的做法都是缘木求鱼。支点就是"兴","兴"就是那个终极的共在之发生的状态。孔子说:"诗可以兴,可以观,可以群,可以怨。"兴、观、群、怨,都是社会力量或社会权力或直接或间接的流露。

---

① 例如:《泰伯》"恶衣服,而致美乎黻冕";《颜渊》"君子成人之美,不成人之恶";《尧曰》"尊五美,屏四恶"。《老子》亦以"美"与"恶"相对,"善"与"不善"相对,例如"天下皆知美之为美,斯恶已;皆知善之为善,斯不善已"。

鲍瓜："兴于诗"表明，"兴"一定会表达为诗，表达为语言？

木铎："正名"确实是一个语言问题，但我们不能浅薄地理解语言。孔子明确说了"名不正则言不顺"，"君子名之必可言也，言之必可行也"，这意味着"名→言→行"是一体贯彻的行动。孔子最后说"君子于其言，无所苟而已矣"，仍然归结到言，言不能苟，苟就是不正。"正名"的本源意义，就是要让"名"回到合乎发生尺度的原初情境中去获得根据。所谓"名之必可言"，言之"可"与"不可"，就在于言是不是切中它得以发生的原初情境。说得玄乎一点，"可言"就是要让语言（表征着社会力量）自己说话，这样的言才是本源的言，这叫"言必有中"①。言必有中，则可言必可行，可行必可成。②

鲍瓜：在孔子看来，诗就是这种本源的语言？

木铎：是的，诗是人类本真情感的表达，是最本源的语言。请你仔细体会孔子的立言方式，几乎都有诗的味道。比如齐景公问政，孔子的回答就是这样——

> 齐景公问政于孔子。孔子对曰："君君、臣臣，父父、子子。"公曰："善哉！信如君不君、臣不臣、父不父、子不子，虽有粟，吾得而食诸？"（《颜渊》）

鲍瓜：齐景公说"善哉"，这个"善"是赞美什么呢？是赞美孔子的回答吗？

木铎："善哉"可以是赞美孔子的回答；但更准确地说，是赞美孔子回答的内容，也就是"君君臣臣父父子子"这种恰当的

---
① 《论语·先进》：夫人不言，言必有中。
② 张祥龙：《孔子的现象学阐释九讲》，华东师范大学出版社2009年版，第184页。

共在状态——这又是"善"字训义的一个例证。

鲍瓜：可不可以这样理解："君君臣臣"的第一个"君"和"臣"是名词，第二个"君"和"臣"是动词，就是说君要像君、臣要像臣？

木铎：这样理解有些干瘪。你把第一个"君"作为动词，第二个"君"作为名词，也未尝不可。"君君臣臣"是说，君之为君，臣之为臣，不是平白无故的，君获得意义的根据在于臣的意义，臣获得意义的根据在于君的意义，君和臣之间是由一种相互兴起的意义建构起来的。我们不能把君与臣割裂开，单独而抽象地定义君和臣的意义，而必须回到君和臣之间那种本源的相互兴起中去寻找根据。"父父子子"也是这样一种相互兴起的意义关系。孔子把"君君臣臣"与"父父子子"一起说，又表明君臣关系与父子关系也是这样一种相互兴起的建构关系。"君君臣臣父父子子"作为一个诗句，不同于那种命题式的论断，它试图激活你去探究那种本源的意义，弄明白那个共在的意义是怎么兴起的。如果不澄清这个本源的意义机制，只用一些同义反复的话去重复孔子的话，那不过是一堆漂亮的空话罢了。

鲍瓜：这就是说，只有把这个共在的意义机制澄清了，才可能正名？

木铎：这是一个简单的道理：没有父亲，就没有儿子；没有儿子，就没有父亲——父亲与儿子是相互共生、相互成全的。要害正是这种"相互"，孔子高度重视"礼"，又明确提出"仁"，都是为了还原到这种"相互"关系中去探寻人类共在的根本难题。我们之前把这种"相互"关系称为人与人的本源关联，仁与礼都是从这种本源关联中获得意义的。单方面的父，单方面的子，都不是最本源的东西，最本源的东西是那种使得父子相互成全的意义本身，正名就是要回复到这个意义上来。整个人类生活都是被这样的意义建构起来的，并表达为特定的"名"。试想一下：如果为政者对这个意义机制茫然无知,怎么可能实现"政者正也"?怎么可能澄明人道之正?所以说:"名者,圣人之所以纪万物也。"①

鲍瓜:可是,那种意义机制本身也会因时而变吧?若不然,一旦澄清了这种意义机制,也就一劳永逸了,还需要"正名"干什么呢?

木铎:难题就在这里,正名的革命性意义也就在这里。一方面,人类要想过上一种安稳的生活,必须用语言来命名各种各样的共在活动,这些共在活动表达为特定的物象和关系,因而名具有一定的稳定性和持续性——没有稳定性和持续性,就无法建立可靠的预期,人类的生活就无法展开;另一方面,社会生活本身又是不断流变的,人类共在活动的各种物象和关系也会不断创生演化,因而名与它所命名的对象(物象和关系)总是处于一种紧张关系之中。这种紧张达到一定程度,名的施行力量必然弱化,所以才需要正名。为了解决这个问题,孔子才提出"时"与"义"。孔子曾感叹:"觚不觚,觚哉?觚哉?"②这短短的一句话,其实包含了对人类共在活动的物象与关系的革命性思考。

鲍瓜:此话怎讲?

木铎:我讲的物象和关系,是从社会性的意义来讲的,也就是从人与人的本源关联这个角度来讲的。至于自然的物象,与正名的关系不大。从物象上看,觚是一种酒器,但觚作为一种酒器,它折射的是人与人之间的力量关系。一方面,孔子所见的觚与之前时代的觚在大小上不同了,也就是说物象变了,这叫"觚不觚";另一方面,觚仍然在扮演饮酒之礼器的角色,只不过这种角色所折射的人与人的力量关系不同于以前了,所以孔子诘问道:"觚哉?觚哉?"这显然是一句微言。言外之意是,当时仍然在使用并仍

---

① 语出《管子·心术上》。
② 语出《论语·雍也》。

然称之为觚的这种东西，它作为物象所影射的人与人的力量关系（社会力量、社会权力）变了，但维系人与人之关系的觚本身仍然在发挥作用。在这里，觚可以比喻为礼本身，觚的大小可以理解为礼的时义。"正名"的旨归是复兴礼乐，具体做法就是让礼乐适应"时"与"义"——可以理解为社会力量或社会权力（social power）——的客观需要而因时损益。

鲍瓜：我明白了。

木铎：从上面的讨论可以看出，名实际上有多重含义，可以指向物象，比如觚是一个社会物象之名；也可以指向人与人的社会关系，比如觚由小变大所折射的社会生活的变化、社会力量的变化、人与人的关系的变化。正名就是要顺应这些变化来重塑一套名的系统；说得直白点，正名就是要根据变化的形势重新调整已经变化了的人与人的力量关系，重塑一套与之匹配的物象系统和名言系统。但是请注意，正名的"正"，决不是试图用一套观念去改造现实（这是不可能的），而是在变化的现实中探寻这种变化之所以发生的意义机制（这是"正"的根据），在此基础上重新衡定人与人的力量关系和物象系统。马克思讲："所谓彻底，就是抓住事物的根本。"[①] 真正搞明白孔子的"正名"是什么意思，这难道不是一种最彻底的革命性思想吗？孔子和马克思是心心相印的。

鲍瓜：孔子和马克思是心心相印的——这话今天很多人恐怕难以认同。

木铎：要认同这一点，前提是必须正确理解孔子和马克思的思想。若不然，人们会认为孔子和马克思是八竿子也打不着的两个人。门户之见就是这么形成的！

---

① 《马克思恩格斯文集》（第1卷），人民出版社2009年版，第11页。

第十场

如何破解人类共在的体制性难题?

鲍瓜：孔子提出正名，是为了针对不断变动的现实生活，从而复兴礼乐。但是，正名只是给出了一个原则性的方案，孔子并未详细说明如何来正名。当然，孔子又提出"时"与"义"，以便为正名找到与时损益的依据。可是，为政者具体该怎么做呢？

木铎：解决人类共在的问题，不像解决一道数学题那样，可以给出明晰、缜密的演算或推论，最终导出一个唯一的正确答案。每一道数学题都有确定无疑的已知条件，由这些已知条件可以解答未知的问题——准确说，未知的问题已经包含在已知条件中。可是，面对人类共在的问题，你根本不能把各种条件全部摸清楚，你也无法用数字把这些条件全部统计出来——人类生活的总体是无法计算的。当然，统计部门可以把人类生活的主要活动——比如经济活动——统计出来；但是很明显，统计局无论怎样神通广大，也不能穷尽人类生活的一切领域、一切环节，至少它没办法统计所有人的欲求、情绪、意志、愿望，是吧？但这些恰恰是推动历史进步的重要因素。

鲍瓜：那可怎么办呢？伟大的思想家当然不会回避这些问题。

木铎：孔子提出"中庸""正名"就有这些考量，不过这只是一些原则性的指示。并且，它们针对的是人类共在的历时性难题。此外，人类共在还面临着共时性难题，主要表现为体制性难题，这方面孔子也给出了诸多点拨，对我们后人大有教益。

鲍瓜：愿听先生讲解。

第29节　上下均安：不患寡而患不均

木铎：人类共在面临的根本问题，我们可以表述为：如何基于人类生活的现有条件去实现人类的共在之美？"现有条件"意味着现实的维度，"共在之美"意味着理想的维度。这个问题表明，人类永远生存在一种时间性的张力之中，并基于这种张力来成就美好生活。

鲍瓜："美好生活"还有点笼统，是否可以理解为一种平等、自由的生活？

木铎：我不认为这是"美好生活"的极致。完全可能存在这样一种生活：人们过着一种平等、自由的生活，但他们仍然不安定、不和谐，仍然感到无家可归。

鲍瓜：难道平等、自由不是一种终极的价值吗？法国的《人权宣言》甚至把平等、自由视为天赋人权呢。

木铎：从来就没有什么"天赋人权"。一切人权都是在历史中生成的。没有近代工商业的兴起，就没有私有财产权的兴起；没有私有财产权的兴起，就没有平等、自由的价值诉求。所谓平等、自由的人权——我是指那种平等地、自由地获取财产的权利——不过是近代以来才出现的历史现象，并不是什么永恒现象。当然，平等、自由作为人类共在的价值承诺，你可以把它们视为"永恒"，但这只是一个承诺，人类生活确实不能没有承诺，毕竟人是会许诺的动物嘛。

鲍瓜：平等、自由这些价值，只能在具体的历史条件中去理解，也只能在具体的历史条件中去追求，超越历史条件的平等、自由，只能视为一种价值承诺？

木铎：超越历史条件的平等、自由，不过是漂亮的空花泡影罢了。

鲍瓜：我们上面讨论的都是人类共在的历时性难题，先生还提到共时性难题，孔子有什么指示吗？

木铎：历时性与共时性的区分只是为了方便讨论，这两个维度在真实的生活中是不可能截然分开的。共时性难题是历时性难题的一个缩影，我们可以把它理解为体制难题，包括纵向关系与横向关系的难题。这两个方面孔子的思想都触及了。

鲍瓜：还请逐一解说。

木铎：先看纵向关系的体制难题。《论语·季氏》篇的第一章就在谈这个问题。这章比较长，故事背景交代得很清楚。"季氏将伐颛臾"，季氏——也就是季康子——想去攻打鲁国的附属国颛臾。当时冉有和子路是季氏的家臣，来向孔子报告这件事。当时的情况是，季氏是鲁国的三桓之一，势力很大，"四分鲁国，季氏取其二"[①]，鲁国一半的势力掌握在季氏手里。季氏还嫌不足，想去讨伐下属国，归为己有，进一步壮大自己的势力。而颛臾被先王封为"东蒙主"，在鲁国的"邦域之中"，一直是"社稷之臣"。孔子当然反对季氏的做法，所以批评冉有为什么不加劝谏。冉有辩解说，颛臾靠近费地，而且城郭坚固，"今不取，后世必为子孙忧"。于是，孔子说了一段非常精彩的话——

> 丘也闻有国有家者：不患寡而患不均，不患贫而患不安。

---

① 程树德：《论语集释》（下），中华书局2013年版，第1299页。

盖均无贫，和无寡，安无倾。夫如是，故远人不服，则修文德以来之。既来之，则安之。（《季氏》）

匏瓜："不患寡而患不均，不患贫而患不安"，汉代之后有的书写成"不患贫而患不均，不患寡而患不安"，好像语义更顺畅一些，这一改动被很多人接受[①]。究竟哪种才是真实的？

木铎：这是后世的妄改。为什么不相信《论语》而相信后出的书呢？

匏瓜：我更愿意相信《论语》；可是道理何在？

木铎：这些人没有真正理解孔子的话，望文生义，想当然耳。这个改动，表面上看好像语义更通顺了，实际上把孔子想象成和他们一样浅薄的人了。

匏瓜：孔子是想表达一种平均主义的主张吗？

木铎：绝不是。孔子确实主张"平均"，但绝不是平均主义那种平均。孔子所理解的"平均"，也不是财富分配意义上的"平均"。

匏瓜：请先生开解。

木铎：理解这句话的关键，是不能忽视"丘也闻有国有家者"这个提示。也就是说，孔子的话是针对"有国有家者"来说的，不是针对平民百姓来说的。"有国有家者"都是为政者。当时诸侯的封地叫"国"，卿大夫的封地叫"家"。"丘也闻"表明，"不患寡而患不均，不患贫而患不安"是一句古语；后面的话是孔子

[①] 《春秋繁露·度制》引孔子此句曰"不患贫而患不均"，《魏书·张普惠传》引之亦作"不患贫而患不均"。杨伯峻袭其谬，解孔子原文曰："不必着急财富不多，只需着急财富不均；不必着急人民太少，只需着急境内不安。"（杨伯峻：《论语译注》，中华书局2012年版，第242页。）钱穆亦踵之，解曰："不要愁贫乏，只愁财富不均。不要愁民户寡少，只愁其不相安。"（钱穆：《论语新解》，九州出版社2011年版，第400页。）

对这句古语的阐发。正确理解孔子的话，我们不能脱离历史背景，其中最重要的就是封建制。"季氏将伐颛臾"这件事，鲜活地反映出封建制逐渐失去效力的历史变动趋势。

匏瓜：哦，愿闻其详。

木铎：先疏通字义。"寡"，是指封地的人民稀少，也包含土地面积小的意思。"均"，这个字非常关键，要高度警惕。"均"与"平"同义[1]，所以今天有"平均"这个词，但古人讲的"均"或"平均"绝不是份额均等的意思。"平"又有"正"的意思[2]。朱熹把"均"解释为"各得其分"，大致不差；刘宝楠解释为"班爵禄，制田里，皆均平也"[3]，更为精确。"贫"，是指财产匮乏。"安"，是上下相安，包括为政者内部彼此相安，以及为政者与为政对象彼此相安——也就是君民相安。

字义疏通后，再来看意义。这一章不能泛泛而解，必须紧扣"有国有家者"一语，所谓"寡""不均""贫""不安"，都是针对"有国有家者"来说的，不是针对平民百姓来说的。"寡"是指封地的人民少、土地小，不是指普通百姓的收入少。"不均"，即不平，是指"有国有家者"所领的封地大小、人民多少与其身份层级不匹配，不协调。反之，"均"则是指政治内部关系均衡，这也就意味着为政者与为政对象——人民——之间，各得其分，各得其所。做到"均"，即便是人民少、土地小（寡），政治内部相安，君民之间相安，那么人民也仍然是我的人民，土地仍然是我的土地；如果"不均"，必然发生政治内部争斗，于是君民之间也不可能相安，那么即便人民多、土地广，而人心离散，人民已不是我的人民，

---

[1] 《说文》："均，平遍也。从土匀，匀亦声。"段注："遍者，匝也。平遍者，平而匝也，言无所不平也。《小雅·节南山》传曰：'均，平也。'"（［清］段玉裁：《说文解字注》（下），凤凰出版社2015年版，第1187页）
[2] 《广韵》："平，正也。"
[3] ［清］刘宝楠：《论语正义》（下），中华书局1990年版，第649页。

土地也不是我的土地。① 这叫"不患寡而患不均"。"贫",是指"有国有家者"财政匮乏。"不安",是指"有国有家者"——包括内部关系与上下关系——不能彼此相安,以及由此造成的百姓不能生活安定。"不患贫而患不安"是说,"有国有家者"不担忧政府财政匮乏,而担忧彼此不能相安,进而造成百姓不能怀其土,民心离散。② 能不能相安,取决于权力层级的差异(分)与各自身份(名)是否符合,符合(均)则安,不符合(不均)则不安。"文德",指礼乐教化。"修",指因时损益,调整政教举措以顺民心。③ "来",是归附、归顺、归向、归心的意思。④

匏瓜:解释得太明白了。

木铎:我现在用今天的大白话把孔子的意思转述一下,你看看通顺不?

孔丘我听闻古语有言:有国有家者,不担忧封地人民少、土地小(不患寡),而担忧封地之大小、人民之多少与其身份不协调(患不均);不担忧财政匮乏(不患贫),而担忧上下级不能和谐相安(患不安)。上下级之权力关系比例适当(均),则财政匮乏不构成问题(无贫);彼此和谐共处(和),则封地之人民少、土地小不构成问题(无寡);上下相安无事(安),则国、家无倾覆之危(无倾)。如果做到这样,故远人不服,则因时损益而调整政教举措(修文德),使之归顺(以来之)。既然能使之归顺(既来之),则自然

---

① 参见[日]竹添光鸿:《论语会笺》(贰),凤凰出版社2012年版,第1046页。
② 此即《微子》篇所谓"上失其道,民散久矣"。
③ "文德"一词出自《书》之《大禹谟》:"帝乃诞敷文德,舞干羽于两阶,七旬有苗格。"传曰:"远人不服,大布文德以来之。"
④ 《论语》"来"字有二义:一为来去之来,如"有朋自远方来"是也;一为归附之义,如"近者说,远者来""绥之斯来"及此章是也。

相安无事（则安之）。

鲍瓜：太通顺了。孔子下文说："吾恐季孙之忧，不在颛臾，而在萧墙之内也。"这个"萧墙之内"是指什么？是季孙之家内部吗？

木铎：根据周礼，天子外屏，诸侯内屏，大夫以帘，士以帷，皆有等差。"萧墙"只有君主才有，卿大夫以下只设帷薄。显然，根据周礼，"萧墙之内"是暗指鲁哀公。孔子借此暗示君臣关系之"不均"，才是季孙之真"忧"，这是说，忧自上来，非自下出。季氏本就架空了鲁公的权力，现在还想攻打颛臾以自肥，这无异于抱薪救火，势必造成季氏与鲁公的关系进一步紧张。

鲍瓜：这种紧张关系看来是难以避免了。先生刚才说这一章反映出封建制逐渐失去效力的历史趋势，具体说来是怎样的？

木铎：当时的情况是，周天子被诸侯架空，诸侯被卿大夫架空，卿大夫又被一些家臣架空。比如鲁国，原本属于鲁公的权力有一半掌握在季氏手里，季氏的权力又被家臣阳货掌握。总之，上层的权力一层一层往下移，就好比沙漏不断往下漏，形成权力的漏斗。这构成了春秋时期的历史必然性：一种垂直管理的权力关系已经变成客观的需要，与此相适应的新兴的政治秩序——后来被命名为郡县制——呼之欲出了。季氏想去攻打颛臾这件事，本身就反映了这个历史必然性。

鲍瓜：那孔子反对季氏去攻打颛臾，岂不成了逆历史潮流而动？

木铎：不能这么简单地看问题。孔子确实反对季氏去攻打下属国，但他并不反对上级对下级的有效领导[①]。在孔子看来，这种有效领导不是通过暴力（暴力本身已经说明领导无效了），而是

---

① 《季氏》篇第二章，孔子曰"天下有道，则礼乐征伐自天子出；天下无道，则礼乐征伐自诸侯出"，即说明此义。

通过礼乐的方式。

鲍瓜：可是当时礼乐崩坏了呀！

木铎：所以孔子才提出正名嘛！正名就是要正视正在兴起的社会力量，这是一种必然趋势，上层权力的不断下移就是这一趋势的反映。以孔子之明达，不可能不洞察到当时的历史大势，所以他提出"均""和""安"作为解决政治问题的根本出路，是希望通过正名而不是暴力来解决问题。暴力并不能从根本上解决问题，暴力只是问题的表现方式。

鲍瓜：正名是一种革命？暴力也是一种革命？

木铎：正名是一种非暴力的革命，暴力却不一定就是革命，完全可能是胡闹。请注意，不要静止地理解这个"均"字，它是一个动态的调适过程，与"正名"是相关联的。孔子的政治理想，"均""和""安"三个字足以尽之，而"均"是前提性的关键，"均"表达为各正其位，各正其身，各正性命。"均"而后能"和"，"和"而后能"安"。我们可以说："均无贫"者，富国之法也；"和无寡"者，强国之法也；"安无倾"者，定国之法也。[1]前面说过，"均""平""正"三个字意义相通。《大学》讲"平天下"。"平天下"就是"均天下"，就是"正天下"。

鲍瓜：这就是"政者正也"的大义所在了。

木铎：是的。

第30节 远近怀柔：近者说，远者来

鲍瓜：纵向关系的体制问题，孔子以"均"来解决，那么横

---

[1] ［清］颜元：《颜元集》（上），中华书局1987年版，第223页。

向关系呢?

木铎：按理说，如果做到"均"，体制问题会从根本上得到解决，不管是纵向关系还是横向关系。不过，孔子认为，横向关系主要是诉诸礼乐的文化力量。我们来讲解孔子的一句话就行了——

叶公问政。子曰："近者说，远者来。"（《子路》）

鲍瓜："来"字怎么理解？有人认为"来"是到来的来，孔子是在讨论移民问题？

木铎：（笑）认为孔子是在讨论移民问题，"社会学的想象力"未免太丰富了。认为"远者来"是讨论移民问题，就像认为"里仁为美"是讨论择居问题一样，前者把孔子当成一个社会学家，后者把孔子当成一个市政规划专家，这可不是对孔子的褒奖。

鲍瓜："来"字别有所指？

木铎：当然。我们从两个方面来讨论"来"字的意义。首先看义理层面。"远者来"就是"远人不服，则修文德以来之"所表达的，"来"的意思是归顺、归心。《韩非子》有载："叶公子高问政于仲尼，仲尼曰：'政在悦近而来远。'……仲尼曰：'叶都大而国小，民有背心，故曰政在悦近而来远。'"[①] 很明显，"来"是与"民有背心"相对而言的，是"民有背心"的反面，所以是归顺、归心之义。

鲍瓜：孔子认为，为政要同时做到"近者说""远者来"，才算完美？

木铎：请注意，"近者说，远者来"不是并列句，而是条件句，

---

① 语出《韩非子·难》。

相当于说"近者说则远者来","近者说"是"远者来"的条件。①这其实就是"善人教民七年,亦可以即戎矣"②的意思,表达一种德风感化的过程。孔子是针对叶公为政只注重"远者来",不注重"近者说"而说的。

鲍瓜:"近者说,远者来"是一个条件句,有什么文法根据吗?

木铎:当然有。如果不是条件句而是并列句,那么"说"和"来"都是使动词,按《论语》的文法,应该记为"近者说之,远者来之"。③《论语》文辞古朴,条件句往往不用假设连词"若""则"等④,但这并不妨碍它是一个条件句。

鲍瓜:作为一个条件句来理解,句意又不同了。

木铎:孔子认为,从效果上说,为政是一个由近及远的感化过程。近者悦服,远者才可能归心;如果近者都怨气深重,远者怎么可能归心呢?

鲍瓜:要做到近者悦服,还是得回到"正名"?

木铎:政治问题头绪万端,无非还是从"正名""正身"入手⑤,实现"均"与"正"的状态。"近者说,远者来"是说:近者信其教令而心悦诚服,远者见近者如此,自然感化而归心。⑥不管是"齐家""治国""平天下",莫不如此。《尚书》讲"柔

---

① [日]松平赖宽:《论语征集览》(下),上海古籍出版社2017年版,第1011～1012页。
② 见《子路》篇。
③ 如《公冶长》"老者安之,朋友信之,少者怀之",《季氏》"既来之,则安之"。
④ 如《为政》:"(若)道之以政,齐之以刑,(则)民免而无耻;(若)道之以德,齐之以礼,(则)有耻且格。"《述而》:"不愤(则)不启,不悱(则)不发。"《季氏》:"(若)友直,友谅,友多闻,(则)益矣。(若)友便辟,友善柔,友便佞,(则)损矣。"春秋战国时期文本多如此。(参见杨逢彬:《论语新注新译》,北京大学出版社2016年版,第251～252页。)
⑤ 参见[日]田中履堂:《论语讲义并辨正》,上海古籍出版社2017年版,第194页。
⑥ 参见[日]三野象麓:《论语象义》,上海古籍出版社2017年版,第388页。

远能迩"①，也是这个意思。

鲍瓜："远""近"都是从地理上来说吧？

木铎：可以这样理解。但孔子这话还隐藏着一层深意：所谓"远""近"，其实并不是绝对的；一种高明的政治，可以通过文化的力量，化"远"为"近"。"远者来"，也就意味着地理意义上的"远"被融化了——被"文化"了。所以，真正的"远"，倒未必是地理意义的，而更可能是文化意义的。两个群体相距再近，如果文化不和，那也是咫尺天涯。

鲍瓜：我越来越觉得孔子的话，表面看来没什么，细究下去，真是大义深藏呀！

木铎：不知道你发觉没有，孔子论政还隐藏着一种"中心制"的认定？

鲍瓜：怎么讲？

木铎：所谓"远""近"，其实默认了一个"中心"，"远""近"是相对于这个"中心"来说的；如果没有"中心"，哪来什么"远""近"？孔子认为，一种理想的政治，应该有一个"中心"。如果没有"中心"，就会失去主心骨。孔子关注的重点是，如何打造这样一个"中心"，如何打造一个能"正"天下的"中心"，能够代表人道之"正"的"中心"。孔子认为，这是事关人类共在之生死存亡的大问题。请看孔子这段话——

> 孔子曰：天下有道，则礼乐征伐自天子出；天下无道，则礼乐征伐自诸侯出。自诸侯出，盖十世希不失矣；自大夫出，五世希不失矣；陪臣执国命，三世希不失矣。天下有道，则政不在大夫。天下有道，则庶人不议。（《季氏》）

---

① 《尚书·舜典》："食哉惟时，柔远能迩，惇德允元。"

饱瓜：这段话表明，"天下"应该有一个"中心"，也就是"天子"；"诸侯"也应该有一个"中心"，也就是国之"君主"……以此类推？

木铎：从"天下"到"诸侯"再到"家"，都各自有一个"中心"；而下面的"中心"又逐级拥戴上面的"中心"，以此递推，天下人都共同拥戴那个最高的"中心"。如果我们把每个政治单位（天下、国、家）想象成一个有中心的圆，那么天下就是由大大小小的圆编织而成的，其中小圆拼成大圆，大圆套着小圆，这样逐层嵌套，最后形成天下的大圆——这就好比孔子讲的"众星共北辰"的喻象，也是默认这种"中心制"。不管是封建制还是郡县制，这样的"中心制"都是根本原则，区别只在于建构"中心"的方式不同罢了。

饱瓜：这种"中心制"有什么深层的根据吗？

木铎：这与中国人的"本末"思维有关。"本末"就是《大学》讲的"物有本末，事有终始"[1]。当然，思维不是凭空来的，其现实的根据就在于社会存在的客观构造。中国社会自古以来就是一个偏重于上下流通的社会，而不是一个偏重于横向流通的社会。市场经济起来后，横向流通才开始兴起。尽管如此，横向流通仍然是被上下流通统率的。"人往高处走，水往低处流"，"吃得苦中苦，方为人上人"，这些谚语反映了中国人自古以来的集体无意识——这是推动中国历史不断进步的伟大心力。

饱瓜：孔子是认可这种心力的？

---

[1] 张东荪视"本末"为中国哲学范畴之"最重要"者。（张东荪：《知识与文化》，岳麓书社2011年版，第156、158页。）《大学》有"物有本末，事有终始"之言。"本末""终始"皆出自《论语·子张》篇。子游曰："子夏之门人小子，当洒扫、应对、进退，则可矣。抑末也，本之则无。如之何？"子夏闻之曰："噫！言游过矣！君子之道，孰先传焉？孰后倦焉？譬诸草木，区以别矣。君子之道，焉可诬也？有始有卒者，其惟圣人乎！""本末"出自子游之口，"终始"出自子夏之口。盖《大学》之义，即为发明此章之义而作也。

木铎：伟大的思想家都承认这种心力，孔子特别关注的是这种心力的发用方向。孔子不对人性进行非此即彼的论断，也不对人进行优劣的评说，只是从"学"来看待人，划分人：人与人的高下，不在于人性本身，而在于人之学不学而已。[①]"学"几乎成了中国人的一种集体信仰："学"承担着世代的绵延，承载着文化的命运。

[①] 《论语·季氏》："孔子曰：'生而知之者，上也；学而知之者，次也；困而学之，又其次也；困而不学，民斯为下矣。'"

结　语

礼乐是中国现代化的缘分

鲍瓜：跟随先生这一趟思想的旅行，真是别有洞天，令人流连忘返。经过先生的开解，我破除了之前的诸多谬识，也化解了心中的诸多困惑。这是一个美丽的开始。

木铎：我的解说能够一定程度上说服你，我感到很开心，这说明我没有白费口舌。

鲍瓜：怎么会呢，我还不至于那么冥顽不化。

木铎：如果还有不能说服你的地方，也很正常。理解孔子的学说需要人生阅历的配合。你可以很快理解一道几何证明题，但是你不能指望以这种方式去理解孔子，你需要生命的体验来参证孔子那些看似朴素的言说。何况，孔子的学说还充满了无限解释的可能性，这正是孔子的魅力所在。当然，无限解释的可能性，并不意味着任意解释的可能性。只要我们的基点稳固，大方向没错，接下来就是你自己的事了。古人云："授人以鱼，不如授人以渔。"如果学会了自己捕鱼，何愁没有鱼吃。

鲍瓜：感谢先生的开导！虽然还有很多问题想请教，不过，一趟旅行总得有一个终点。最后，我想请先生对这一趟旅行做一个小结。我最近一直在思考这样一个问题：孔子的学说与中国的现代化，有没有什么本质的关联？

木铎：回答当然是肯定的，关键是我们要真正把握那种本质的关联。中华民族经过近代以来的磨难,在探索和曲折中走到今天,实在是不容易。中国的现代化是一件不可避免的事情。刚开始我们是被拖拽着进入现代化的,现在我们开始取得了主动。中国的现代化不可能照搬西方的现代化——现代化不等于西方化:中国人认识到这一点花了上百年的时间呀!现在,"中国式现代化"已经成为群体的思想自觉。问题在于,我们该如何理解"中国式现代化"?为此,分析一下现代化的不同层次,是有帮助的。现代化可以大致区分为三个层次:器物层次、制度层次、精神层次。这三个层次往往是不同步的。其中精神层次的现代化是最艰难的。社会学家用"文化滞差"来描述这一事实,也就是精神层次的现代化往往滞后于制度层次的现代化,而制度层次的现代化又滞后于器物层次的现代化。从目前的整体情况来看,器物层次的现代化,中国已经基本完成;制度层次的现代化,当下正在深入展开;而精神层次的现代化,还有诸多的疑难,国人未必完全想清楚了。

鲍瓜:具体说来,有哪些疑难?

木铎:我只说一个问题就行了:现代化和传统文明是不是完全不相容的?

鲍瓜:我想应该是相容的吧。

木铎:从经济基础上说,现代化一定包含市场经济和资本逻辑的持续展开,这是历史必然性,没有哪个民族可以完全回避这一点。问题是,资本逻辑与市场经济的具体展开方式,一定会落实在特定的文化土壤中。那么,我们该如何来理解中国传统文明的根本规定性?

鲍瓜:这就是孔子的仁学?

木铎:这样说没错,但没有把握关键之点。中华文明的根本规定性,是礼乐,而不是其他任何东西。谈中华文明而不谈礼乐,那都是方外之谈。仁只是孔子用来揭明礼乐文明的原则性指示,包括行动的根据、行动的动力、行动的方法、行动的目标,都统摄在仁这个字眼中。没有礼乐,仁只是一个指示,无法具体化展开;当然,没有仁作为原则,礼乐也是无头脑的。无头脑的礼乐迟早会崩坏。

鲍瓜:那么,礼乐的根本规定性又是什么?

木铎:我们还是通过比较来说明问题。如果说西方文明是契约文明,那么中华文明就是礼乐文明。把二者区分开来的根据是:契约文明预设了一种个体主义原理[①],而礼乐文明则是一种共体的关注。"共体"是我生造的词,与"个体"(individual)相对而言。礼乐文明不认为个体是最本源的东西,而是一种理性的抽象。最本源的始终是人与人、人与天的本源关联。礼乐是对这种本源关联的行事表达,一种美的行事表达。孔子说:"君子成人之美。"就表达了这种诉求。这里的"人"是共体意义的人,不是个体意义的人。立足于生命共同体来理解人和整个世界,这是礼乐文明一以贯之的本质要求。

鲍瓜:面对今天中国的现实情况,先生认为礼乐精神还在吗?

木铎:"文武之道,未坠于地,在人;贤者识其大者,不贤者识其小者"[②],中国人的精神仍然是礼乐的精神,中国人的血脉里仍然流淌着礼乐的基因。这个结论也许有人并不认同,他们认为礼乐已经是死去的老古董;这些人并没有真正理解礼乐的精神。我说中国人的精神仍然是礼乐的精神,这个判断是基于我的洞察。我们考察一个民族的精神,不要只是看字面上写的、嘴上说的是什么,而要看他们的实际人生样态是怎样的,更严格一点说,要

---

① 个体主义即英文 individualism。马克思认为,西方的个体主义原理也只是在 18 世纪正式确立起来,当然这之前,基督教一千多年的教化也做了重要铺垫。参见《马克思恩格斯文集》(第 1 卷),人民出版社 2009 年版,第 607~608 页。
② 语见《论语·子张》。

看他们靠什么来安顿自己的生命价值，靠什么来维系自己的生活意义。举个例子来说，你认为中国人最重视的节日是什么？

鲍瓜：当然是春节。

木铎：是的。少数民族也有一些重要的民族节日，这个我们不讨论，我们只说作为整体的中华民族。正如圣诞节是基督徒最隆重的节日，春节是中国人最隆重的节日。中国人几乎把过年当成一种信仰来对待。过年本身包含的原始意义我们不去说它，我们只追问：中国人过年是出于一种什么样的精神需要？

鲍瓜：与亲人团聚，分享一年来的喜怒哀乐，等等，这是起码的诉求。

木铎：这说明你还是一个中国人（笑）。一年一度与亲人团聚，不管千山万水也要回家，表现为全民性的群体行动，这不能不说是地球上的一个壮举。请你想想：这种自发的一定要回家的群体冲动说明了什么？它来自哪里？

鲍瓜：亲情的巨大感召力？

木铎：毋庸置疑，亲情仍然是中国人最为深厚、最可信托的精神纽带。直到今天，西方社会经由市场化进程而形成的"原子个人"并没有在中国生成——据我看，以后也不会生成——这是文化天命。你可以瞧不起"天命"这个词，但是你不能无视这个词所指示的那种力量。佛教有另一个词，叫"业力"。礼乐是中华民族的天命，也是中华民族的业力，不是某一个人想取消就能取消的。文明的开端是一个决定性事件。文明开端的自我理解将定位和定向整个文明的生命进程。荷尔德林有句诗说："你如何开端，你就将如何保持。"[①]对于那些只会用因果关系去看待世界的人，你无法让他们领会"天命"。孔子说，"君子有三畏"，

---

① 孙周兴：《海德格尔选集》（下），上海三联书店1996年，第1011页。

第一个就是"畏天命","小人不知天命而不畏也"①。从实质上说,中国人仍然是在人与人、人与天的本源关联中来理解生命活动和安顿人生意义的。一个真正的中国人,一个懂得大孝的中国人,他(她)不会认为自己就是一个孤零零的个人存在于这个世间,他(她)不会认为自己的身体就是一己的身体,他(她)会把自己的身体理解为自我与父母、与他人、与上天一体相感的"通道"。这个"通道"是贯穿生死的,因而"修身"想表达的,就是要修养这个"通道"所呈现出来的自我与父母、与他人、与上天的那种本源关联——这完全可以理解为一种宗教性的活动。

鲍瓜:先生说,这个"通道"是贯穿生死的,这句话我还难以理解。

木铎:我想说的是,我们每个人都有一个身体,即一个"通道",它关联着自我与父母、与他人、与上天的本源关系。这个身体作为一个物理事实是有限的,它终有一死;但它作为一个"通道"是无限的,它是联结有限与无限、个体与全体的必须环节。我的身体虽然有朽,但我作为世代之间的那个环节是不朽的。因而,中国人几乎本能地重视下一代的教育——中国人对教育的重视也可以理解为一种宗教,因为这事关血脉与精神的无限传承。这种无限传承实际上化解了每一个人作为一个孤独的个体的有限性。中国人关于"责任"的理解,应该从这个角度去领会才能得其真谛。其实,从中国人对"孤独"这个词的理解,就可以看出一种文化的规定性。中国人怎么理解"孤独"?幼而无父曰孤,老而无子曰独。②尼采甚至说,中国人把生一个儿子视为一种宗教义务,他

---

① 语见《论语·季氏》。
② 《孟子·梁惠王下》:"老而无妻曰鳏,老而无夫曰寡,老而无子曰独,幼而无父曰孤。此四者,天下之穷民而无告者。"告同靠,无告即无依靠。

们把个人在彼岸的得救取决于生个儿子。①这话从一个德国哲学家口中说出来，真是令人惊叹！尼采用宗教的语言（"宗教义务""彼岸""得救"）揭示了中国人独特的信仰方式。尼采认为，中国人的信仰方式要比基督教的信仰方式高明百倍，因为它不需要设定一个上帝，也不需要虚构一个彼岸世界！②

匏瓜：中国人对亲情的看重必然要求一种独特的文明，这种文明就是礼乐文明？

木铎：是的。亲情包含着天意，所以中国人称之为"天伦"。中国社会的一切秩序都以家庭和亲情作为基础。如果认识不到这一点，是没资格谈文化自觉和文化自信的。

匏瓜：可是现代化意味着市场机制的展开，而市场机制必然要求以契约来规范各种行为主体的理性关系。那么，如何理解契约和礼乐的关系，二者有没有冲突？

木铎：没有冲突。这两者所处理的内容不同，不在一个层次上说话。契约是规范市场主体的行为，但它并不能安顿中华民族的精神生命。契约处理的主要是制度层次的问题，礼乐解决的是包含器物、制度与精神三个层次的问题，并且主要指向精神层次。如果一种现代化不能安顿一个民族的精神生命，我不知道这种现代化还有什么意义，其结局不过是重复西方人无家可归的老路罢了。

匏瓜：契约和礼乐所处理的对象不在同一个层次。问题是，把西方文明理解为契约文明，是不是也没有呈现出精神层面的意义？

木铎：不然。契约对于西方文明而言，不仅仅是制度层次的，而且是精神层次的。比如英文的 religion（宗教）这个词，它本来的意思就是重建人与神的契约关系——这个问题很深，这里不展开了。据我看，礼乐文明内在地包含着超越西方现代性的深刻意义。

---

① 尼采：《权力意志》（下卷），孙周兴译，商务印书馆 2008 年，第 1164 页。
② 同上书，第 1164～1165 页。

礼乐包含着既能释放资本作为动力的创造力量，又能驾驭资本无序扩张的道义力量。要让礼乐发挥这些力量，需要一种现代的呈现方式——这涉及孔子所讲的"中庸"和"正名"所指示的道理。这是一个重大课题，这里不能展开了。

鲍瓜：按先生的理解，礼乐是中华文明的根本规定，这是不是意味着礼乐文明的复兴已经成为一种必然性？

木铎：是的。必然性与偶然性是西方人的概念框架。用中国人自己的话来说，礼乐的复兴要看缘分。缘分这个词既包含必然性在内，也包含偶然性在内，你没办法把它转译为欧洲的语言，你找不到任何一个同时包含"必然性"和"偶然性"在内的欧洲词语。礼乐的复兴要看缘分，意思是说，礼乐必然会复兴，这已经成为不可逆转的历史趋势；但礼乐怎么复兴，什么时候复兴（其实今天已经开始复兴），都有偶然性。礼乐的复兴要看缘分，这个缘分也包含在汉语的规定中。不管我们在器物层次和制度层次与西方多么类似，只要我们的精神仍然是被汉语所规定的，我们就仍然是中国人。

鲍瓜：先生说礼乐复兴的缘分包含在汉语的规定中，这是什么意思？

木铎：语言不仅仅是一种表达工具，它首先是一种精神天命。你说一种语言，这件事意味着：你生活在一种特定的理解世界和生命意义的图式和结构中。汉语是一种象形文字，它的造字原理就是基于人与人、人与天的本源关联而来的，汉字本身就表达着这种原理。相比于欧洲语言，为什么汉语比较缺少屈折变化？因为汉字从创造的时候起就抓住这种本源关联，并一直保持着这种本源关联。而西方语言经过拼音化之后，取消了象形的元素，被改造为一种理性化、逻辑化的语言，这是一种形而上学的语言。所以欧洲人要想摆脱形而上学的思维方式，是非常困难的，因为这种思维方式就包含在他们的语言中。欧洲语言的基本法则是主谓结构，"上帝"就端坐在"主语"中，"逻辑"就端坐在"主谓结构"中。

鲍瓜：有点玄乎，能不能举个例子说说？

木铎：比如，汉语的"孝"字，请问你怎么翻译为欧洲语言？

鲍瓜：严格说来，没法翻译。

木铎：确实没法翻译。"孝"字上面是一个"老"字的省略，下面是一个"子"字。许慎的《说文解字》这样解释："孝，善事父母者。从老省，从子；子承老也。"这其实已经是后世的解说了，包含了意识形态的因素。如果你去看"孝"字的甲骨文，你会发现"孝"字就是一个生动的意象：既像子女搀扶老人，又像老人抚育子女[1]。我猜想，"孝"字的最初含义其实就是想表达亲子之间相互关爱的意义，不是特别强调子女对父母而言，而是同时包含子女对父母和父母对子女的那种真情。"弟"字也一样，它本来的意义是强调兄弟姊妹之间的互相关爱，并不是专指弟弟对兄长的尊重。总之，"孝"就是在亲子的本源关联中取得意义的。所以孟武伯问孝，孔子的回答很奇妙："父母唯其疾之忧。"[2] 这个"其"字到底指代父母还是子女，后人有很多争论，其实大可不必。孔子只是想揭示一点：亲子之间总是担忧对方生病。这种担忧是那么真切，那么触动人心，孔子认为亲子之间只要激活这种最真实最本源的情感，"孝"就获得了最可靠的根基。汉语把握到了这种最本真的东西，并用文字形象地传达出来，这里没有经过形而上学的抽象活动。因此，汉语就是中国人的存在之家，就是中国人的精神家园。只要汉语存在一天，我们的精神家园就不会丢失。

---

[1] 《金文诂林》卷八按，张日昇："疑象老人扶子形。"（汤可敬：《说文解字今释》（三），上海古籍出版社2018年，第1209页。）

[2] 语见《论语·为政》。

我认为,汉语本身就包含了一种共美生活的意义机制——这是一个有待探究的话题。

鲍瓜:我想起诺瓦利斯的一句诗:哲学就是带着乡愁的冲动到处寻找回家的路!

木铎:今天的中国人都有这种冲动呀!这说明中国人一定程度上失去了家园。现在是该回家的时候了。读懂孔子,真正理解礼乐文明的意义,就是回家的正路。

鲍瓜:让我们共同期待礼乐文明的伟大复兴。

木铎:有道是"仓廪实而知礼节,衣食足而知荣辱"。今天的中国已经具备复兴礼乐的物质条件,万事俱备,只欠东风。我相信,一种有生命力的礼乐文明,一定能够呼应时代精神和民族精神的根本诉求。我对中国的未来充满希望。

鲍瓜:我也充满希望。

参考文献

[1] ［三国］何晏注，［宋］邢昺疏：《论语注疏》，中国致公出版社2016年版。

[2] ［南北朝］皇侃：《论语义疏》，中华书局2013年版。

[3] ［宋］朱熹：《四书章句集注》，中华书局2011年版。

[4] ［宋］黎靖德：《朱子语类》卷九十三，中华书局1986年版。

[5] ［清］刘宝楠：《论语正义》（全二册），中华书局1990年版。

[6] ［清］黄式三：《论语后案》，凤凰出版社2008年版。

[7] ［清］颜元：《颜元集》（上），中华书局1987年版。

[8] ［清］阮元：《揅经室集》（上），中华书局1993年版。

[9] ［日］松平赖宽：《论语征集览》（全三册），上海古籍出版社2017年版。

[10] ［日］竹添光鸿：《论语会笺》（全二册），凤凰出版社2012年版。

[11] ［日］三野象麓：《论语象义》，上海古籍出版社2017年版。

[12] ［日］三本日下：《论语私考》，上海古籍出版社2017年版。

[13] ［日］田中履堂：《论语讲义并辨正》，上海古籍出版社2017年版。

[14] 程树德：《论语集释》（全二册），中华书局2013年版。

[15] 赵纪彬：《论语新探》，人民出版社1976年版。

[16] 杨伯峻：《论语译注》，中华书局2012年版。

[17] 钱穆：《论语新解》，九州出版社2011年版。

［18］杨逢彬：《论语新注新译》，北京大学出版社2016年版。

［19］杨逢彬：《论语新注新译》（简体版），北京大学出版社2018年版。

［20］蒋绍愚：《论语研读》，中西书局2018年版。

［21］程石泉：《论语读训》，上海古籍出版社2005年版。

［22］谭家哲：《论语平解》，漫游者文化事业股份有限公司2012年版。

［23］张祥龙：《孔子的现象学阐释九讲》，华东师范大学出版社2009年版。

［24］倪培民：《孔子：人能弘道》，李子华译，世界图书出版公司2021年版。

［25］廖名春：《孔子真精神：〈论语〉疑惑解读》，孔学堂书局2014年版。

［26］［汉］郑玄注，［唐］贾公彦疏：《周礼注疏》（全三册），上海古籍出版社2010年版。

［27］［汉］孔安国传，［唐］孔颖达正义：《尚书正义》，上海古籍出版社2007年版。

［28］［清］孙希旦：《礼记集解》（全三册），中华书局1989年版。

［29］［清］王聘珍：《大戴礼记解诂》，中华书局1983年版

［30］［魏］王弼：《周易注》，《周易十书》（1），中华书局2020年版。

［31］［魏］王弼注，［唐］孔颖达疏：《周易注疏》，《周易十书》（2），中华书局2020年版。

［32］［宋］程颐：《周易程氏传》，《周易十书》（4），中华书局2020年版。

［33］［宋］朱震：《汉上易传》，《周易十书》（5），中华书局2020年版。

［34］［唐］陆德明：《经典释文》，上海古籍出版社2013年版。
［35］［清］章学诚：《文史通义校注》（上），中华书局2014年版。
［36］［清］俞樾：《群经平议》，凤凰出版社2021年版。
［37］［清］王夫之：《船山遗书》（第七册、第八册），中国书店2016年版。
［38］王德培：《西周封建制考实》，光明日报出版社1998年版。
［39］章太炎：《国故论衡》，上海古籍出版社2019年版。
［40］杨树达：《高等国文法》，湖南教育出版社2008年版。
［41］张东荪：《知识与文化》，岳麓书社2011年版。
［42］王国维：《人间词话》，人民文学出版社2018年版。
［43］柳诒徵：《中国文化史》（上），东方出版社2007年版。
［44］［德］海德格尔：《存在与时间》，陈嘉映、王庆节译，商务印书馆2018年版。
［45］［德］尼采：《权力意志》（下卷），孙周兴译，商务印书馆2008年版。
［46］［德］兰德曼：《哲学人类学》，阎嘉译，贵州人民出版社1988年版。
［47］孙周兴：《海德格尔选集》（全二册），上海三联书店1996年版。
［48］［清］段玉裁：《说文解字注》（全二册），凤凰出版社2015年版。
［49］［清］郝懿行：《尔雅义疏》，中华书局2019年版。
［50］汤可敬：《说文解字今释》（全四册），上海古籍出版社2018年版。
［51］徐中舒：《甲骨文字典》，四川辞书出版社2014年版。
［52］宗福邦、陈世饶、肖海波：《故训汇纂》，商务印书馆2003年版。

［53］高树藩：《中文形音义综合大字典》，中华书局1989年版。
［54］《马克思恩格斯文集》（第1卷），人民出版社2009年版。
［55］《马克思恩格斯文集》（第8卷），人民出版社2009年版。
［56］《马克思恩格斯文集》（第10卷），人民出版社2009年版。
［57］张一兵：《回到马克思：经济学语境中的哲学话语》，江苏人民出版社2020年版。
［58］劳思光：《新编中国哲学史》（一卷），广西师范大学出版社2005年版。
［59］王德峰：《人的本源存在与历史生存——对马克思思想的再探讨》，复旦大学1998年博士论文。
［60］王德峰：《社会权力的性质与起源——一个历史唯物主义的分析》，《哲学研究》2008年第7期。
［61］张汝伦：《作为哲学问题的"哲学"》，《哲学研究》2021年第11期。
［62］王弘治：《〈论语〉"亲亲相隐"章重读——兼论刘清平、郭齐勇诸先生之失》，《浙江学刊》2007年第1期。